2018

宁夏法治发展报告

《宁夏法治发展报告（2018）》

执行主编　李保平

宁夏蓝皮书
BLUE BOOK OF NINGXIA

宁夏法治发展报告
ANNUAL REPORT ON THE RULE OF LAW IN NINGXIA

（2018）

宁夏社会科学院 编

黄河出版传媒集团
宁夏人民出版社

图书在版编目(CIP)数据

宁夏法治发展报告. 2018 / 宁夏社会科学院编. —银川：宁夏人民出版社，2018.1

(宁夏蓝皮书)

ISBN 978-7-227-06867-9

Ⅰ. ①宁… Ⅱ. ①宁… Ⅲ. ①社会主义法制—研究报告—宁夏—2018 Ⅳ. ①D927.43

中国版本图书馆 CIP 数据核字(2018)第 013755 号

宁夏蓝皮书
宁夏法治发展报告(2018) 宁夏社会科学院 编

责任编辑 李彦斌
责任校对 王 艳
封面设计 张 宁
责任印制 肖 艳

黄河出版传媒集团
宁夏人民出版社 出版发行

出 版 人 王杨宝
地 址 宁夏银川市北京东路 139 号出版大厦(750001)
网 址 http://www.nxpph.com http://www.yrpubm.com
网上书店 http://shop126547358.taobao.com http://www.hh-book.com
电子信箱 nxrmcbs@126.com renminshe@yrpubm.com
邮购电话 0951-5019391 5052104
经 销 全国新华书店
印刷装订 宁夏精捷彩色印务有限公司
印刷委托书号 (宁)0008165

开本 720 mm × 980 mm 1/16
印张 18.5 字数 280 千字
版次 2018 年 1 月第 1 版
印次 2018 年 1 月第 1 次印刷
书号 ISBN 978-7-227-06867-9
定价 59.00 元

目　录

总　报　告

领　域　篇

专　题　篇

调 研 篇

总报告

ZONG BAOGAO

2017年法治宁夏建设状况与2018年发展趋势

张 廉 李保平

刚刚过去的2017年是极不平凡的一年，2017年6月，自治区第十二次党代会胜利召开，提出实施“三大战略”和“五个扎实推进”的战略任务，为宁夏今后五年发展指明了方向。在第十二次党代会报告中，明确了法治宁夏建设的命题，自治区党委书记石泰峰在报告中提出要扎实推进民主法治建设，坚定不移推进法治宁夏建设，坚定不移推进社会治理创新，让法治成为未来宁夏发展核心竞争力的重要标志。法治宁夏建设的提出，第一次出现在宁夏党代会报告和有关决议中，反映了新一届自治区党委对依法治区工作的深刻理解和科学把握。2017年10月，党的十九大胜利召开，习近平总书记在十九大报告中把坚持全面依法治国作为治国理政的基本方略，提出全面依法治国是中国特色社会主义的本质要求和重要保障。要求必须把党的领导贯彻落实到依法治国全过程和各方面，坚定不移走中国特色社会主义法治道路，完善以宪法为核心的中国特色社会主义法律体系，建设中国特色社会主义法治体系，建设社会主义法治国家，发展中国特色社会主义法治理论，坚持依法治国、依法执政、依法行政共同推进，坚持法治国家、法治政府、法治社会一体建设，坚持依法治国和以德治国相结

作者简介 张廉，宁夏社会科学院院长，教授，法学博士；李保平，宁夏社会科学院社会学法学研究所所长，研究员。

合，依法治国和依规治党有机统一，深化司法体制改革，提高全民族法治素养和道德素质。十九大报告，是法治国家建设的纲领性文献，对中国特色社会主义法治国家建设有着重要的指导意义。回顾过去的2017年，在自治区党委的坚强领导下，法治宁夏建设取得重大成就，地方立法、法治政府建设、司法体制改革、公安改革、司法行政改革、法治社会建设均取得了显著成绩。社会稳定、民族团结、宗教和顺成为宁夏一张亮丽的名片，法治宁夏建设不但促进宁夏社会保持长期稳定，也为宁夏经济社会快速发展创造了良好的制度环境，是未来宁夏核心竞争力的重要组成部分，必将为宁夏的经济社会发展发挥更大的作用。

一、2017年宁夏法治建设状况

（一）科学立法、民主立法、依法立法水平不断提高，立法主动适应经济社会发展需要，充分发挥地方立法对改革的引领和保障作用

1. 科学立法、民主立法、依法立法水平不断提高

2017年，自治区人大常委会共审议通过法规19件，其中制定4件，修订6件，修正7件，废止2件，圆满完成立法任务。坚持党对立法工作的领导，科学确定立法规划，是2017年度立法工作取得成绩的政治保证。2017年度立法规划的征集历时四个多月，广泛征求社会各界意见，组织多场论证会，科学论证立法项目，并及时报自治区党委批准，有效保证了立法规划的科学性和政治方向。在立法过程中，人大常委会通过建立立法项目编制工作机制、完善立法项目责任落实机制、创新法规起草方式、建立立法协商机制、开展立法后评估等，有效保障了立法的科学化水平；坚持发挥人大在立法工作中的主导作用，不断推进民主立法。2017年，宁夏立法工作充分坚持以人民为中心的理念，制定制度机制规范，扩大公民有序参与立法的途径。通过立法过程公开、立法调研、召开座谈会、论证会等形式，从多方面倾听民意，形成立法的民意最大公约数，保证了立法的民主化和社会认可度。

2. 立法引领改革发展，主动适应经济社会发展需要，及时反映社会关切

党的十八届四中全会通过的《中共中央关于全面推进依法治国若干重

大问题的意见》（以下简称决定）明确要求，实现立法和改革决策相衔接，做到重大改革于法有据、立法主动适应改革和经济社会发展需要。同时，“决定”还要求加强重点领域立法，依法保障公民权利，完善社会主义市场经济法律制度。2017年，自治区人大常委会完成了对《宁夏回族自治区空间规划条例》《宁夏回族自治区价格条例》的修订，对全区有效规制政府定价的程序与边界发挥了重要作用。积极回应社会关切，2017年自治区人大常委会加大民生领域立法，先后制定修改了《宁夏回族自治区畜禽屠宰管理条例》《宁夏回族自治区农村公路条例》《宁夏回族自治区旅游条例》《宁夏回族自治区禁毒条例》《宁夏回族自治区法律援助条例》等，为社会建设提供了法治保障。生态文明建设是中国特色社会主义建设的重要组成部分，在党的十九大报告中，习近平总书记指出，建设生态文明是中华民族永续发展的千年大计。必须树立和践行绿水青山就是金山银山的理念。针对宁夏生态脆弱、环境污染形势较为严峻的现实，自治区人大常委会制定了《宁夏回族自治区大气污染防治条例》，并专门针对环境保护问题，修改了立法规划和相关法律，为打造天蓝水清的生活环境提供了法治支撑。

3. 提升设区市人大常委会立法能力，助力地方经济社会建设法治化

自治区人大常委会分别于2015年11月26日、2016年3月24日确定石嘴山市和吴忠市、固原市、中卫市可以开始制定地方性法规。一年多来，在自治区人大常委会的指导和社会各界的帮助下，2017年上述各市地方立法均实现零的突破，实现了从无到有的历史性突破。2017年，自治区人大常委会共批准五个设区市的地方性法规10件，其中制定8件，修改1件，废止1件。除银川市的地方立法外，石嘴山立法2件，其他三市立法各1件，立法内容涉及环保、民生、文化等领域，对促进地方经济社会建设发挥了重要作用。

4. 强化备案审查，提升法规质量和水平

备案审查是保障宪法和法律实施的重要制度，是人大及其常委会的一项重要职权，是提高立法质量、保障公民权利的重要关口。2017年，自治区人大常委会通过建立“有件必备、有备必审”的长效工作机制，采取主动审查、被动审查等多种方式，加大了备案审查的力度，规范了备案审查

的流程，取得了较好的结果。截至目前，自治区人大常委会共向全国人大常委会、国务院报送法规29件，接受报备的规范性文件79件。

（二）加大“放管服”改革力度，强化行政执法规范化建设，推进法治政府上水平、上台阶。

1. 推进“放管服”改革，加快政府职能转变

党的十九大报告对法治政府建设提出新的要求，指出建设法治政府，推进依法行政，严格规范公正文明执法是法治政府建设的基本要求。要发挥市场在资源配置中的决定性作用，就要处理好政府与市场的关系，科学界定政府作用和权力边界，推动政府职能从经济向社会、从管理向服务等领域延伸。2017年，宁夏加大行政审批改革力度，经过几轮行政审批制度改革，在项目投资核准、生产经营审批、资质资格许可、社会事业准入等重点领域加大简政放权力度，行政审批事项由494项缩减到288项，非许可类行政审批事项全部取消。建成投资项目在线审批监管平台，全面实现非涉密投资项目在线并联审批。在商事制度改革方面，2016年公布了181项前置改后置审批目录，对不实行市场准入特别规定的外资企业由审批制改为备案制，提前实现企业“五证合一、一照一码”。推行“双随机、一公开”监管改革，严格限制监管部门自由裁量权。2017年8月11日，自治区政府第99次常务会议通过了《全区推行不见面审批服务改革工作方案》，要求加快政府职能转变，推进“放管服”改革，实现更加彻底地“放”、更加有效地“管”、更加优质地“服”。要求创新审批方式，让数据多跑路，让群众少跑路。“不见面，马上办”已经成为宁夏政务服务的创新点和新要求。针对社会投资审批服务盖章多、收费多、中介服务多、材料多，审批时间长，自治区编办积极开展涉企行政职权和服务事项工作规程试点，探索建立“一套规程管理，标准指引；一个平台链接，网上推送；一窗收件取件，全程代办；一库规范中介，区域同评；一批事项集中，并联预审；一盘棋联动，协同推进”为主要内容的“六个一”工作模式。通过试点县市运行，成效十分显著，受到自治区领导的高度评价。

2. 通过建立权力清单制度，厘清政府职责权限

2017年，自治区人民政府建立了区、市、县三级政府权责清单“总台

账”，自治区政府43个部门保留行政职权事项1930项，市级政府部门平均保留职权事项2700项，县级政府部门平均保留职权事项2750项。明确了政府权力和责任，有力推动了政府工作效率。为规范清单管理，保证清单的科学性，自治区人民政府出台了《宁夏回族自治区权力清单和责任清单动态管理办法》，按照“互联网+政务服务”的新要求，建立统一的权责清单管理系统并实行动态管理。

3. 规范政府立法，强化依法行政

政府立法是中国特色社会主义法律体系的重要组成部分，建立科学的依法行政制度体系，规范政府行为，维护公民权利是政府立法的重要内容。2017年，宁夏政府立法质量有明显提升。通过对立法草案召开座谈会、论证会、公开征集意见等方式，不断规范政府立法流程，形成从起草、听证、论证、协调、审议、征询的规范制定流程，保证了立法质量。2017年，政府立法工作立法主动适应经济社会发展需要，围绕自治区党委中心工作，在民生工程、生态保护、社会治理等重点领域加强立法，在环境保护、空间规划、扶贫开发等方面的立法走在全国前列。

4. 加强规章、规范性文件的报备、备案审查和清理工作，维护政府法制统一和公民的合法权益

2017年，自治区人民政府修订出台了《宁夏回族自治区行政规范性文件制定和备案办法》，推行规范性文件统一登记、统一编号、统一发布制度，建立“四级政府，三级监督”的规范性文件备案监督机制。2017年，向国务院报送备案政府规章9件，向自治区人大常委会报送备案政府规章9件、规范性文件82件，报备率、规范率、及时率均达到100%。2017年，自治区人民政府还加强对法规的清理工作，提请自治区人大常委会废止地方性法规5件，修改地方性法规10件。自治区政府废止政府规章6件，修改政府规章18件，废止自治区规范性文件22件，宣布失效规范性文件16件，修改规范性文件11件。

5. 重视政府法律智库建设，不断健全依法决策机制

截至2017年7月底，全区政府系统共聘请法律顾问252人，27个市、县（区）政府全部聘请政府法律顾问；全区现有公职律师办公室16家，公

职律师134名，覆盖自治区、市、县（市、区）、乡镇四级政府法律顾问网络体系基本形成。自治区政府结合宁夏法治政府建设工作实际，创新性采取“法律咨询委员会+法律顾问”的政府法律顾问模式，建立健全以政府法制机构人员为主体，吸收专家和律师参加的法律顾问队伍，组建了由108名知名专家律师组成的法律专家库，从中遴选出32名政府法律咨询委员，优选10名专业律师聘任为自治区政府法律顾问，有效保证了政府决策的法治化水平。

6. 推进执法体制改革，规范执法行为

2017年，宁夏在不同地区、重点领域、关键行业开展综合执法改革，整合执法主体，提高执法效率，取得了显著成效。2017年，在国务院法制办的关心和支持下，宁夏中卫市被确定为西北唯一一家同时推行“三项制度”（行政执法公示制度、执法全过程记录制度、重大执法决定法制审核制度）的试点县市。自治区政府高度重视，成立了试点工作协调小组，制订了《中卫市推行“三项制度”试点工作方案》，目前各项工作正在顺利推进。为提高行政执法队伍素质，2017年共举办行政执法人员培训班57期，培训执法人员4411人，为规范行政执法创造了条件。

（三）维护社会公平正义，司法改革取得实效

1. 司法改革取得阶段性成果

2017年，是本轮司法体制改革的验收年。2014年以来，宁夏作为司法体制改革第二批试点省份开始推进以人员分类管理、健全司法责任制、健全法官职业保障和推动省以下人财物统管四项改革为内容的司法体制改革工作。经过三年多的改革实践，宁夏司法改革任务取得了一些成果，也积累了一些宝贵经验。员额制改革深入推进。2017年3月，按照2016年11月中央政法委督察组对宁夏法院员额制改革和司法责任制改革进行督察后提出的整改要求，宁夏高院完成了对已全区法院入额的纪检组长、政工科长以及其他司法行政部门领导梳理，首批入额的26名纪检组长、政工科长以及其他司法行政部门领导已全部按照有关规定和组织程序免去行政职务或退出员额，解决法官员额过程中出现的“兼职”问题。同时，为提高法官员额数量与受案数量、办案时长等因素的匹配程度，解决员额法官进出口通畅问题，宁夏高院还研究出台了《宁夏法院法官员额配置动态管理办法》《宁夏法院员额制法官退出员额办法》。2017 年 8 月 27 日，宁夏法官检察官遴选委员会第一届六次全体会议对拟进入法官检察官员额的 190 名法院报请入额的法官和 50 名检察院报请入额的检察官进行遴选，经过差额遴选，162 名拟进入第二批法官员额，33 名拟进入第二批检察官员额。截至 2017 年 5 月 31 日，宁夏各级法院首批入额的 176 名院领导（包括审委会专职委员和任党组成员的业务庭长或执行局长）共受理各类案件 6167 件，占受理案件总数的 5.9%；审执结 3711 件，占审执结案件总数的 6.5%；结案率为 60.2%，高于全区结案率 6 个百分点。全区法院院长、庭长共受理各类案件 42165 件，占受理案件总数的 40.2%；审执结 24675 件，占审执结案件总数的 43.4%；结案率为 58.5%，高于全区结案率 4.3 个百分点。全面落实司法责任制，“让审理者裁判，由裁判者负责”。以审判权为核心，以权责统一为原则，建立了独任法官、合议庭运行机制及各类人员权责清单，明确法官在职责范围内对办案质量终身负责；规范案件分配、裁判文书签发等审判规则，明确院长、庭长不得对为参加审理案件的裁判文书进行审核签发；制定了关于专业法官会议的规定，建立重大、疑难、复杂、新类型案件提交专业法官会议讨论制度，促进法律统一适用；制定了审判委员会议事规则，进一步完善审判委员会工作制度，规范审判委员会职能，明确三级法院审判委员会职能定位，缩减审判委员会讨论案件范围。司法保障机制稳步推进。2017 年 2 月 17 日，自治区 7 部门联合印发了《各级人民法院检察院聘用制书记员管理办法》，以入额法官为基数，按照法官、书记员 1:1 的配置比例确定了全区各级法院书记员的总额度。目前，书记员招聘工作正在按照先老后新、分批招录的方式统一推进。全区 4823 名司法人员的工资改革政策于 2016 年 11 月初落实到位，入额法官检察官月增资 2900 元左右，司法辅助人员和司法行政人员月增资 1100 元左右，保障了司法体制改革的顺利进行。目前，全区共有员额检察官 718 名，占总编制数的 32.7%；检察官助理 478 名，占 21.8%；书记员 240 名，占 10.9%；行政人员 303 名，占 13.8%。自治区检察院重新制定宁夏三级检察院权力清单，积极推动落实检察人员司法责任制，制定了《宁夏检察机关司法责任制追究暂行规定》，按照“谁办案谁负责，谁决定谁负责”，实行案件质量终身追究制，从制度上落实了检察机关司法责任制。

2. 司法改革效果初步显现，审判职能得到充分发挥

面对案多人少的矛盾，宁夏法院较好履行了职责，维护了社会的和谐稳定，推动了宁夏经济社会发展，发挥了司法在改革发展中的保障作用。2017 年 1—11 月，宁夏法院共受理各类案件 198051 件，同比上升 11.22%；审（执）结 157123 件，同比上升 11.35%；结案率 79.33%，同比上升 0.1%。其中，受理刑事案件 9657 件，同比下降 13.65%；受理民事案件 117539 件，同比增长 14.55%；受理行政案件 3267 件，同比增长 25.46%；受理再审案件 353 件，同比上升 18.06%。除刑事案件外，其他类型案件均成上升态势。在审判工作中，各级人民法院积极履责，通过优化制度机制，最大限度释放法官积极性、能动性，有效保障审判工作顺利进行，为宁夏经济社会发展创造了良好的发展环境。2017 年 1—10 月，全区检察机关共批捕各类刑事犯罪 2505 件 3392 人，提起公诉 4573 件 5915 人，处理来信来访 2921 件 3308 次，打击了犯罪，维护了社会稳定秩序。

3. 创新制度规范，破解执行难，维护法律权威

执行难是一种顽疾，它不但损害当事人的合法权益，也对法治的权威构成挑战，进而影响社会风气，导致诚信意识缺失。2017 年，为破解执行难题，宁夏法院通过推进执行体制机制改革，强化执行信息化建设，加大综合运用执行措施，加强执行规范化建设，增强执行宣传力度，加强执行队伍建设等举措，执行工作取得明显成效，有力维护了当事人的合法权益，也维护了法律的尊严，提高了司法公信力。2017 年 1—11 月，宁夏法院共受理各类执行案件 65608 件，同比增长 9.99%；执结 47031 件，同比增长 7.07%；结案率 71.68%，同比下降 2.16 个百分点；共执结标的 67.43 亿元。其中，银川市两级法院共受理各类执行案件 28966 件，同比增长 13.99%；执行结案 20968 件，同比增长 13.68%；结案率 72.39%，下降 0.19 个百分点；执结标的 41.91 亿元。石嘴山市两级法院共受理各类执行案件 9108 件，同比下降 7.51%；执行结案 6788 件，同比下降 14.1%；结案率 74.53%，下降 5.71 个百分点；执结标的 8.65 亿元。吴忠市两级法院共受理

各类执行案件12856件，同比增长13%；执行结案9149件，同比增长9.33%；结案率71.17%，下降2.38个百分点；执结标的6.59亿元。固原市两级法院共受理各类执行案件8386件，同比增长15.28%；执行结案5907件，同比增长9.42%；结案率70.43%，下降3.77个百分点；执结标的4.71亿元。中卫市两级法院共受理各类执行案件6148件，同比增长9.9%；执行结案4113件，同比增长6.78%；结案率66.89%，下降1.55个百分点；执结标的4.59亿元。

4. 积极探索家事审判方式改革

在前期试点的基础上，2017年12月12日，自治区高级人民法院出台《关于进一步推进家事审判方式和工作机制改革工作的指导意见》（下称《意见》）。按照《意见》要求，各级法院设立专门的家事审判庭或者组建家事审判专门团队，探索构建家事诉讼程序制度，围绕“诊断、救治、修复”三大任务，实行当事人亲自到庭原则，探索设置“离婚冷静期”、审前家庭财产申报制度、离婚证明书制度、未成年人利益代表制度等。探索建立与公安、司法、民政、妇联等部门处理家庭暴力案件的协调联动和家庭暴力预防、干预、救助长效机制。探索设立家事调解委员会，构建全社会共同参与的多元预防、多元解纷的工作格局。

（四）公安改革助力法治宁夏建设，社会长期和谐稳定

1. 坚决维护社会稳定、民族团结、宗教和顺的大好局面

维护国家安全，社会稳定是公安工作的首要职责，也是公安工作改革的立足点和目标。2017年，宁夏公安立足国家安全、社会稳定大局，在涉暴、涉恐问题上，全力打造维稳“铁通过程”，打击暴恐团伙，排除暴恐隐患，消除了对社会稳定的威胁，保护了人民群众生命财产。针对经济领域风险转化为社会风险问题，公安机关提前介入，早抓早管，与行业主管部门、行业协会通力合作，通过摸排，梳理风险点和高危企业，及早进行防控，有效处理了7·03等重大群体性事件，化解了经济领域风险向社会领域发展的势头，维护了和谐稳定的社会环境。

2. 夯基础，抓基层，强化基层社会治理

在信息化时代，现代通信技术、大数据处理对公安工作意义重大。全

区公安机关坚持“数据资源大整合、高共享、深应用”的发展思路，主动融入“智慧城市”建设，建成应用公安云计算平台、大数据资源服务平台、智能化指挥调度平台、警务综合应用平台以及“云搜索”工具，实现全区视频监控图像联网对接，整合内外部系统53个、数据23.8亿条，大数据、信息化对警务实战的支撑引领作用进一步凸显。公安工作的基础在基层，工作重心也在基层。2017年，宁夏公安机关充分关注基层社区，大力推进“一村（社区）一警”警务机制改革，出台《宁夏城乡社区警务工作规范》，建成警务室640个，配备社区民警851人，增配社区辅警946人，统筹禁毒专干、司法调解员、治保人员等3.1万人，充实基层警力，筑牢基层治安防线，为社会治安打下坚实基础。

3. 强化制度建设，推进执法运行机制建设，保障公正执法

公安执法是公安机关的常态化工作，也是联系公安与人民群众的纽带。公平公正的执法，不但维护了社会的公平正义，也为公安机关赢得荣誉和尊重。为规范执法行为，2017年全区公安机关围绕以审判为中心的诉讼制度改革，在规范运行、全程监督、常态公开等方面做了大量的工作，通过健全完善执法办案机制、全面规范执法监督机制、公安执法公开机制，提高了依法办事的效率和水平，形成了公安执法的“宁夏经验”，对创新执法体制机制改革，发挥了实践探索、积累经验的作用。

4. 坚持以人民为中心的执法理念，积极回应社会关切

深化户籍制度改革，加强对流动人口和居住证管理的服务，全面落实“零门槛”落户政策，推动户籍管理与经济社会发展相适应，满足人民群众的利益诉求；针对近年来交通管理压力大的现实，建立了轻微交通事故快处快赔制度，推行网上办理交通违法处理、补领换领牌证等10类131项“互联网+交通管理”的便民措施；贯彻自治区放管服改革要求，全面实现行政审批事项和审批时限各压缩50%，出台落地居民身份证照片“满意拍”，加强重点工程安全检查，建立警务站，通过30项便民措施和30项服务经济发展措施，使更多的企业和群众分享到公安改革带来的红利。

（五）司法行政改革成效显著，法治宁夏根基日益牢固

1. 司法行政改革不断推进，助力法治政府建设

2017 年，全区司法行政机关按照中央深化司法行政改革要求，在自治区党委、政府的领导下，积极开展司法行政改革，取得了显著的成效。强化对司法行政权力的监督制约是司法行政改革的主线，2017 年宁夏出台了《宁夏监狱深化狱务公开工作实施办法（试行）》，打造阳关狱务，建立了执法监督员和服刑人员近亲属旁听服刑人员减刑假释案件监狱长办公会议，在全区 4 个强制隔离戒毒所设立住所检察室，实现了对司法行政戒毒场所的检察全覆盖。律师管理是司法行政工作的重要内容，为规范律师执业，维护律师执业权利，司法行政机关成立了司法行政机关律师惩戒委员会，与自治区高院等 11 个部门制定出台了《关于依法保障律师执业权利的实施细则》，有效保障了律师的权利；为推进法治政府建设，出台了《关于推行法律顾问制度和公职律师公司律师制度的实施意见》，为政府法治建设保驾护航，加强律师事务所党建工作，实现律师行业党建全覆盖。积极推进公证机构改革，全区 4 家行政体制公证机构全部改制为事业单位，推动公证机构向市场化迈出重要步伐。

2. 法治宣传教育持续深入，助力法治社会建设

“谁执法，谁普法”是新时期普法工作的基本原则，为贯彻该项原则要求，2017 年，出台了《宁夏回族自治区关于全面落实普法责任制的实施意见》，明确要求普法主题编制“四清单一办法”（普法内容清单、责任清单、措施清单、标准清单和考核办法），推动形成全社会共同参与的“大普法”工作格局；深入开展法律“八进”活动，增强普法实效。法律“八进”是宁夏特色，如何推动该项工作落地生根，产生实效，宁夏司法行政机关通过示范点建设，加强落实重点人群、重点对象普法等举措，推动法律“八进”工作深入开展；加强普法队伍建设，组成由法学专家、法律实务工作者组成的自治区普法讲师团，为法治宣传教育提供智力支持；积极对接信息化时代，适应新媒体时代大众传播特点，形成“互联网+法治宣传”工作格局，通过“三微一端”等新媒体平台，推进普法工作上台阶、上水平。

3. 加大基层司法所建设力度，推动人民调解深入开展

2017 年是自治区“星级司法所”三年创建活动的收官之年。目前，全区已达标五星级司法所 99 个，预计年底前 70%以上的司法所达到五星标准。会同自治区党委组织部、人社厅制定了《关于进一步规范落实基层司法所组织机构和队伍建设的意见》，全区 243 个司法所中，178 名司法所所长已经落实副科级待遇，配备 40 辆执法车，改善了司法所的办公条件。人民调解工作在 2017 年也取得大发展，截至 10 月底，全区已经建立各类调解组织 3689 个，共有人民调解员 24259 人，调解范围由传统的道路交通事故、婚姻纠纷、劳动争议向环境保护、医疗事故、校园伤害、土地承包、合同纠纷、物业纠纷、消费纠纷、电子商务等领域拓展，截至 10 月底，全区共调解 3.4 万件各类纠纷，成功率 98.2%。将大量纠纷在基层化解，有效减少矛盾纠纷转入诉讼或信访，维护了社会的和谐稳定，发挥了人民调解的巨大作用。

4. 法律援助工作取得新突破，受助人群明显扩大

在自治区人大常委会的支持下，2017 年，宁夏修改了《宁夏回族自治区法律援助条例》，将法律援助标准调整到自治区城乡居民最低生活保障标准的两倍，将农民征地拆迁、工伤认定、生态移民等 9 种纠纷纳入法律援助范围，覆盖人群从原来的 55.8 万元增加至 172 万人，占全区总人口的 25%。截至 11 月 30 日，共办理各类法律援助案件 15566 件，已完成 8000 件任务量的 194.57%，其中，以案定补案件 12522 件，中央彩票公益金案件 3044 件，共为 18178 名受援人挽回或避免经济损失 29069.35 万元，群众满意率达 98%以上。

（六）法治社会建设有序推进，法治信仰、守法意识日渐提升

1. 加强法治文化建设，筑牢法治根基

法治社会建设是法治国家建设的基础性工程，其中，法治文化建设又是法治社会建设的灵魂。培育法治信仰、法治意识，形成守法诚信传统，是法治文化建设的重要内容。2017 年，根据法治社会建设需要，宁夏及时出台了《关于进一步加强社会主义法治文化建设的实施意见》，为法治文化建设提供了规范保障。2017 年，宁夏投资 208 万元，支持市县（区）建立

青少年法治教育基地、农村社区法治文化中心。一些市县还利用公园、广场，建立了法治文化广场、宪法公园等法治宣传教育基地，开展群众性法治文化活动，推进法治文化宣传教育常态化发展，起到了很好的作用。

2. 社会诚信体系建设稳步推进，为法治社会建设提供重要支撑

诚信既是一种美德，也是社会赖以生存发展的资源，一个法治社会，必然是一个诚信社会。十八届四中全会《决定》指出，要加强社会诚信建设，建立健全公民和组织守法信用记录，完善守法诚信褒奖机制和违法失信行为惩戒机制，使遵法守法成为全体人民共同追求和自觉行动。2017年，宁夏回族自治区政府办公厅印发《关于加快推进个人诚信体系建设的实施意见》（以下简称《意见》）。《意见》提出，宁夏将建立和完善各地区各行业个人信用记录机制，并积极推动个人信用信息产品在社会经济活动中的应用，建立健全个人信用奖惩联动机制，加大个人守信激励与失信惩戒力度。预计到2020年底，宁夏基本建成个人社会诚信体系，建立完善的个人信用信息归集、共享和应用机制，初步实现个人信用记录在社会各个领域的全覆盖。公民守信意识得到提高，全社会信用水平明显改善，社会秩序和风气显著好转。《意见》针对社会关注人群，重点进行诚信考核，食药环保等重点领域失信企事业单位法人代表信用记录将被归集，公务员将建信用档案作为考核选拔的重要依据，教师、医师、律师等涉众人群将建信用档案，连续三年以上信用优良办事可享“绿色通道”。同时，为贯彻惩治与教育相结合的原则，保护个人隐私，《意见》还建立了个人信用信息修复机制，泄露、篡改、出售个人信息者将被查处。2017年，宁夏还建立了企业社会保障信用评价制度，出台了《宁夏回族自治区企业劳动保障守法诚信等级评价办法（试行）》，为规范企业合理合法用工提供了制度约束。

3. 社会保障领域法规体系建设取得进展，制度机制日趋完善

2017年初，自治区人民政府出台了《宁夏回族自治区人力资源和社会保障事业发展“十三五”规划》，对全区人力资源与社会保障事业发展作出规划。在社会保险领域，2017年，自治区人民政府出台了《关于城镇职工基本医疗保险自治区级统筹管理的意见》，为方便群众办理医保，印发了《宁夏回族自治区城镇职工基本医疗保险自治区级统筹经办规程（试行）》，

为方便群众异地就医，出台了《宁夏回族自治区基本医疗保险跨省异地就医住院医疗费用直接结算经办流程》，制定了《宁夏回族自治区城镇职工基本医疗保险基金自治区级统筹管理办法（试行）》，进一步完善了宁夏社会保障政策法规体系。

4. 环境执法力度空前加大，生态环境日趋改善

经党中央、国务院批准，2016 年，中央环境保护督察组分两批对 15 个省、市、自治区展开环境保护督察。为加大环境保护力度，2017 年 2 月，环境保护部、公安部联合最高人民检察院出台《环境保护行政执法与刑事司法衔接工作办法》，建立环境保护行政执法与刑事司法衔接长效机制，形成对破坏环境的司法震慑。宁夏对中央第八环境保护督察组反馈意见进行梳理，共归纳整理出 41 个问题，并制订公布了《宁夏回族自治区贯彻落实中央环境保护督察组督察反馈意见整改方案》，明确了工作目标和整改措施，要求各地、各有关部门按照不查不放过、不查清不放过、不处理不放过、不整改不放过、不建立长效机制不放过“五个不放过”原则，确保整改措施到位、整改责任到位、整改效果到位。2017 年 5 月 8—12 日，自治区环境保护厅会同自治区党委督查室、自治区政府督查室，对全区 5 个地级市和宁东能源化工基地管委会开展了集中督查。按照《宁夏回族自治区党政领导干部生态环境损害责任追究实施细则》的规定，对一批干部进行了问责处理。

二、法治宁夏建设面临的新形势、新任务、新挑战

2017 年，是“十三五”规划的开局之年，也是全面建成小康社会的决胜之年，自治区第十二次党代会提出法治宁夏建设的战略目标，为依法治区提供了价值遵循。让法治成为宁夏未来发展核心竞争力的重要标志，凸显了法治在宁夏经济社会发展中的重要作用。在十九大报告中，习近平总书记作出了中国特色社会主义进入新时代的战略判断，随着社会主要矛盾的变化和法治国家建设的深入，法治宁夏建设也将面临一系列新形势、新任务、新挑战。

（一）法治宁夏建设面临的新形势

在党的十九大报告中，习近平总书记指出，中国特色社会主义进入新时代，我国社会主要矛盾已经转化为人民日益增长的美好生活需要和不平衡不充分发展之间的矛盾。我国稳定解决了十几亿人的温饱问题，总体上实现小康，不久将全面建成小康社会，人民美好生活需要日益广泛，不仅对物质文化生活提出了更高要求，而且在民主、法治、公平、正义、安全、环境等方面的要求日益增长。习近平总书记在十九大报告中的阐述，对我们理解新时时代宁夏法治建设面临的新形势有着重要的指导意义。中国特色社会主义进入新时代是宁夏法治建设的重大机遇，也是法治宁夏建设首先要面对的新形势。

1. 随着人民物质文化生活水平的提高和法治意识的增强，对法治宁夏建设提出了更高的要求，法治供给与法治需求之间不平衡不充分的矛盾开始凸显

社会主要矛盾的转变是中国特色社会主义进入新时代的基础和条件。人民对美好生活的需要就包括对民主法治、公平正义的需求，而且随着社会的发展，这种需求日趋强烈。提高法治供给能力和供给质量，解决法治宁夏建设中不平衡不充分的问题，是法治宁夏建设的重要任务。

2. 法治从维护社会稳定、为经济建设保驾护航，向经济发展动力要素转变，法治不但为宁夏经济社会发展提供良好的制度环境，也将成为未来宁夏发展核心竞争力的重要标志

在传统观念中法治就是稳定秩序的代名词，法治的核心任务就是维护社会稳定安宁。所以，人们经常把法治与秩序相互联系在一起。党的十八大以来，我们党高度重视依法治国，把依法治国看成是坚持和发展中国特色社会主义本质要求和重要保障，是实现国家治理体系和治理能力现代化的必然要求，事关我们党执政兴国，事关人民幸福安康，事关党和国家长治久安。所以，依法治国不是简单的维护社会秩序稳定，而是与国家发展、中华民族伟大复兴息息相关，法治是经济社会发展的重要推动力量。正因为如此，在自治区第十二次党代会报告中，石泰峰书记明确提出要让法治成为宁夏未来发展核心竞争力的重要标志，标志着法治不再是经济发展后

的奢侈消费品，其本身就是核心发展要素和核心竞争力。自治区第十二次党代会法治核心竞争力的提出，廓清了在法治认识上的误区，实现了宁夏在法治认识上的历史性飞跃，必将对宁夏法治建设产生重大而深远的影响。

3. 全面依法治国战略的提出和依法治国是社会主义的本质要求的论断，说明法治建设已经超越政治法律，开始向经济、社会、文化、生态建设领域延伸，依法治国的全面性开始显现

在党的十九大报告中，习近平总书记指出，全面依法治国是国家治理的一场深刻革命。为推动依法治国向全域发展，成立中央全面依法治国领导小组，加强对法治中国建设的统一领导。以良法促进发展，以良法促善治。政治法律体系、经济法律体系、社会法律体系已经初步形成，文化、生态法治建设正在稳步推进。完备的法律规范体系、高效的法治实施体系、严密的法治监督体系、有力的法治保障体系，完善的党内法规体系初步形成，法治正在成为中国人的生活方式和行为方式，深刻影响着中国人的生产和生活。

（二）法治宁夏建设面临的新任务

2017 年，宁夏法治建设取得了较好的成绩，但距离人民的要求和期盼还有较大差距，进入新时代，宁夏法治建设面临许多新的任务。

1. 法律是治国之重器，良法是善治之前提

十八届四中全会《决定》对立法工作提出了明确要求，坚持立法先行，发挥立法的引领和推动作用，抓住提高立法质量这个关键。要恪守以民为本，立法为民理念，贯彻社会主义核心价值观，使每一项立法都符合宪法精神、反映人民意志、得到人民拥护。要把公正、公平、公开原则贯穿立法全过程，完善立法体制机制，坚持立改废并举，增强法律法规的及时性、系统性、针对性、有效性。实现立法和改革决策相衔接，做到重大改革于法有据、立法主动适应改革和经济社会发展需要。2017 年，宁夏立法工作取得显著成绩，基本满足了经济社会发展对立法的需要，但我们也应看到，宁夏立法工作距离十八届四中全会《决定》的要求还存在较大距离。立法先行，以法律引领改革，对宁夏而言，还有相当长的路要走，改革与法治之间仍然存在较大的张力；立法质量还有待提升，特别是设区市的立法机

构，从人员配备、组织机构、制度机制、立法能力、法规水平等方面距离要求还存在一定差距；健全有立法权的人大主导立法工作的体制机制，发挥人大及其常委会在立法工作中的主导作用不足，立法计划、法规议案、法规起草等依赖政府及有关部门的局面还没有根本改变。自治区第十二次党代会提出的创新驱动、脱贫富民、生态立区三大战略还缺乏相应的立法支持，加大经济领域、民生领域、生态领域立法，适应经济社会发展需要，仍然是宁夏地方立法的中心工作。

2. 距离职能科学、权责法定、执法严明、公开公正、廉洁高效、守法诚信的法治政府要求，还存在较大差距

《法治政府建设实施纲要（2015—2020年）》规定，要在2020年基本建成法治政府。2017年，宁夏法治政府建设工作取得了一定的成绩，为2020年建成法治政府打下了较好的基础。但从社会视角看宁夏法治政府建设绩效，法治政府建设还存在许多短板。行政审批制度改革大力推进，审批事项、审批环节、审批服务都有较大改善，但市场反应不是特别明显，对经济发展的推动作用不够明显，说明行政审批改革还存在肠梗阻和改革盲区；行政执法体制机制改革取得阶段性成果，但行政执法仍然是法治政府建设的短板，行政复议、行政诉讼案件持续增加且政府败诉率居高不下，说明行政执法环节存在较多问题。中国政法大学《中国法治政府评估报告》显示，2017年银川市行政执法指标得分仅为64.8（该指标总分为120），比全国平均分低4.23，得分率54%，这也从一个侧面显示宁夏法治政府建设存在许多不足；打造阳光政府，提高政府透明度是法治政府的必然要求，但宁夏政府信息透明度在全国排位一直靠后；政府诚信建设不足，政府在诚信社会建设中的引领作用发挥不够，涵盖政府、企业、社会组织、公民的统一征信平台建设相对滞后。

3. 司法改革距离让人民群众在每一个司法案件中感受到公平正义还有较大落差，司法改革的实效性需要加强

宁夏第一阶段司法改革任务已基本完成，初步建立了以审判为中心的司法体制，法官检察官员额制改革推进顺利，司法责任制同步跟进，法院、检察院机构改革和人财物统一管理基本完成，可以说，司法改革阶段性任

务已经完成。接下来的主要任务就是要进一步细化政策措施，通过制度机制建设，科学规划审判流程，把司法责任制落到实处，加大执行体制改革力度和执行强度，让人民群众真正感受到司法改革带来的红利，避免司法改革简单沦为一场涨薪的盛宴。司法公开，实现阳光司法是遏制司法腐败的重要举措，但宁夏司法透明度一直不高，中国社科院法学研究所法治指数创新工程项目组连续几年对全国法院系统司法透明度进行测评，报告显示，宁夏法院司法透明度明显偏低。

4. 全民法治观念有待进一步提升，法治社会建设任重道远

法治观念的形成受多重因素的影响，教育、环境、知识、制度、规范、权威、实践等都对法治观念的形成有重要影响。改革开放以来，公民的法律意识明显增长，但权力观念与义务意识不匹配的问题依然较为突出，社会诚信有待进一步提升；人民团体、社会组织、行业协会在法治社会建设中的作用发挥还不是很明显，民族宗教问题依然是宁夏社会治理的重要领域，法治化治理水平有待进一步提高；法律服务体系和多元纠纷解决机制还不能安全满足人民群众和社会治理的需要，存在许多有待改进的制度机制。

（三）法治宁夏建设面临的新挑战

进入新时代，法治宁夏建设既面临许多有利机遇，也存在许多风险和挑战，有些风险具有全国共通性，有的则是宁夏特有的，正确认识和看待风险，未雨绸缪、精心谋划、科学处置，对维护宁夏社会稳定和谐和法治宁夏建设具有重要意义。

1. 国家安全面临的挑战

党的十九大报告指出，统筹发展和安全，增强忧患意识，做到居安思危，是我们党治国理政的一个重大原则。总体国家安全观的提出，就是根据我们面临的新威胁作出的重大战略决策。除传统国家安全外，新国家安全观提出要加强经济安全、社会安全、文化安全、生态安全，对我们理解宁夏面临的国家安全威胁有着重要的指导意义。暴力恐怖威胁、极端思想文化渗透是宁夏国家安全面临的主要威胁，特别是极端思想文化，打着发展经济的旗号和净化社会道德的幌子，极具欺骗性，是宁夏社会稳定的重

大隐患。

2. 传统人治观念的挑战

我国是一个有着长期人治传统的国家，也是非常重视宗法情义和人情往来的国度。其优点是重视人际关系和社会交往，能够满足人的道德需求，缺点是凡事讲关系，论资排辈，规则意识较弱，缺乏国家意识和权利义务观念。国家和社会治理需要法律和道德共同发挥作用，以道德滋养法治，以法治促进道德。依法治国，建设法治国家不但是治理内容，也是治理方式的一场深刻变革，在全面依法治国的大背景下，传统的人治传统不断侵蚀法治建设，对法治建设产生了许多负面影响，服从规则还是服从权威，顺应人情还是服从法理，成为当代中国人的“两难”选择和治理“悖论”，对法治理念与法治思维的养成产生一定的消极影响。

3. 利益固化的挑战

改革就是一场革命，行政审批制度改革就是政府的一场自我革命。经过改革开放几十年发展，我国经济社会建设取得了巨大成就，但也产生了许多社会问题，其中问题之一就是利益固化，各种利益集团的不断发展壮大。利益集团是中国改革的受益者，他们受益于现行体制，但希望维持现有的体制，深化改革将会使得他们的利益受损，他们不愿意做进一步的改革。在一个利益相对固化的时代，触动利益比触动灵魂更难。在党的十九大报告中，习近平总书记指出，必须坚持和完善中国特色社会主义制度，不断推进国家治理体系和治理能力现代化，坚决破除一切不合时宜的思想观念和体制机制弊端，突破利益固化的藩篱，吸收人类文明有益成果，构建系统完备、科学规范、运行有效的制度体系，充分发挥我国社会主义制度的优越性。总书记的讲话，正是看到利益固化对改革的阻力而作出的重要判断。

4. 经济风险的挑战

随着我国经济发展进入新常态，经济发展速度开始从高速发展转变为中高速发展，加之受国际经济形势和宁夏自身经济结构转型、资源环境约束趋紧的影响，宁夏经济发展面临较大的下行压力，就业压力加大；房地产行业在经历快速增长后，也进入发展的平稳期，面对日益激烈的市场竞争，开始重新进行洗牌，形势不容乐观；随着现代金融业的发展，金融杠杆率在不断上升，金融风险日益增大，民间借贷发展迅速，带来许多监管难题，地方政府债务规模不断扩大，债务风险不断攀升，还债压力进一步加大。2017年12月18—20日，中央经济工作会议把防控化解重大风险作为今后三年工作的攻坚战，其中重点是防控金融风险，可以看出金融领域问题较多，形势不容乐观。从历史与现实的经验看，经济发展的风险，最终会传导到社会层面，并以社会运动或社会事件形式反映出来，进而对社会稳定构成威胁。宁夏近年来许多群体性事件和大量信访案件，均与上述经济因素有关。

5. 社会风险的挑战

经过改革开放三十年的发展，我国经济在高速发展的同时，也积累了许多社会问题，在党的十九大报告中，习近平总书记指出，我们在民生领域还有不少短板，脱贫攻坚任务艰巨，城乡区域发展和收入分配差距依然较大，群众在就业、教育、医疗、居住、养老等方面面临不少难题，社会文明水平尚需提高，社会矛盾和问题交织叠加。医疗、教育、就业、居住、养老都是重要的民生领域，需要政府投入大量的经费，在经济下行的情况下，政府收入的不确定性与社会保障的刚性兑付之间会形成矛盾，如果处理不好，会对整个社会稳定产生影响。区域差距、城乡差距、收入差距进一步拉大，腐败现象不同程度仍然存在，社会阶层流动性不足，加剧了社会矛盾和冲突，给社会稳定造成隐患，也给社会治理带来许多难题。

三、对法治宁夏建设的政策建议以及2018年法治宁夏建设展望

（一）对法治宁夏建设的政策建议

1. 系统学习党的十九大报告，正确认识和看待法治在社会治理和中华民族伟大复兴历史进程中的价值与作用，是推动宁夏法治建设和法治宁夏建设取得实效的思想认识前提

在党的十九大报告中，把全面依法治国看成是中国特色社会主义的本质要求。这就说明法治国家建设不是权宜之计，而是一项长期坚持的治国

理政基本方略；法治国家建设不仅仅局限于政治、社会领域，也是经济建设、文化建设、生态建设的重要推动力量；法治国家建设不仅仅是治理方式的转变，也是国家治理体系治理能力现代化和中华民族伟大复兴的重要保障。只有深化对法治建设意义的认识，才能形成法治共识，为法治宁夏建设扫清认识误区和思想障碍。

2. 充分发挥人大及其常委会在立法工作中的主导作用，健全有立法权的人大主导立法工作的体制机制，切实改变政府立法、部门立法的现状，保证立法反映人民意志，提高立法质量，推进良法善治

党的十八届四中全会《决定》要求建立由全国人大相关专门委员会、全国人大常委会法制工作委员会组织有关部门参与起草综合性、全局性、基础性等重要法律草案制度。增加有法治实践经验的专职常委比例。明确立法权力边界，从体制机制和工作程序上有效防止部门利益和地方保护主义法律化。对部门间争议较大的重要立法事项，由决策机关引入第三方评估。这些重要论断对有立法权的各级地方人大发挥立法主导作用有重要的指导意义，也是宁夏立法工作适应新形势、新要求，重点需要改进和加强的工作。当前宁夏立法机关主导立法能力不强，一个重要原因是人大本身立法力量不足，立法人才匮乏。合理配备有法治实践背景的专职常委、人大代表、工作人员比例，调整人大及其常委会人员组成结构，是破解人大立法主导权不足的有效手段。加大对创新驱动、脱贫富民、生态立区三大战略的立法保障，打造适宜创业、生活的制度环境，是宁夏立法工作的重要任务。

3. 加大行政执法改革力度，完善执法程序，加强执法信息化建设，强化对行政权力的监督制约，全面落实执法责任制，推进政务公开，推动法治政府建设从重视制度规范建设向重视制度法规实施的转变

法治政府建设具有很强的外部性，检验法治成效的标准不是政府出台了多少政策措施，做了多少工作，而是实践中这些改革措施受到遵循的程度和产生的实际社会效应，实践是检验法治政府绩效的唯一标准。由于改革阶段性任务，前期法治政府建设的重心在政府自身改革，包括放管服、执法体制机制、“两个清单”、权力监督制约改革等，不同程度忽视了对改革外部效应的关注，致使行政执法中出现了许多问题，影响了法治政府建

设的成效。中国政法大学《中国法治政府评估报告（2017）》显示，连续三年，我国行政执法测评处于不及格状态，说明行政执法是法治政府建设的短板，也是制约法治政府建设的一大顽疾。今后，宁夏要把工作重心从政府内部转向外部，从制度规范制定转向制度规范实施是下一阶段法治政府建设工作的重要任务。

4. 进一步深化司法改革，优化司法职权配置，完善以审判为中心的诉讼制度，加强司法人权保障和民主化水平，推进执行体制改革，加大执行力度，完善错案追究制度，强化司法责任制，提高司法透明度和公信力

目前，宁夏司法改革的阶段性任务基本完成，接下来的工作主要是细化改革举措，夯实制度根基，让司法改革产生实实在在的效益，让人民群众分享到司法改革的红利。当前，宁夏的司法改革虽然已经完成阶段性工作，但这些工作大部分是司法机关内部的改革，要让改革真正发挥实效，产生社会效应，还需要做大量细致的工作，注重司法改革的实效性。积极回应社会关切，不但是司法改革的重要目标，也是人民群众的热切期盼。

5. 把社会主义核心价值观和公平、公正、公开原则贯穿于法规、制度和每一项改革措施中，通过强化制度规范引领，为法治文化生成提供制度环境

法治文化是法治的深层结构，法治文化的形成受历史传统、现实环境等多重因素影响，在法治国家建设中发挥着价值指引的作用，是法治社会生成的重要条件。法治宣传教育，要在重视社会主义核心价值观入脑入心的同时，还要重视社会主义核心价值观入法入规，在具体的制度规范和改革举措中体现社会主义核心价值观的基本要求，用实实在在的制度规范体现法治的基本原则和基本精神，避免形式与内容、说与做两张皮，甚至相互冲突、相互抵消。法治宣传教育固然重要，但制度规范引领则更为有效和持久，是法治文化生成的制度规范保障，也是法治社会建设的基础性工程。

（二）2018 年法治宁夏建设展望

2018 年是全面决胜小康社会的关键一年。党的十九大为我国经济社会发展描绘了美好蓝图，指明了发展的方向。成立中央依法治国领导小组，

坚持全面依法治国作为治国理政的基本方略，意味着在未来中国，法治的国家治理中地位和作用会更加突出。2017 年 12 月 4 日，在第 4 个国家宪法日，自治区党委举行法律顾问聘任仪式，自治区党委书记、人大常委会主任石泰峰为五名自治区党委法律顾问颁发聘书，标志着宁夏法治建设开启了新的征程。2018 年，在党的十九大和自治区第十二次党代会精神指引下，法治宁夏建设进入关键一年，让法治成为未来宁夏核心竞争力的重要标志，将成为法治宁夏建设的重要目标。

在党中央和自治区党委的领导下，宁夏立法工作将在 2017 年基础上更上一层楼，立法主动适应经济社会发展会更加主动和自觉，生态、文化、民生、经济领域立法会更加符合宁夏经济社会发展要求，主动配合自治区中心工作。人大及其常委会主导立法的局面将初步形成，合宪性审查成为人大立法和备案审查工作的一项重要内容。

十九大报告提出深化机构和行政体制改革的任务，宁夏法治政府建设将会面临许多新的任务和要求，法治政府建设将会更加关注法规制度实施，关注法治政府建设的实效。随着全面从严治党向纵深推进，法治政府建设将会迈上新的台阶，社会的感受度和人民群众的满意度会进一步增强。

司法体制改革将会进一步深化，司法权运行规范化建设、司法人权保障工作、司法责任制、司法透明度、司法公信力等将会进一步细化和规范化，人民群众的获得感会进一步增强。

按照中央统一部署，监察体制改革将在 2016 年试点基础上向全国全面推开，构建党统一领导、集中高效的反腐败机构，是我国政治体制改革的重大改革。落实中央有关文件要求，建立宁夏区、市、县（区）三级监察委员会，实现对所有行使公权力的公职人员监察全覆盖，将成为 2018 年法治宁夏建设的中心工作。

法治社会建设稳步推进，法治宣传教育方式不断优化，公民法律意识、依法办事能力显著提升，社会诚信建设有序推进，社会组织、公民参与社会治理积极性不断高涨，民族团结、社会和谐，社会治理法治化水平将明显提高。

2018 年，宁夏回族自治区将迎来 60 周年大庆，这是全区各族人民政治生活中的一件大事，也是宁夏法治建设的新高度。我们相信，在以习近平同志为核心的党中央领导下，只要我们沿着党的十九大确立的基本路线、基本理论、基本方略不断前进，贯彻落实自治区第十二次党代会确定的发展战略和目标任务，法治宁夏建设将会取得更大成绩，以优异的成绩迎接宁夏回族自治区成立 60 周年。

（本报告在写作时参考了本书其他报告和有关新闻报道，特此说明）

领域篇

LINGYU PIAN

2017年宁夏立法工作报告

蒋元德　朱　赟　朱　婷

地方立法是国家立法体制的重要组成部分，是宪法和法律赋予有立法权的地方人大及其常委会的重要职权。做好地方立法工作，对于保障和促进地方经济社会发展具有重要意义。自治区人大及其常委会认真贯彻落实习近平新时代中国特色社会主义思想，紧紧围绕“五位一体”总体布局和“四个全面”战略布局，坚持从地方改革和经济社会发展的实际出发，贯彻创新、协调、绿色、开放、共享的发展理念，发挥立法的引领和推动作用，在完善地方立法工作机制、推进科学立法民主立法、加强规范性文件备案审查、加强立法工作队伍建设等方面都取得了新的成效，积累了宝贵经验，为法治宁夏建设提供了有力的保障。

一、2017年立法工作的基本情况

2017年，是实施“十三五”规划的重要一年，也是全面建成小康社会的关键之年。一年来，自治区人大及其常委会积极适应改革发展需要，紧紧围绕自治区中心工作，加强经济领域立法，强化社会领域立法，注重生

作者简介　蒋元德，自治区人大法制委员会副主任、自治区人大常委会法制工作委员会主任；朱赟，自治区人大常委会法制工作委员会副主任；朱婷，自治区人大常委会法制工作委员会备案审查处主任科员。

态文明立法，慎立多修，立、改、废并重，立法工作稳步推进。2017 年，共审议和通过法规 19 件，其中制定 4 件，修订 6 件，修正 7 件，废止 2 件；批准设区的市地方性法规 10 件，立法工作稳步推进。

2015—2017 年立法情况表

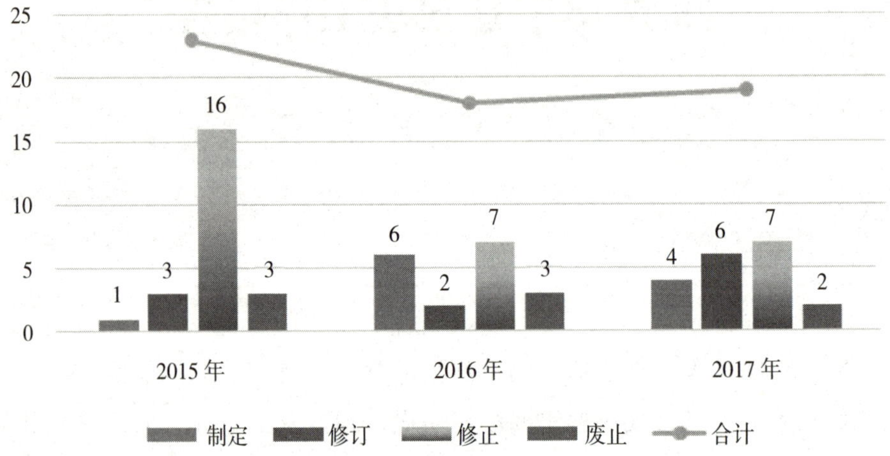

（一）坚定正确政治方向，自觉坚持党对立法工作的领导

坚持党对立法工作的领导，这是立法工作必须遵循的重大政治原则，也是立法工作不断取得新成绩、实现新发展的基本经验。始终坚持党对立法工作的领导，更好发挥人大在立法中的主导作用，自觉将党的领导贯彻于立法规划、组织起草、审议通过等各个环节上，贯穿于立法所调整规范的各个领域和方面。科学论证、筛选、编制 2018—2022 年常委会五年立法规划和 2018 年立法计划确定立法规划和立法计划的项目，通过人大常委会党组向自治区党委请示报告。对地方立法工作中重大问题或存在重要意见分歧的问题及时通过人大常委会党组向自治区党委请示报告，确保立法工作始终坚持正确的政治方向，切实维护国家法制统一。立法规划和立法计划的征集历时四个多月，在广泛征求社会各界尤其是法规案提案主体的意见，组织多场论证会，科学确定立法项目，并及时报请自治区党委批准，2017 年立法计划共 17 件，其中制定 5 件，修订 5 件，打包修正 5 件，废止 2 件，并计划对 11 件立法项目开展调研。在立法过程中，根据自治区党委对宁夏大数据发展定位和全国人大常委会法工委的关于审计监督和“三山”保护条例中存在的问题，及时对立法项目做了调整，确保地方立法符合党中央和自治区重大方针政策。

（二）突出重点，深入推进科学立法、民主立法、依法立法

深入推进科学立法、民主立法、依法立法，使每一项立法都符合宪法精神、反映人民意志、得到人民拥护，这是在全面推进依法治国的新的历史起点上对立法工作的新要求。自治区人大常委会坚持问题导向，突出重点领域立法，通过立法，科学调整和规范社会生活的各种关系，处理好改革开放和现代化建设中的各种复杂问题。2017 年经济领域立法 2 件，民生领域立法 9 件，生态文明领域立法 1 件，其他领域立法 5 件。

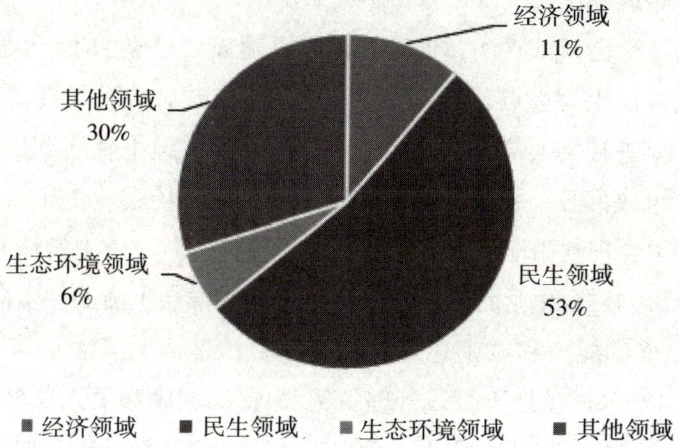

2017 各领域立法情况

1. 适应改革发展需要，着力加强经济领域立法

充分发挥立法在引领、推动和保障改革方面的重要作用是地方立法的核心任务。宁夏地方立法主动适应宁夏经济发展和深化改革的需要，积极探索，为保障改革措施于法有据，推动经济又好又快发展提供了法律支撑。一是适应改革发展的需要，把经济社会发展中迫切需要依法规范的事项及时通过立法进行规范，推动改革进程，保障改革成果。2016 年 4 月，宁夏获批全国第二个省级空间规划改革试点省区，为宁夏破解发展难题、优化发展格局、推动经济社会持续健康发展提供了重大机遇。为探索宁夏可持续发展的“新路子”，努力创造空间规划（多规合一）可复制、可推广的

“宁夏经验”，自治区人大常委会对《宁夏回族自治区空间规划条例》进行了修订，完成了空间战略规划向空间规划的转变，明确了宁夏的发展定位和空间结构，画定了“三区三线”，制定了分区管控指标和措施。二是注重规范市场主体和市场行为，维护市场秩序方面的立法。自治区人大常委会对《宁夏回族自治区价格条例》进行了修订，条例坚持了市场决定价格的机制，进一步明确了政府定价的边界和程序，政府指导价、定价要向社会公开，重要商品和服务价格异常波动时，价格主管部门可约谈经营者等内容，为宁夏进一步规范价格行为、维护市场价格秩序、保护消费者和经营者合法权益提供了法律保障。

2. 保障和改善民生，强化社会领域立法

加强完善社会领域立法，促进和谐宁夏建设，是党的十八大以来，立法工作以改善民生为重点，着力加强社会领域立法，充分发挥法规在调整社会关系、促进社会大局和谐稳定的重要作用。“地下管线”是城镇基础设施的重要组成部分，担负着城镇能源供给、信息传输、供排水保障等重要任务，为了合理利用地下空间，解决“马路拉链”“空中蜘蛛网”、大雨内涝等严重影响群众生活问题，管好城镇运行和群众生活的“生命线”，提高城镇综合承载能力和城镇化发展质量，自治区人大常委会审议通过了《宁夏回族自治区城镇地下管线管理条例》。食品健康事关人民群众人身健康安全和社会稳定，民以食为天，食以安为先。宁夏食品生产加工小作坊、小经营店和食品小摊点具有数量多、分布广、规模小等特点，一直以来都是食品安全监管的难点，也是社会各界广为关注的热点问题，为了回应社会关切，自治区人大及时修订了《宁夏回族自治区食品生产加工小作坊和食品摊贩管理办法》，修订后将该办法名称修改为《宁夏回族自治区食品生产加工小作坊小经营店和食品小摊点管理条例》，更好地维护公众舌尖上的安全。为了加强宁夏社会治理，改善人民生活水平，保障人民生产生活安定和谐，自治区人大常委会主动作为，制定修改了《宁夏回族自治区畜禽屠宰管理条例》《宁夏回族自治区农村公路条例》《宁夏回族自治区旅游条例》《宁夏回族自治区禁毒条例》《宁夏回族自治区法律援助条例》等，为促进和谐宁夏建设起到了十分重要的作用。

3. 促进绿色发展，重视生态文明立法

良好的生态环境是最公平的公共产品、最普惠的民生福祉。宁夏地处西北地区，生态环境脆弱，这就要求要牢固树立尊重自然、顺应自然、保护自然的绿色发展理念，做到既要讲求经济效益，又要重视生态效益。对此，为保障人民群众身体健康，统筹好人与自然的和谐发展，自治区人大常委会从全面协调可持续发展的高度，立足宁夏生态脆弱、干旱少雨、灾害频发的区情，从加强资源管理和生态保护，减少环境污染，实现可持续发展入手，制定大气污染防治条例，增加了许多刚性规定，力求通过立法进一步加大对环境、资源的保护力度和提高防御灾害的能力，促进生态环境的改善，促进人与自然的和谐发展。

4. 注重改废并举，推进依法立法

一是法规清理纠正常态化，维护法制统一。十九大报告将依法立法与科学立法、民主立法并列为立法原则，这是立法原则上的一大变化，其核心问题就是要解决法出多门、通过法来逐利、部门利益和地方保护主义法律化等问题。2017 年，根据全国人大常委会法制工作委员会印发的《关于印送〈对地方性法规中以审计结果作为政府投资建设项目竣工结算依据有关规定的研究意见〉的函》的要求，组织自治区政府法制办、审计厅、住建厅、银川市人大常委会等单位，对全区现行有效的地方性法规进行了清理自查，修改了《宁夏回族自治区审计监督条例》。对涉及生态文明建设和环境保护方面地方性法规进行专项清理自查，审查需要修改的自治区地方性法规 7 件，设区的市地方性法规 8 件，目前已对《宁夏回族自治区六盘山、贺兰山、罗山国家级自然保护区条例》进行了修改，其他法规将适时作出修改或废止。二是为配合行政审批制度改革和转变政府职能的要求，对与上位法的相关内容不符，部分条款已与宁夏经济社会发展形势不相适应的《宁夏回族自治区统计管理条例》《宁夏回族自治区岩画保护条例》予以修改，废止了《宁夏回族自治区户外广告管理条例》《宁夏回族自治区个体工商户条例》2 件法规。

（三）创新制度，健全机制，不断提高立法质量

1. 发挥人大在立法工作中的主导作用，不断推进民主法治建设

发挥人大及其常委会在立法工作中的主导作用，是支持和保证人民通过人民代表大会行使国家权力的有效途径。只有充分发挥人大及其常委会在立法工作中的主导作用，才能更好地承担制定法规和保护法律法规实施的职责，进而使社会主义民主法治更加完备。充分发挥人大在法规立项、起草、审议等各个环节的主导作用，确保立法从源头上更具必要性和可行性，使法规调整的社会关系和主要制度设计更具针对性和前瞻性，积极回应社会公众关切和经济社会发展迫切需要，修改了自治区人民代表大会议事规则、人民代表大会及其常务委员会立法程序规定。

2. 坚持开门立法，拓展公民有序参与立法的途径

立法工作坚持人民主体地位，不断推进开门立法，拓展公民有序参与立法的途径。一是立法过程公开化。立法规划和立法计划、法规草案及说明等立法信息，均通过人大网站、常委会公报或者地方主要媒体予以公开，做到了立项公开、过程公开和结果公开，切实保障公众知情权，为引导公众有序参与立法活动奠定了坚实基础。二是途径形式多样化。通过召开各种形式的座谈会、论证会等，直接听取各方意见；深入乡镇、社区等基层单位，广泛收集民意；以网站、报刊、问卷调查和其他书面形式广泛征求包括政协委员、各民主党派和社会各界人士的意见与建议；充分发挥基层立法联系点在立法中的作用，邀请人大代表参与立法工作；等等。三是参与对象广泛化。为了避免法规草案起草的局限性，既坚持听取征求意见对象的广泛性，使立法更好地体现民情、汇聚民意、集中民智，又广泛听取意见，特别是具有专业优势代表的意见。四是建立意见采纳反馈机制。不断探索完善意见采纳的有效机制，自治区人大常委会对各方面意见不但“听取”，更注重“采纳”。对各方面提出的意见，通过反复会商、论证、修改等形式进行梳理消化和吸收采纳；对法律关系复杂、分歧意见较大的问题，组织专题调研，力求吸收各方面的合理意见，增强民意采纳的科学性。

3. 坚持科学立法，提高地方立法精细化精准化水平

建立完善立法工作机制，保障地方立法“不抵触、可操作、有特色”。

一是建立立法项目编制工作机制。在编制立法规划和立法计划过程中，扩大征求法规项目意见的范围，增强立法规划和立法计划编制的透明度，多次召开座谈会、论证会，邀请相关单位、法律学者和咨询专家提出建议，科学编制立法规划和立法计划。二是完善立法项目责任落实制度。对立法计划中的法规项目进行了任务分解，按照法规案起草、初步审查、提请审议等不同阶段，将任务分解至相关责任单位，做到“任务、时间、组织、责任”四落实。三是创新法规起草方式，通过三方联合起草、委托起草的方式，解决法规草案起草形式单一、部门利益干扰立法等问题。四是建立完善立法工作协商机制。建立健全与民主党派、社会团体、组织等参与立法协商的工作机制，确保了法规草案意见征求的全面性和针对性，为立法协商工作积累了宝贵经验。五是开展立法后评估。采取实地查看、专题调研、问卷调查等方式，对自治区交通安全条例进行立法后评估，通过分析法规内容设计的合法性、合理性和可操作性，了解法规在实施过程中存在的问题与不足，为法规的进一步修改完善提供充分依据。

（四）注重提升立法能力，扎实做好对设区的市地方立法的监督指导工作

赋予设区的市立法权是国家为适应经济社会发展需要而作出的一项重大立法体制改革。2017 年，自治区人大常委会共批准五个设区的市地方性法规 10 件，其中制定 8 件，修改 1 件，废止 1 件，《石嘴山市市容和环境卫生管理条例》《石嘴山市工业固体废物污染环境防治条例》《吴忠市红色文化遗址保护条例》《固原市须弥山石窟保护条例》《中卫市城乡居民饮用水安全保护条例》等法规，突出地方特色，具有较强的代表性。

1. 严格把握设区的市的立法权限

在立法项目选择上、制度设计上、规范表述上，认真研究，提出修改建议。对设区的市一审后的法规草案，广泛征求意见，归纳梳理，研究修改，把立法权限问题、合法性问题有效解决在设区的市人大常委会审议通过前。

2. 培训指导力度进一步加大

针对五市立法经验不足、立法能力缺乏的实际，法工委主动与设区的市人大常委会联系，通过召开实地培训、集中培训的方式，在立法程序、立法技术和文本格式等方面进行指导，提前介入地方性法规的起草、修改工作，帮助各市解决立法技术、程序和实际操作等方面存在的问题。

3. 加强指导和沟通协调工作

通过参加立法论证会、面对面点评等方式，对设区的市法规中涉及合法性、合理性和立法技术方面的问题共同研究解决，较好地维护了法制统一，提高了法规审查的针对性和有效性，便于法规的顺利通过。

（五）注重突出实效，提升备案审查工作水平

备案审查工作是保障宪法和法律实施的重要制度，是人大及其常委会的一项重要职权。自治区人大常委会领导高度重视备案审查工作，对落实中央和全国人大常委会有关备案审查工作精神作出了部署，对加强市、县人大常委会备案审查工作指导、监督和培训提出了明确要求，备案审查制度建设稳步推进，备案审查工作有序开展。截至目前，共向全国人大常委会、国务院报送法规 29 件，接受报备的规范性文件 79 件。

1. 建立“有件必备、有备必审”长效机制

一是创新工作方式，将规范性文件备案审查各阶段的工作任务核定量化，以责任表的形式确定承办单位、审查机构人员工作责任和工作时限，确保审查工作任务的落实。二是抓好规范性文件备案审查制度的执行，对全区 11 家报备单位备案审查工作情况进行督导检查，对存在的问题及时通报，促使责任单位落实责任，实现备案审查工作规范化。

2. 主动审查取得实效

为了切实维护人民群众利益，开展规范性文件主动审查，对不符合法律、行政法规规定，涉及限制或者减损自然人、法人、其他组织合法权益，带有立法性质的规范性文件作了重点审查，对《宁夏回族自治区失业保险办法》《银川市机动车交通环保卡管理办法（试行）》等 3 件规范性文件提出了审查意见，收到了较好的效果。

3. 被动审查工作有效开展

对人民群众来信、来函反映规范性文件存在超越法定权限，限制或者剥夺自然人、法人和其他组织的合法权利，或者与法律、法规规定相抵触的规范性文件进行研究，提出审查意见，交由文件制定机关处理，并及时

向提出审查建议的群众反馈了办理情况，当事人对办理结果表示满意。

4. 备案审查信息化水平得到提升

自治区人大常委会领导高度重视信息平台建设，经过各方共同努力，自治区人大常委会备案审查信息系统已于11月建成并试运行，开通了与全国人大、市县人大常委会，自治区和设区的市政府的联网报备，得到了全国人大常委会法工委领导的肯定和表扬。该系统正式运行后，将实现对规范性文件的电子化管理，充分利用大数据和云计算等最新技术，提升备案审查的工作效率和质量。

二、理清思路，正视立法工作存在的薄弱环节和难点

习近平新时代中国特色社会主义思想，明确了全面依法治国总目标是建设中国特色社会主义法治体系、建设社会主义法治国家。这是新时代法治建设对地方立法工作提出的新要求。2017年，宁夏立法工作取得了一定成效，但还存在一些不足，要认清地方立法面临的新形势新要求，理清工作思路，补短板、强弱项，迎难而上。

（一）地方立法的推动引领作用有待进一步发挥

党的十八届四中全会提出，“做到重大改革于法有据、主动适应改革和经济社会发展需要”，揭示了现阶段立法在全面深化改革进程中的功能定位和价值指向。但立法与改革之间的矛盾具有与生俱来的天然属性，需要在立法实践中逐步探索，进一步化解立法与改革的“定”与“变”的属性冲突。

（二）地方立法工作机制还不够完善

一是法规立项和起草等准备阶段制度建设有待于完善。立法准备阶段的制度是地方立法不可或缺的一部分，涉及立法活动的有序开展，关乎法规的质量与实施。目前，在地方立法程序中法规立项、起草等准备阶段的制度尚缺乏统一的标准和规则，需要进一步规范。二是公众有序参与立法的深度有待于深化。法规征求意见缺乏针对性，公众对提出意见的积极性不高；公众意见的反馈机制不健全，影响公众参与热情；反馈意见针对性不强，有效性不够。

（三）地方立法质量有待进一步提高

一是在法规案的起草环节，照抄照搬条款较多，地方特色不明显。二是有的法规的原则性、指导性条款过多，操作性不强，需要进一步修改完善。三是片面追求体例结构完整，内容上贪大求全，造成立法重复。

（四）立法能力有待进一步加强

一是有立法权的人大及其常委会组成人员中，人大代表和常委会组成人员中法律专业人员和具有法治实践经验的人员比例偏低，不利于立法职权的充分发挥。二是立法工作机构设置不健全，人员力量不足。随着设区的市制定地方性法规数量的逐渐增多和备案审查工作任务压力加大，面临工作任务重、工作人员少的问题日趋加重，制约了立法服务工作的进一步开展。

（五）运用现代新技术加强备案审查工作的能力有待加强

备案审查“有件必备、有备必审、有错必纠”的刚性要求，加大了备案审查工作的责任，宁夏备案审查系统已经上线试运行，初步实现了备案审查的信息化，但还需要进一步完善，以期实现智能化审查，更加适应法治宁夏建设的需要。

三、面向未来，积极作为，努力开创地方立法工作新局面

党的十九大报告指出，“推进科学立法、民主立法、依法立法，以良法促发展、保障善治”。自治区第十二次党代会提出了“实施三大战略、五个扎实推进”的目标任务，描绘了宁夏与全国同步建成全面小康社会的宏伟蓝图，明确了今后五年发展的奋斗目标，开启了宁夏各项事业发展的新征程。如何适应经济社会发展和社会主义民主法治建设的需要，继续加强立法工作，推进科学立法、民主立法，提高立法质量，为实现经济繁荣、民族团结、环境优美、人民富裕，与全国同步建成全面小康社会目标提供坚强的法治保证，就成为摆在我们面前的一个重大课题。

（一）充分发挥地方立法引领推动作用，主动适应改革发展需要

全面深化改革，就是要着力实现制度创新，不断完善和发展各项制度，落实到立法上，就是要切实增强法规的针对性、系统性和时效性，因时应

需废旧立新，进一步完善中国特色社会主义法律体系。要深入分析改革发展的现实立法需求，区分轻重缓急，把握主要矛盾、抓住关键问题，制定有利于全面深化改革，创新驱动发展、生态立区战略、脱贫富民战略，促进和谐稳定的地方性法规，以先行立法推进改革发展，以积极立法巩固改革成果，以主动立法维护社会和谐稳定，努力将立法资源转化为改革发展新优势。要更加注重从法律制度上进行顶层设计，确保中央和自治区全面深化改革的决策部署，通过人大立法程序及时转化为全体人民的共同意志，从法律制度上保障党的路线、方针、政策在全区的贯彻实施。要更加注重加强立法工作组织协调，坚持分层次的立法运作。对于政府还未规定且人大立法条件暂不具备、时机尚不成熟，而现实又迫切需要通过立法引领推动保障地方改革发展的事项，积极督促政府适时制定规章先行先试，待改革发展和实践较为成熟后再及时上升为地方性法规，切实增强和提高人大立法的权威性、有效性和稳定性。

（二）健全和完善地方立法工作机制，切实提高立法质量

为适应立法工作的新形势新要求，必须创新工作思路和工作方法，不断健全和完善法规立项、起草、审议等工作机制。一是改进法规立项起草机制，做好立法基础工作。要进一步拓宽立项新渠道，发挥人大专委会、工作机构、人大代表、专家学者的作用，集思广益，认真征求各方对立项的建议。建立和实行立项论证制度，对法规的必要性、可行性、合理性进行分析论证，科学合理安排立法项目，积极探索三方联合起草、委托起草等多元化的法规起草机制。二是进一步完善公众参与立法机制。要保障公众参与的广度和深度。充分利用好“互联网+”等现代科技手段，探索法规草案征求、收集意见的新方法，建立意见采纳情况反馈制度，让公众看到自己参与立法的成果。充分发挥好外脑作用，扩大立法专家“智库”队伍建设，搭建立法咨询专家和立法者之间的互动平台。

（三）厉行立法为民，回应人民群众关切

现代法治社会，广大人民群众对追求美好幸福生活的愿望越来越迫切，对法治的向往越来越强烈，对立法的期望值越来越高。地方立法必须从社会发展和社会治理的层面出发，更加重视生态环境、教育、就业、医疗等社会民生普惠领域立法，把维护人民群众利益作为立法调整规范的核心，充分发挥立法在平衡、调整、规范各种利益关系方面的重要作用，保障和维护人民的各项权益。

（四）注重加强立法队伍建设，努力提升立法工作效能

加强和改进立法工作，切实提高法规质量和立法工作水平，努力提升立法工作效能，积极适应新形势、新任务、新变化、新要求，加强立法队伍建设是关键因素和重要保障。要建立法治人才培养机制，有目标、有重点、有步骤地推进立法队伍建设，通过培训、举办法治讲座、立法工作经验交流等多种形式，加强法学理论、专业知识和法律法规的学习培训，逐步建立一支政治坚定、理论扎实、业务精通、务实高效、作风过硬、勤政廉洁的立法队伍，适应立法工作需要。

2017年宁夏法治政府建设工作报告

褚一阳　万　玮　秦建伟　武　丽

党的十八大以来，以习近平同志为核心的党中央提出了全面依法治国的新理念新思想新战略，确立了2020年实现法治政府基本建成的目标任务。党的十九大进一步明确了全面依法治国是国家治理的一场深刻革命和中国特色社会主义的本质要求和重要保障，将法治政府与法治国家、法治社会基本建成确定为基本实现社会主义现代化的重要目标。自治区党委、政府高度重视法治政府建设，自治区第十二次党代会报告提出“坚定不移推进法治宁夏建设”，明确要求“加快法治政府建设，深化行政执法体制改革，提高政府工作法治化水平”。2017年，自治区《政府工作报告》将建设法治政府明确为“建设人民满意政府”的重要内容。全区各级政府及其部门审时度势，勇于实践，依法行政焕发出了勃勃生机，法治政府建设呈现出了良好局面。

一、法治政府建设工作成效

（一）深入推进“放管服”改革，政府职能加快转变

法治政府建设首先要求政府正确履行职能，厘清公共权力与市场主体

作者简介　褚一阳，自治区政府法制办公室副主任；万玮，自治区政府法制办公室综合处副处长；秦建伟，自治区政府法制办公室综合处主任科员；武丽，自治区政府法制办公室法律顾问办主任科员。

的边界，使市场在资源配置中发挥决定性作用。2017年，全区不断深化行政管理体制改革，适应社会主义市场经济发展要求，最大限度减少审批，多措并举加强监管，不断创新优化服务。

1. 不断深化行政审批制度改革

在项目投资核准、资质资格许可等重点领域加大简政放权力度，与国务院取消行政审批事项相衔接，再次取消中央指定地方实施行政许可事项39项、行政审批中介服务事项25项。公布工商登记前置改后置项目181项，审批事项减少75%。全面启动“多证合一”登记注册制度改革，发放首张“三十三证合一”营业执照，办理“多证合一”营业执照超过1万份。建成投资项目在线审批监管平台，全面实现非涉密投资项目审批监管“一网全覆盖”。积极开展相对集中行政许可权试点工作，在银川市率先开展相对集中行政许可权试点的基础上，进一步扩大试点范围，在其他4个设区的市和永宁、西吉等5个县开展试点，探索“审管分离”和“三集中三到位”等相对集中行政许可权的有效实现形式，让信息多跑路，使群众少跑腿。

2. 全面实施权责清单制度

建立了区、市、县三级政府权责清单“总台账”，自治区政府43个部门保留行政职权事项1930项，市级政府部门平均保留职权2700项，县级政府部门平均保留职权2750项。开展权责清单“三级四同”工作，探索建立区、市、县三级权责事项名称、类型、依据、编码相统一的权责清单，严格落实“两个清单”制度。印发《宁夏回族自治区权力清单和责任清单动态管理办法》，按照“互联网+政务服务”的新要求，建立统一的权责清单管理系统并实行动态管理，将权责清单放在阳光下、放在群众眼前，让动态调整透明运行。

3. 创新监管优化服务

按照“谁实施、谁清理”的原则，开展增加公民和企业负担证照清理工作，自治区政府研究决定取消了81项涉及企业和群众负担的证照。建立区、市、县三级统一的证照目录清单，进一步加强和规范证照管理。自治区至村（社区）五级“政务云”全面建成，自治区及26个市县（区）的

786个部门、247个乡镇（街道）均可通过“政务云”办理事项，2496个村（社区）基层群众可以进行网上申报和代办政务服务事项。建设自治区公共信用信息共享平台和国家企业信用信息公示系统（宁夏），加快企业信用信息监管“大数据”建设。加快电子证照库建设，构建线上线下一体化服务政务平台，推行“不见面”审批模式，公布自治区本级第一批“不见面”审批服务事项目录，涉及28个部门的159项事项，首批全流程网上办理事项结果已于9月通过邮政快递寄出，彰显了便企惠民的初心。

（二）发挥立法引领作用，依法行政制度体系不断完善

2017年，宁夏不断提高政府立法质量，清理规章和规范性文件，进一步优化依法行政制度体系，激发市场活力和社会创造力，为全区经济社会发展提供强有力的制度保障。

1. 突出重点领域立法，提高政府立法质量

认真编制政府立法计划，在民生工程、生态环境保护、社会治理创新等重点领域加强立法，做到立法决策与改革决策相统一，立法进程与改革进程相适应，政府立法的前瞻性和有效性不断增强。召开立法座谈会、论证会200多场次，对立法草案通过网站、报纸公告等形式公开征集意见。不断规范政府立法起草、听证、论证、协调、审议和向下级政府征询意见等流程，坚持法制统一，突出地方特色，注重结合区情突出政府立法的引领作用，努力增强立法的针对性和可操作性。自治区政府全年共提请自治区人大制定、修改和废止地方性法规17件，制定、修改和废止政府规章41件，抓好创新驱动、脱贫富民和生态立区三大战略及深化“放管服”、转变经济发展方式等方面需要制定或者修改的地方性法规、政府规章项目办理，《宁夏回族自治区空间规划条例（修订）》《宁夏回族自治区农村公路条例》《宁夏回族自治区大气污染防治条例》《宁夏回族自治区林业有害生物防治办法》等一系列法规规章相继出台，进一步夯实了法治政府建设的制度基础。

2. 加强规范性文件管理

修订出台《宁夏回族自治区行政规范性文件制定和备案办法》，严格做好规章报备和行政规范性文件备案审查工作，全面推行行政规范性文件统

一登记、统一编号、统一发布制度，扎实推进“四级政府、三级监督”规范性文件备案监督机制落实。自治区政府全年收到各设区的市和自治区政府各部门报送备案的规范性文件115件，向国务院、自治区人大报备政府规章、规范性文件72件，报备率、规范率、及时率达100%。

3. 做好法规、规章和规范性文件的清理工作

建立实施规章规范性文件清理工作的长效机制，采取及时清理与定期清理相结合、全面清理和专项清理相结合的形式，先后开展了四轮涉及行政审批制度、商事制度、职业资格改革等领域的规章规范性文件的清理工作，确保“放管服”各项改革于法有据。及时修改了《宁夏回族自治区自然保护区管理办法》等政府规章；废止了《宁夏回族自治区建设项目环境保护管理办法》等政府规章，提请自治区人大常委会废止了《宁夏回族自治区个体工商户条例》等地方性法规。自治区政府及其部门修改、废止、宣布失效规范性文件1030件；各市县（区）及其部门修改、废止、宣布失效规范性文件819件，通过全面“体检”和科学“瘦身”，使制度焕发新的生机和活力。

（三）进一步完善决策机制，行政决策水平不断提高

决策是行政权力运行的起点，也是法治政府建设的前端。宁夏不断完善依法决策机制，严把法律关口，确保了行政决策依法规范进行。

1. 严格落实重大行政决策制度，不断健全依法决策机制

严格落实《宁夏回族自治区重大行政决策规则》，明确决策主体、事项范围、法定程序、法律责任，按照公众参与、专家论证、风险评估、合法性审查和集体讨论决定的法定程序作出重大行政决策。2017年，自治区政府共有22次常务会议专题研究法治政府建设、法治改革工作。对事关经济社会发展全局和涉及群众切身利益的重大行政决策事项，坚持采取论证、调研等方式，广泛征求社会公众、专家学者的意见，推行文化教育、医疗卫生、资源开发、环境保护、公用事业等重大决策事项民意调查制度。对一些重大决策事项还进行了社会稳定风险评估，不断完善重大行政决策后评估制度，跟踪评价行政决策执行情况和实施效果，提高决策的科学化和民主化水平。

2. 推进重大事项合法性审查全覆盖

合法性审查及重大决策事项风险评估机制建成落实，坚持重大行政决策由政府常务会议或部门领导班子会议集体讨论作出决定，政府法制机构全程列席政府常务会，探索建立自治区政府法律顾问参与政府常务会议和专题会议制度。本年度，自治区政府的重大行政决策、重大行政事项、重大合同等均由政府法制机构进行合法性审查，全年共审查各类规范性文件、协议500余件，降低政府决策事项的法律风险。

3. 全面加强政府法律智库建设

认真落实中共中央办公厅、国务院办公厅印发的《关于推行法律顾问制度和公职律师公司律师制度的意见》，不断规范政府法律顾问管理工作。自治区政府结合宁夏法治政府建设工作实际，创新性采取“法律咨询委员会+法律顾问”的政府法律顾问模式，建立健全以政府法制机构人员为主体，吸收专家和律师参加的法律顾问队伍，组建了法律专家库和法律咨询委员会，聘任10名专业律师为自治区政府法律顾问，打造新型法律智库。截至目前，全区政府系统共聘请法律顾问252人，27个市、县（区）政府全部聘请政府法律顾问；全区现有公职律师办公室16家，公职律师134名，覆盖自治区、市、县（市、区）、乡镇四级政府法律顾问网络体系基本形成。

（四）推进执法体制改革，坚持严格规范公正文明执法

行政执法事关法律要求的实施和科学决策的落实。2017年，全区行政执法体制改革稳步推进，行政执法规范化水平明显提升，公民、法人和其他组织的合法权益得到保障，规范行政执法活动成效显著。

1. 积极推进行政执法体制改革

在不同地区、重点领域、关键行业稳步推行综合执法。吴忠市开展市辖区跨行业、跨领域综合执法改革试点，建立覆盖城乡、跨行业跨领域综合执法体制机制，吴忠市直15个部门的404项执法事项移交、下放市辖区，利通区、红寺堡区综合执法机构承担的执法事项分别达到454项、292项，原由多个部门、多支队伍履行的执法职责全部交给了一个部门、一支队伍承担，使执法工作更加高效有力。银川市积极探索开展跨领域、跨部门的综合执法改革，拟将2000多项行政执法职权事项纳入综合执法范畴。进一步做好城市管理综合执法改革工作，在区、市、县三级构建城市管理综合执法体系，规范了机构设置，按照城市人口万分之十左右的比例配备执法人员，为全面提升城市管理能力和水平奠定基础。推进部分行业综合执法改革，在劳动监察、卫生计生等专业性强、情况复杂、有特殊要求的行业推进行业内综合执法改革，构建了比较完善的行业综合执法体系。

2. 大力推进“三项制度”试点工作

2017年，中卫市被国务院确定为西北地区唯一一家同时推行“三项制度”（行政执法公示制度、执法全过程记录制度、重大执法决定法制审核制度）的试点单位。自治区政府成立了试点工作协调小组，研究审定了《中卫市推行“三项制度”试点工作方案》，多次对试点工作进行实地督导。中卫市结合自身实际，制定印发了试点工作方案，在国务院要求开展6项职权试点的基础上，进一步扩大了试点范围，将行政确认、行政复议、规范性文件报备、合同审查、行政执法监督也一并纳入试点范畴，确定了“6+5”试点模式。应用“互联网+”思维，发挥中卫市在云计算方面的技术优势，打造了集“行政执法、执法监督、法制业务”等多功能于一体的“中卫市行政执法办案平台”，构建了“一网、一中心、一平台”行政执法运行模式，努力为全国提供可复制、可借鉴的宁夏经验。

3. 以示范创建活动推动执法规范化

开展法治政府建设示范创建工作，首批确定32个单位作为自治区级法治政府示范创建单位，不断推动宁夏行政执法规范化建设。认真执行《关于加强和改进行政执法工作的意见》，全面建成“两法”衔接信息共享平台，不断扩大行政执法单位衔接范围，基本实现主要行政执法单位执法案件信息全覆盖。各地各部门不断加快行政执法信息平台建设，推动本系统内区市县三级联网，尽快实现统一的行政执法信息系统。截至2017年10月，自治区公安、国税、地税、国土、安监等部门已经建成全区统一的行政执法办案平台。公安、城管、交通等重点执法部门实现了行政执法公示和执法全过程记录。目前，全区公安机关一线执法执勤民警处警必须携带和使用执法记录仪，凡因未使用而引发群众投诉的，推定民警有责。进一步完善行政执法程序，出台《行政执法争议协调处理办法》，及时解决行政执法机关之间的权限争议。

4. 强化行政执法人员管理

严格落实行政执法人员持证上岗和资格管理制度，不断推进行政执法人员信息公开，坚决禁止合同工、临时工上岗执法。出台《自治区行政执法辅助人员管理办法》，进一步明确了行政执法辅助人员适用岗位、身份性质、职责权限、权利义务、聘用程序等。创新行政执法人员培训考试方式，全面实行在线培训考试制度，全年共举办执法人员培训班 71 期，培训考试行政执法人员 6789 人，有效促进了行政执法人员依法行政能力和水平的提高。

（五）法制监督机制不断强化，规范权力运行取得实效

只有强化行政权力运行监督，逐步形成立体化、多方位监督格局，才能把权力关进制度的笼子。2017 年，各方面监督不断形成合力，科学有效的行政权力运行制约和监督体系更加完善，人民群众的知情权、表达权、监督权得到切实保障。

1. 行政执法监督明显加强

实现“双随机、一公开”监管全覆盖，通过“国家企业信用信息公示系统（宁夏）”“信用宁夏”平台及其他平台，公开随机抽查结果和查处情况，强化事中事后监管，全面推进“阳光执法”。银川市、石嘴山市针对《电视问政》反映出的综合执法中存在执法不规范的问题，进行全覆盖、拉网式检查，及时下发行政执法监督通知书，积极纠正处理。推进行政执法监督的信息化建设。自治区安监局探索行政执法、技术抽检、专家会诊、中介帮扶“四位一体”监管模式，开通“12350”举报电话，主动接受媒体和公众的监督。基层行政执法部门以开通投诉举报电话、公示行政执法文书等方式，接受社会的投诉举报和监督，畅通监督渠道，做到“有权不可任性”。

2. 自觉接受人大、政协监督

各级政府及工作部门认真办理答复人大代表建议、政协委员提案，2017 年自治区政府各部门共办理人大代表建议 223 件、政协提案 488 件，做到事事有落实、件件有回复。认真研究处理人大及其常委会组成人员对政府有关工作提出的有关审议意见，参加各级人大常委会专题询问会。配合自治区政协做好行政执法及行政诉讼专题民主监督调研，形成相关调研报告报送自治区党委。

3. 政务公开全面提速

全面推进决策、执行、管理、服务、结果公开，让权力在阳光下运行，是提升政府治理能力的重要制度安排。2017 年，全区紧紧围绕重大基础设施建设、城市建设、信息化建设等重大项目，做好审批、核准、备案等结果公开。将工程建设招投标、政府采购、国有产权交易等各类特许经营权“招拍挂”，纳入全区公共资源交易平台，推进全区公共资源交易配置全流程透明化运行和信息共享。开设政府门户网站和财政部门网站“预决算公开”统一平台或专栏，集中公开政府预决算、部门预决算，并对公开内容进行分级分类，方便公众查阅和监督。

（六）完善纠纷化解机制，政府化解矛盾能力不断提高

2017 年，宁夏不断畅通行政复议渠道，认真做好行政复议案件受理、办理和行政应诉工作，注重运用和解、调解等方式化解争议，多元化矛盾纠纷解决机制初步形成，通过法定渠道解决矛盾纠纷的比率明显提升。

1. 继续推进相对集中行政复议审理权试点工作

银川、中卫、石嘴山均将本级政府各部门的行政复议职责统一由市行政复议委员会行使，复议委员会统一受理、统一审理、统一决定，其他市县试点工作也逐步推开。认真贯彻落实自治区政府《关于进一步加强行政复议工作规范化建设的实施意见》，健全预防和化解行政争议联席机制，完善复议案件审理机制，推行灵活的受理、办理方式，加大公开审理力度，注重调解，依法办案。2017 年，全区各级行政机关办理行政复议案件 600 余件，化解了大量行政纠纷。

2. 认真做好行政应诉工作

加强行政应诉指导，制定《关于加强和改进行政应诉工作的实施意见》等工作制度，明确行政机关负责人应当出庭应诉的案件范围，规范了行政机关负责人行政诉讼出庭应诉行为。各地细化行政诉讼案件出庭应诉通报、行政诉讼案件事前和事后备案制度，落实行政诉讼应诉和出庭相关规定。各地各部门认真落实行政诉讼各项制度，从诉前证据的收集准备、诉讼中的答辩、召开各类协调会、判决后的执行和对违法行政行为的纠正，不断提升行政应诉能力。

3. 健全多元化纠纷解决机制

制定出台《矛盾纠纷排查化解办法（试行）》，开展矛盾纠纷排查化解专项行动，开发应用矛盾纠纷排查化解信息系统，各地各部门对排查出的矛盾纠纷实现网上运行、网上登记留痕。强化行政调解制度建设，将行政调解作为加强社会管理创新的重要内容，加强基层综治中心建设，完善县、乡、村综治中心实体化运作机制，建立健全协作联动机制，建立协作配合、便民利民的服务平台。加强仲裁机构建设，发挥仲裁委员会作为社会第三方化解矛盾纠纷的作用。完善涉法涉诉信访依法终结制度，畅通信访出口，优化传统信访途径，建立了信访信息系统平台，27 个市、县（区）实现信访业务网上全程运行，提高了工作效率，及时解决了群众合理诉求。

二、宁夏法治政府建设存在的问题

虽然宁夏的法治政府建设取得了一定的成绩，但与到 2020 年基本实现法治政府的目标和要求、与人民群众的期盼相比还有不小的差距，仍存在不少困难和问题，主要表现在以下方面。

（一）政府职能转变还不到位

政企、政资、政事、政社关系仍未完全理顺；“放管服”改革有待进一步深化，简政放权效果还不够明显，有的放权事项不到位、难落实，制度配套和监管机制还不完善，仍存在放接不衔接等问题，群众和企业获得感还不强。政务信息整合共享推进缓慢，政务公开不全面不及时，各级政务服务中心行政审批与公共服务系统还存在“多窗受理”现象，还未实现“一窗受理、数据共享、并行审批”的服务格局。

（二）制度建设质量还不够高

新形势下全面深化改革、扩大对外开放中出现的新矛盾、新问题迫切需要制度建设的引领和保障，政府制度建设还存在一定的滞后。政府立法机制不够完善，立法质量有待于进一步提高，有的立法项目部门前期准备不扎实，必要性、可行性的论证不够充分；有的立法草案质量不高，缺少地方特色的制度措施；立法中公众参与、专家论证的程度还不够高；有的起草部门带有部门保护主义的色彩，借“法”扩权、以“法”争利现象依然存在，政府法制机构在立法中的主导作用有时难以发挥。

（三）行政决策民主化科学化水平有待提高

行政决策随意性较大，程序不规范，制度拘束力有限。公众参与行政决策的程度较低，实践中普遍存在着公众参与决策的渠道不畅、政府对多元利益诉求回应迟缓、参与意见对决策影响小，影响了公众参与的热情与动力。重大行政决策公开性不足，责任追究制度运行不畅。

（四）行政执法行为有待进一步规范

行政执法体制改革还不到位，有的行政执法权在纵向上垂直管理，在横向上过于分散，导致行政执法条块分割，部门之间沟通不畅、协调不力。行政裁量权基准制度和执法责任制落实不均衡，行政执法重实体轻程序、重处罚轻指导、重权力轻责任等问题仍然存在，行政执法规范化建设水平有待提高。基层行政执法队伍力量薄弱，行政执法行为不够规范，由此引发的行政败诉案件时有发生。

（五）监督制约效能不充分

各种行政权力运行的监督和制约制度之间缺乏协调配合，没有形成监督合力。有的地区和部门在法制监督和审核方面有选择性或者有意规避法制审核。行政监督存在着缺位现象，未形成系统化、制度化、经常化和全面化的执法监督格局，往往搞突击检查、“紧急救火”。各级政府及其部门法制机构是承担行政执法监督的机构，但宁夏各级政府及其部门法制机构不健全、人员少，行政执法层级监督工作难以有效开展。

（六）行政争议解决机制还不完善

调解、仲裁、行政复议与行政诉讼、信访等制度还不能有效形成合力。行政复议在化解行政争议、维护社会稳定中的主渠道作用没有充分发挥，大量属于行政复议范围的信访事项没有通过行政复议渠道解决，人民群众“信访不信法”现象仍然存在。行政机关负责人出庭应诉行政案件落实不够，部分行政机关负责人对行政诉讼仍不重视。

三、推进宁夏法治政府建设的对策建议

2017 年是全面贯彻落实党的十九大和自治区第十二次党代会精神的起步之年，是建成法治政府进程中的关键一年。我们应当深入学习贯彻习近平新时代中国特色社会主义思想，紧紧围绕法治政府建设目标任务，积极进取，持续发力，努力开创法治政府建设新局面。

（一）加快转变政府职能

切实做好行政审批取消、调整工作和下放事项的承接落实，承接的事项要列入政府部门行政审批目录，并做好事中事后监管事宜。继续推进相对集中行政许可权改革，继续推动重点领域放权和各部门“减证”。完善权责清单动态管理制度和平台建设，切实提高政府施政能力和服务水平。积极运用大数据、云计算等信息技术，加快“八朵云”建设，推动“互联网+政务”不断融合。创新行政审批服务方式，加快构建“不见面”的审批模式。深入推进商事制度改革，着力打造公平公正、竞争有序的营商环境。

（二）完善依法行政制度体系

坚持把依法立法、科学立法和民主立法贯穿于政府立法的全过程，完善政府立法立项、起草、论证、协调、审议机制，拓展社会各方有序参与政府立法的途径和方式，努力提高立法质量。加强重点领域立法，针对经济社会发展新问题、新矛盾，通过立法手段来完善制度、推动创新发展。切实履行监管职责，进一步加强规范性文件制定和备案审查工作，完善规范性文件统一登记、统一编号、统一印发制度，进一步规范“三统一”流程。继续清理现行有效的政府规章和规范性文件，完善政府规章和规范性文件清理长效机制，及时修订或废止那些已不适应改革和经济社会发展要求的法律法规，维护法制统一。

（三）提升行政决策法治化水平

强化行政决策法定程序的刚性约束，重大行政决策事项应当广泛听取意见，并注重听取有关人大代表、政协委员、人民团体、基层组织、社会组织的意见，组织专家进行论证，积极推行重大民生决策事项民意调查和

听证制度。跟踪决策执行情况和实施效果，及时发现和解决问题，出现重大决策失误的要依法追责。建立行政机关内部重大决策合法性审查机制，未经合法性审查或经审查不合法的，不得提交讨论。结合实际探索建立法律顾问的选拔聘用、联络协调、工作管理、绩效考评、奖励追责制度，充分发挥法律咨询委员和法律顾问的专业优势，推动政府法律顾问制度延伸发展，逐步实现法律顾问全覆盖，切实提高各级政府依法科学民主决策的能力和水平。

（四）规范行政执法活动

当前，中国特色社会主义法律体系已经形成并不断完善，保证法之必行，就成为建设法治政府的重点和关键。要牢固树立法治思维，自觉按照法治要求思考处理问题，行使行政权力。加快推进综合执法改革，完善行政执法体制，加强自治区层面的统筹规划，理顺部门之间的关系，界定综合执法权责边界，整合执法资源，促进机构、人员、职权、责任和执法程序的深度融合，全面提升行政执法水平。在中卫市行政执法“三项制度”试点工作的基础上，积极探索创新，积累成功经验，确保2020年前全区各级行政执法部门全面施行“三项制度”。着力规范行政执法程序，健全行政执法调查取证、告知、罚没收入管理等制度，认真落实重大行政执法决定法制审核制度。加强行政执法信息化建设和信息共享，继续推进统一的行政执法信息平台建设。健全行政执法人员纪律约束和考核机制，全面提高执法人员素质。

（五）强化对行政权力的监督

完善权力清单和责任清单制度动态监管机制，加强事中事后监管，确保清单制度的有效落实。建立对行政机关违法行政行为投诉举报制度，畅通监督渠道，方便群众投诉举报、反映问题，及时调查处理违法行政行为。要发挥报刊、广播、电视等传统媒体监督作用，加强与互联网等新兴媒体的互动，建立健全网络舆情监测、收集、研判、处置机制，推动网络监督规范化、法治化。进一步改进上级行政机关对下级行政机关的监督，建立健全常态化、长效化监督制度。加强行政问责制度化、规范化建设，增强行政问责的针对性和时效性。

（六）有效化解社会矛盾纠纷

以加强行政复议规范化建设为抓手，进一步畅通行政复议渠道，不断完善行政复议制度，公正审理行政复议案件，尽快加强行政复议能力建设，使相关机构设置、人员配备与所承担的工作任务相适应，充分发挥行政复议在化解矛盾纠纷中的重要作用。着力推进行政应诉规范化建设，尊重并自觉履行人民法院的生效判决、裁定，认真对待人民法院的司法建议，严格落实行政机关主要负责人出庭应诉制度，深入分析行政机关败诉原因，切实纠正依法行政工作中的突出问题。完善由各级政府负总责、法制机构牵头，各职能部门为主体的行政调解工作机制，加强行政调解与人民调解和司法调解的衔接工作，有效化解社会矛盾纠纷。

2017年宁夏审判工作报告

吴培渊

2017年，宁夏法院认真贯彻落实中央、最高人民法院、自治区党委和自治区高级人民法院各项决策部署，紧紧围绕“113325”工作思路和“全面提升年”主题工作，以“形成生产力、激发创造力、提升公信力”和建设“智慧法院、效能法院、文化法院”为目标，认真履行审判职责，审判执行工作取得了新发展。

一、2017年宁夏审判工作总体情况

2017年，宁夏法院全面提升能力水平，充分发挥维护社会大局稳定、促进社会公平正义、保障人民安居乐业的职能作用，全力抓好执法办案第一要务。2017年1—11月，宁夏法院共受理各类案件198051件，同比上升11.22%，审（执）结157123件，同比上升11.35%；未结40928件，同比上升10.69%，结案率79.33%，同比增长0.1个百分点。总体呈现出受理数、结案数、未结数上升、结案率上升的“四升”态势，但由于受案基数过大，结案率上升困难。其中，宁夏高级人民法院共受理各类案件2786件，同比增长3.65%，审执结2046件，同比下降5.15%，结案率73.44%，下降6.8个百分点。银川市两级法院共受理各类案件87170件，同比增长

作者简介 吴培渊，宁夏高级人民法院研究室副主任。

15.96%，审执结 67906 件，同比增长 19.07%，结案率 77.9%，上升 2.03 个百分点。石嘴山市两级法院共受理各类案件 24560 件，同比增长 6.35%，审执结 20101 件，同比下降 10.39%，结案率 81.84%，下降 4.04 个百分点。吴忠市两级法院共受理各类案件 37018 件，同比增长 14.45%，审执结 29379 件，同比增长 15.12%，结案率 79.36%，上升 0.46 个百分点。固原市两级法院共受理各类案件 27631 件，同比增长 12.39%，审执结 22971 件，同比增长 12.97%，结案率 83.13%，上升 0.42 个百分点。中卫市两级法院共受理各类案件 18886 件，同比增长 9.98%，审执结 14720 件，同比增长 8.02%，结案率 77.94%，下降 1.42 个百分点。

（一）坚持宽严相济，着力维护国家安全和社会稳定

一是深入推进以审判为中心的刑事诉讼制度改革，制订印发《宁夏高级人民法院关于全面推进以审判为中心的刑事诉讼制度改革的实施方案》，组织召开全区法院会议，邀请最高人民法院专家答疑释惑，进一步发挥好庭审在查明事实、认定证据、保护诉权、公正裁判中的决定性作用，有效防止冤假错案发生，死刑案件保持 100%核准率。二是继续深化量刑规范化改革，研究制订《宁夏高级人民法院关于开展扩大量刑规范化范围试点方案》等文件，将危险驾驶罪等八个罪名纳入量刑规范化工作中，指导全区部分法院开展试点工作。三是深入推进社区矫正改革工作，自治区高级人民法院、检察院、公安厅、司法厅联合制定印发《宁夏社区矫正执行规定》，推动建立融监督管理、教育矫正与社会帮扶为一体的社区矫正制度。四是加强调查研究，对宁夏法院刑事审判总体情况、死刑案件审判情况、非法证据排除规则适用情况等进行分析总结，就涉外刑事案件、职务犯罪、涉众型经济犯罪、毒品犯罪等相关问题进行调研，促进提升刑事司法能力水平。五是加强重大、疑难、敏感、涉众型案件审理，依法审理宁夏某房地产开发有限公司及徐某合同诈骗案，“兴麟系”合同诈骗案，有 9 人组织、领导恐怖组织犯罪，缅甸籍被告人蔡某某运输毒品案等案件，取得良好政治效果、社会效果和法律效果。六是加大职务犯罪打击力度，制定出台《关于进一步规范我区职务犯罪大要案审理机制的若干意见》，组织五市中级法院法官开展大要案观摩，加大指导协调，保持职务犯罪高压态势。

七是加大沟通力度，自治区高级人民法院协调检察机关、海关召开打击走私犯罪工作联席会议，协调公安、检察机关落实技侦证据的移送及使用，协调外事部门、驻外使馆保障外籍犯罪被告人诉权，确保了相关案件审理顺利进行。八是积极构建减刑、假释案件规范化、信息化、常态化机制，认真落实《最高人民法院关于办理减刑、假释案件具体应用法律的规定》，推进减刑、假释案件网上协同办案平台建设，开展执法检查，邀请人大代表、政协委员旁听庭审，不断提升减刑、假释案件质效。九是积极参与社会治安综合治理，配合相关部门做好打击侵犯知识产权、制售假冒伪劣商品、扫黄打非、禁毒等专项治理行动，向自治区防范和处置非法集资工作领导小组办公室报送首批非法集资严重失信人名单，促进社会治理水平和治理能力提升。

2017 年 1—11 月，宁夏法院共受理刑事案件 9657 件，同比下降 13.65%，审结 8254 件，同比下降 15.9%，结案率为 85.47%，同比下降 2.3 个百分点。其中，银川市两级法院共受理各类刑事案件 4116 件，同比下降 7.23%，审结 3451 件，同比下降 7.58%，结案率 83.84%，同比下降 0.32 个百分点。石嘴山市两级法院共受理各类刑事案件 1340 件，同比下降 34.28%，审结 1238 件，同比下降 36.19%，结案率 92.39%，下降 2.75 个百分点。吴忠市两级法院共受理各类刑事案件 1781 件，同比下降 14.83%，审结 1512 件，同比下降 19.83%，结案率 84.9%，同比下降 5.3 个百分点。固原市两级法院共受理各类刑事案件 1264 件，同比下降 8.8%，审结 1122 件，同比下降 8.85%，结案率 88.77%，同比下降 0.05 个百分点。中卫市两级法院共受理各类刑事案件 815 件，同比增长 2.77%，审结 651 件，同比下降 2.84%，结案率 79.88%，同比下降 4.61 个百分点。从刑事案件受案数来看，全区法院除中卫市外，刑事案件受案数均呈下降趋势，这反映出宁夏法治状况得到进一步改善，群众守法意识进一步增强。

（二）强化民事审判，促进经济社会平稳有序发展

一是深入推进家事审判方式和工作机制改革，宁夏法院普遍成立家事审判庭或合议庭，通过编印家事案件诉讼指南、聘请家事调查员和调解员、开展家事财产申报等方式，引导夫妻双方理性对待婚姻中存在的问题，促进家庭文明建设；注重保护双方当事人隐私，探索向准予离婚当事人发放《离婚证明书》，推进家事纠纷的专业化、社会化和人性化。其中，西吉县法院进一步扩大家事审判工作的品牌效应，总结经验、推陈出新，受到社会各界广泛关注和好评；石嘴山市中级法院妇女维权合议庭和惠农区法院民二庭庭长王爱娣、平罗县法院民一庭庭长何志兵，分别荣获全国维护妇女儿童权益先进集体和先进个人。二是高度关注经济新常态带来的新问题新情况，加强对民间借贷、建筑施工合同、人民调解、诉讼保全、环境资源、知识产权等方面问题的调研，为在更高层次上实现司法公正提供有力支撑。三是加强人民法庭建设，充分发挥其根植基层、贴近群众、了解民情的特殊优势，积极构建以人民法庭为主，便民联络员、巡回审判点为辅的司法服务网络。进一步拓展便民服务流动法庭功能，把“送到家门口的司法服务”做好做实，切实打通司法联系服务群众的“最后一公里”。四是认真研究落实“僵尸企业”清理、“执转破”相关规定，推进落实在全国破产案件审判信息平台的信息录入和破产审判机构等工作。高度关注重大企业破产案件审理，组织召开涉银川国际饭店、恒源万福清真食品、同达冷链物流公司债权人会议，引导市场主体有序退出。五是认真贯彻绿色发展理念，加强个案的协调、沟通和指导力度，依法稳妥审理中国生物多样性保护与绿色发展基金会诉中卫市八家企业环境污染公益诉讼案件，切实保障环境公益诉讼制度有效发挥。积极参加最高人民法院组织的环境资源优秀裁判文书评选，其中，沙坡头区法院、石嘴山市中级法院选送的两篇裁判文书分别获得刑事裁判文书二等奖、民事裁判文书优秀奖。六是加强知识产权保护，认真贯彻落实《关于充分发挥审判职能作用切实加强产权司法保护的意见》，积极推进知识产权审判“三合一”工作，依法审理侵犯商标权、著作权等案件，支持大众创业、万众创新。加强个案审理，其中，自治区高级人民法院民三庭审理的小米科技有限责任公司与宁夏华润万家生活超市有限公司等侵害商标权纠纷案被评为2016年全国知识产权审判50大典型案例之一，充分展示了宁夏法院知识产权审判工作成效。

2017年1—11月，宁夏法院共受理各类民商事案件117539件，同比增长14.55%，审结97719件，同比增长17.4%，结案率83.14%，同比增长

2.02 个百分点。其中，银川市两级法院共受理各类民商事案件 51603 件，同比增长 19.41%，审结 41627 件，同比增长 25.77%，结案率 80.67%，同比上升 4.08 个百分点。石嘴山市两级法院共受理各类民商事案件 13449 件，同比下降 2.25%，审结 11614 件，同比下降 4.55%，结案率 86.36%，同比下降 2.08 个百分点。吴忠市两级法院共受理各类民商事案件 21931 件，同比增长 18.64%，审结 18322 件，同比增长 22.63%，结案率 83.54%，同比上升 2.72 个百分点。固原市两级法院共受理各类民商事案件 17317 件，同比增长 12.13%，审结 15375 件，同比增长 15.63%，结案率 88.79%，同比上升 2.69 个百分点。中卫市两级法院共受理各类民商事案件 11522 件，同比增长 10.82%，审结 9611 件，同比增长 9.66%，结案率 83.41%，同比下降 0.88 个百分点。

从以上数据可以看出，五市法院除石嘴山市和中卫市外，民商事案件的案件受理数、结案数、结案率呈现“三增长”，特别是案件受理数增长幅度很大，民商事案件逐年增长超过 14%，银川市增长幅度最大，同比增长幅度达到 19.41%，但由于近年来宁夏法院编制变化不大，法院人案矛盾进一步凸显。

（三）加强规范引导，促进法治政府建设

一是加强重点领域行政案件审理，针对房屋拆迁、土地征收等案件增长快、恶意诉讼多的新情况，注重判后答疑和释法析理，并加大交流、宣传，引导群众合理表达诉求。二是建立有效沟通机制，对房屋登记、土地确权等领域行政争议，主动加强与最高人民法院及相关行政机关沟通联系，通过讲授法治课、召开座谈会、加大调解和解力度，从源头上预防和减少行政案件。三是认真贯彻落实新修订的行政诉讼法及司法解释，加大行政案件集中管辖试点法院工作指导，进一步解决行政诉讼案件立案难、审理难、执行难问题，不断优化行政审判司法环境。四是加强调研指导，对治安处罚、劳动和社会保障、公司虚假登记等新问题加强分析研判，完成近三年宁夏法院行政审判情况报告，促进提高化解行政纠纷的能力水平。五是加强监督引导，积极推进行政机关负责人出庭应诉，加大司法建议书推送力度，连续九年发布行政审判白皮书，定期通报行政案件审理情况和行政机关负责人出庭应诉情况，监督支持行政机关依法行政。

2017 年 1—11 月，宁夏法院共受理各类行政案件 3267 件，同比增长 25.46%，审结 2268 件，同比增长 5.59%，结案率 69.42%，同比下降 13.07 个百分点。其中，银川市两级法院共受理各类行政案件 1334 件，同比增长 4.81%，审结 794 件，同比增长 21.41%，结案率 59.52%，同比下降 13.07 个百分点。石嘴山市两级法院共受理各类行政案件 447 件，同比增长 66.79%，审结 254 件，同比上升 10.92%，结案率 56.82%，同比下降 28.63 个百分点。吴忠市两级法院共受理各类行政案件 192 件，同比下降 3.03%，审结 146 件，同比下降 13.61%，结案率 76.04%，同比下降 9.31 个百分点。固原市两级法院共受理各类行政案件 541 件，同比上升 47.81%，审结 448 件，同比上升 51.35%，结案率 82.81%，同比上升 1.94 个百分点。中卫市两级法院共受理各类行政案件 279 件，同比增长 10.28%，审结 236 件，同比增长 1.29%，结案率 84.59%，同比下降 7.5 个百分点。全区法院除固原市外，受案数、结案数和结案率呈“两升一降”形势，特别是案件受理数增长明显，达到 25%以上，反映出立案登记制度实施后行政案件“立案难”问题得到了较好解决。

（四）不断创新举措，着力打赢执行攻坚硬仗

一是推进执行体制机制改革，研究制定《宁夏高级人民法院落实基本解决执行难“第三方评估”指标体系实施方案》及《任务分工清单》，与自治区发改委等六家单位联合下发《关于在招标投标活动中对失信被执行人实施联合惩戒的通知》，积极协调自治区党委办公厅、政府办公厅联合印发《关于加快推进失信被执行人信用惩戒体系建设支持人民法院解决执行难问题的意见》，着力构建“党委领导、政法委协调、人大监督、政府支持、法院主办、部门配合、社会参与”的综合治理执行难的大格局。二是加强执行信息化建设，积极推动执行指挥中心建设，目前除三家基层法院外，基本建成覆盖全区三级法院、一体运行的执行指挥中心。加强执行数据管理，圆满完成历史执行案件数据迁移任务，成为全国第一家完成此项工作的高院；基本完成执行流程系统和最高人民法院数据集中管理平台的接口对接工作，各项数据质量持续排名全国法院第一，以上两项工作得到最高人民法院高度评价，并作为全国唯一一家高院在全国法院相关会议上作经验交流。加快推进“一案一账户”案款管理机制，认真做好软件开发和系统对接工作，确保尽快实现执行案款的规范化、信息化管理。加快执行单兵系统部署，做好执行单兵和执行流程系统接口对接调试，实现执行单兵信息直接上传至执行系统对应案件等功能。三是综合运用执行措施，通过加大拘留力度，加大失信被执行人名单曝光推送力度，加大涉嫌拒执罪移送力度，并借助大数据，探索通过淘宝网、蚂蚁金服等网络平台协助查找被执人、控制被执行人财产等措施，努力提高执行案件的实际执结率和执行标的实际到位率。四是加强执行规范化建设，继续深化“一打三反”专项行动，部署开展涉民生案件、金融债权案件、规范执行行为、“终本”案件检查等专项行动，着力解决执行突出问题。五是加强制度建设，制定印发《宁夏回族自治区高级人民法院关于完善立案、审判、执行工作衔接机制的指导意见》《宁夏回族自治区高级人民法院关于严格规范民事无财产可供执行案件办理工作的规定（试行）》，做到用制度管人、管事、管案。六是加强执行宣传工作，制订印发《宁夏法院2017年度“基本解决执行难”宣传工作策划方案》，利用新闻媒体加强正反两方面典型宣传，加大向最高人民法院“中国执行”微信公众号推送稿件力度，进一步凝聚全社会理解执行、关注执行、协助执行的共识，推动行成解决执行难的良好舆论环境。七是加强执行队伍建设，严格落实《宁夏回族自治区高级人民法院关于建立执行约谈机制的实施办法（试行）》，以执行信访、异议、复议案件为突破口，建立联合巡查机制，实行“一案双查”并定期通报，进一步解决规避执行、选择执行、消极执行等问题。

2017年1—11月，宁夏法院共受理各类执行案件65608件，同比增长9.99%，执结47031件，同比增长7.07%，结案率71.68%，同比下降2.16个百分点，共执结标的67.43亿元。其中，银川市两级法院共受理各类执行案件28966件，同比增长13.99%，执行结案20968件，同比增长13.68%，结案率72.39%，下降0.19个百分点，执结标的41.91亿元。石嘴山市两级法院共受理各类执行案件9108件，同比下降7.51%，执行结案6788件，同比下降14.1%，结案率74.53%，下降5.71个百分点，执结标的

8.65亿元。吴忠市两级法院共受理各类执行案件12856件，同比增长13%，执行结案9149件，同比增长9.33%，结案率71.17%，下降2.38个百分点，执结标的6.59亿元。固原市两级法院共受理各类执行案件8386件，同比增长15.28%，执行结案5907件，同比增长9.42%，结案率70.43%，下降3.77个百分点，执结标的4.71亿元。中卫市两级法院共受理各类执行案件6148件，同比增长9.9%，执行结案4113件，同比增长6.78%，结案率66.89%，下降1.55个百分点，执结标的4.59亿元。

从数据可以看出，总体来说宁夏法院执行案件受理案件数、执结案件数量均呈增长态势，但是由于案多人少，受理案件的总数增长较大，尽管执结案件数量也在增长，但案件执结率却均同比下降。

（五）强化审判监督和涉诉信访，着力消除不和谐因素

一是加大监督指导和沟通交流，通过严格执行拟指令再审、提审案件事先沟通制度，建立完善与全区法院、党委、政府、信访办等部门的沟通协调机制，编发《审判监督工作专刊》，组织召开宁夏法院民商事案件发回重审和改判案件座谈会和审判监督业务培训班等方式，进一步统一裁判理念和标准。二是坚持有错必纠原则，坚决贯彻《中共中央、国务院关于完善产权保护制度依法保护产权的意见》和最高人民法院出台的实施意见，依法甄别、处理历史形成的涉产权错案冤案，切实保障人民群众合法权益。三是坚持多渠道化解涉诉信访案件，安排部署宁夏法院信访维稳工作，认真落实重大敏感案件“三同步”工作机制，大力推广网上信访、远程视频接访，切实强化对涉诉信访案件的处置。四是加强矛盾纠纷排查化解，建立健全矛盾纠纷常态化排查发现机制，对排查发现的苗头性、倾向性问题，按照谁主管、谁负责的原则，严格落实工作责任，努力做到早发现、早预防、早处置。五是深入推进律师参与化解和代理涉诉信访工作，认真落实《宁夏回族自治区高级人民法院关于律师参与化解和代理涉诉信访案件的实施办法（试行）》，全区多地法院建立律师工作室，并坚持做好律师值班制度，推进涉诉信访工作法治化水平。仅上半年，律师参与接待当事人820余人次，参与化解涉诉信访案件200余件，成功调解案件35件，诉前调解纠纷26件，有力促进社会和谐。

2017 年 1—11 月，全区法院共受理再审案件 353 件，同比上升 18.06%，审结 258 件，结案率为 73.09%，同比上升 3.19 个百分点；受理申诉、申请再审案件 1732 件，同比上升 45.42%，审结 1312 件，结案率为 75.75%，同比下降 5.78 个百分点。申诉和申请再审案件数增长较大，同比增长 45%以上，反映出法院案结事了工作有待于进一步加强。

（六）围绕司法能力，着力加强法院队伍建设

宁夏法院系统坚持正规化、专业化、职业化方向，紧紧抓住人这个关键因素，始终把严格教育、严格管理、严格监督贯穿于法院队伍建设的始终，着力打造一支让党放心、让人民满意、让法律增辉的人民法院队伍。

一是以正规化建设为基础，不断提升队伍整体政治素质。加强思想政治建设。制定出台了《关于进一步加强全区法院思想政治建设的意见》，切实增强全区法院干警的政治意识、大局意识、核心意识、看齐意识，坚定建设中国特色社会主义事业的理想信念，积极培育“上下一盘棋”“全区法院是一家”的团队精神，激发敢于涉险滩、敢啃硬骨头的担当精神。组织开展“用公开促公正、建设核心价值”主题教育活动，树立忠于党、忠于国家、忠于人民、忠于法律的核心价值观，为深化司法体制改革、司法为民公正司法提供坚强的思想保证和强大精神动力。认真开展“三严三实”专题教育、“两学一做”学习教育，坚持问题导向，进一步聚焦对党忠诚、个人干净、敢于担当的职业品质。通过领导干部带头讲党课、联系基层党支部、召开专题民主生活会、争创党员先锋岗、建设服务型党组织等形式，引导全体干警争做合格党员、合格法官、“三让法官”，促进队伍整体政治素质不断提升。自治区高院先后修订了《党组议事规则》《党组会议规则》，确保党组决策的民主、科学，自觉接受干警监督。实行年终中院党组向高院党组“述德述廉述勤”制度，加强对中院党组班子的监管力度。

二是以职业化建设为核心，不断提升队伍整体司法能力。稳妥推进人员分类管理改革。自治区高院下发了《全区法院首批入额法官遴选工作指导意见》，经过一系列规范程序，自治区高院提出首批入额法官建议人选 931 名，差额 89 名。2016 年 9 月 9 日，自治区法官检察官遴选委员会审议通过宁夏法院 842 名首批进入员额制法官。目前，宁夏法院共有员额制法官924名，审判辅助人员1360名，司法行政人员320名。扎实开展“司法能力提升工程”建设。自治区高院党组出台《全区法院抓基层夯基础强技能司法能力提升工程建设意见》，力争通过三年时间进一步提升宁夏法院和广大法官的司法公信和司法能力。全区各级法院通过问题研讨、视频教学、庭审观摩等方式，提升执法办案、辨法析理、舆情引导和运用信息化等能力。常态化开展“两评一比”活动，通过案件评查、裁判文书评查，及时发现问题并进行整改；评比优秀裁判文书，强化裁判文书说理，提升裁判文书制作水平。三级法院分别组织开展庭审观摩评比、书记员技能大比武活动，不断提升业务能力。

三是以专业化建设为目标，不断提升队伍整体职业形象。目前，宁夏法院现有在编干警2797人，大学本科以上学历2347人，占83.9%；其中具有法学背景的干警1898人，占67.8%，法院队伍专业化程度正在不断提高。定期举办“法官论坛”，展现法官风采，启迪法治思维，彰显法治智慧；注重发挥先进典型示范作用，积极宣传邹碧华、黄志丽、孟宪来等同志先进事迹，打造信念坚定、为民服务、勤奋务实、敢于担当、清正廉洁的“好干部”“好法官”；坚持从优待警，建设电子阅览室、党员活动室、舒缓室，构筑干警精神家园，从带薪休假、住院慰问、婚丧嫁娶、健康体检、生日慰问等多方面对干警进行关心和关爱，充分体现组织温暖。建立、丰富法院文化历史长廊、荣誉展示台，提升法官的自我价值认可度和职业尊荣感。

二、宁夏审判工作存在的问题

在自治区党委的正确领导和大力支持下，通过宁夏法院的不懈努力，法院审判执行工作取得了新发展，但还存在一些困难和问题。

一是宁夏法院案件受理数量持续增长，新型复杂案件不断增加，矛盾化解难度日益加大，很多法官长期超负荷工作。一方面，法官数量由改革前的1579名（一线法官1363名）减少至改革后的924名员额制法官，减幅达41.5%，而受理案件数量由2014年的113800件增长至2016年的188002件，上升65.2%；另一方面，宁夏法院政法专项编制数量与各地经济社会发展、办案数量大幅增加之间还存在着不相适应的情况。2014—2016年，宁夏法院核定中央政法专项编制由2848名增长至2981名，编制增长率不足5%。

二是司法环境有待优化，诉讼诚信体系建设仍需加强，虚假诉讼、恶意诉讼、逃避执行等行为损害司法公正。当事人拒不履行生效裁判、暴力抗法、“信访不信法”的情形时有发生，全社会尊重司法裁判、维护司法权威的意识需要不断提高。

三是多元化纠纷解决机制、涉诉信访案件终结机制落实还不够到位。执行惩戒机制还存在部门协作不畅等问题。

四是信息化建设、应用水平有待提高，存在重建设、轻应用的倾向，运用大数据、智能化分析问题、解决问题的能力有待增强。

三、加强宁夏审判工作的思考和建议

（一）对宁夏审判工作的思考

一要充分履行审判职责，不断提高服务保障水平。依法惩处危害人民群众生命财产安全的各类犯罪，坚决维护社会和谐稳定。加强职务犯罪审判工作，保持依法惩治腐败的高压态势。贯彻落实中央《关于完善产权保护制度依法保护产权的意见》，依法保护各种所有制经济组织和公民财产权，保障供给侧结构性改革顺利进行，服务“两区”建设和“两优”投资发展环境。依法审理企业破产重整案件，推动用法治手段化解产能过剩。依法审理金融借款和民间借贷案件，规范各类主体融资行为。加强对新类型案件的研究和审判指导，加大环境资源审判工作力度，强力推进美丽宁夏建设。

二要强化宗旨意识，努力提升司法公信力。完善司法便民各项措施，努力为当事人提供经济高效、方便快捷的诉讼服务。加强涉民生案件的审判执行工作，促进改善民生。加强人权司法保障，严格落实非法证据排除规则，坚决防止冤假错案。深化执行体制改革，规范执行行为，穷尽执行措施，加强信用惩戒，让失信被执行人寸步难行、无处逃遁，确保宁夏法院用“两到三年时间基本解决执行难问题”任务有力推进，目标如期实现。

三要深入推进司法公开，不断增强司法透明度。紧紧围绕构建开放、动态、透明、便民的阳光司法机制，加快推进“网络、阳光、智慧法院”建设，方便群众诉讼，强化审判监督，规范司法行为。完善司法公开“四大平台”建设和数据集中管理平台，提升工作智能化水平，实现审判执行工作全程留痕、全面公开。加强大数据分析，统一裁判尺度，促进类案同判和量刑规范化。深入挖掘审判数据蕴含的有效价值，及时提出司法建议，促进社会治理。

四要全面加强队伍建设，切实保障公正廉洁司法。认真贯彻《准则》《条例》，落实全面从严治党主体责任，坚持从严监督管理，严格正风肃纪，坚决惩治司法腐败。加强法院队伍正规化、专业化、职业化建设，加强分类管理，落实职业保障，营造从优待警、拴心留人的良好环境。继续夯实基层基础，持续开展司法能力提升工程建设，大力优化司法作风，为人民群众提供更好的司法服务。

（二）对加强宁夏审判工作的几点建议

一是建议加大对暴力抗法和拒不履行法院判决裁定行为的打击力度，特别是公安部门要对暴力抗法事件果断处理，坚决打击；政法委要适时召开公检法司联席会议，研究解决拒执罪立案难的问题，进一步优化宁夏的司法环境。

二是建议宁夏有关部门进一步加快失信被执行人惩处机制建设。通过失信被执行人曝光平台及其相关惩处措施，让失信被执行人无处藏身，付出代价，有效解决“执行难”，维护司法权威。

三是建议人事编制部门加大对法院人员编制的支持力度，建立与案件增长相适应的人员编制增长机制，为法院适当增加编制，进一步缓解法院案多人少矛盾。

2017年宁夏检察工作报告

庞立强

2017年，宁夏检察机关在习近平新时代中国特色社会主义思想的指导引领下，贯彻落实自治区党委和最高人民检察院的各项工作部署，紧密结合宁夏检察工作具体实际，忠实履行检察监督职责，扎实推进司法体制改革，持续狠抓严格规范司法，着力打造过硬检察队伍，各项检察工作在改革中发展、在创新中前进，为让法治成为宁夏未来发展核心竞争力的重要标志作出了积极努力。

一、宁夏检察工作的新探索

（一）围绕改革发展大局，紧跟重大部署，服务保障美丽宁夏建设

紧紧围绕宁夏第十二次党代会的决策部署，坚持以创新发展理念为引领，牢牢把握人民对加快经济建设创新发展的期盼，充分发挥检察职能，积极助力宁夏“三大战略”实施。

1. 主动服务创新驱动战略

坚决贯彻执行自治区党委、政府关于推进创新驱动的战略部署，围绕自治区大数据、新能源、现代金融等14个重点产业，严厉打击在产业转型和结构调整过程中出现的逃税骗税、金融诈骗、合同诈骗等犯罪活动。认

作者简介 庞立强，自治区人民检察院法律政策研究室主任。

真落实高检院服务保障科技创新“15条意见”，在全区组织开展了加强产权司法保护专项活动，筛选重点案件挂牌督办。1—10月，依法批准逮捕非法吸收公众存款、集资诈骗等涉众经济犯罪95件143人，起诉44件88人。为市场准入提供行贿犯罪档案查询服务2万余次，建议处置有行贿犯罪记录企业和个人23件。

2. 主动服务脱贫富民战略

坚决贯彻执行自治区党委、政府关于推进脱贫富民的战略部署，深入推进集中整治和预防扶贫领域职务犯罪专项工作，联合扶贫办、发改委等部门对近三年全区扶贫资金进行了专项检查，对泾源县、隆德县、彭阳县、盐池县的4个易地扶贫搬迁重点工程开展预防监督、挂牌督办，切实保障各项扶贫脱贫措施落地生根。1—10月，立案侦查扶贫领域职务犯罪案件54件。积极参与乡村治理，部署开展了依法惩治“村霸”和宗族恶势力犯罪专项工作。开展危害食品药品安全犯罪专项立案监督，建议监管部门移送涉嫌犯罪案件20件，监督公安机关立案7件。同步介入重大安全生产事故调查，以涉嫌玩忽职守罪立案查处宁夏林利煤矿有限公司、宁夏腾格里金沙海旅游有限公司重大安全生产事故背后的国家工作人员渎职犯罪6件6人。

3. 主动服务生态立区战略

坚决贯彻执行自治区党委、政府关于推进生态立区的战略部署，牢固树立绿水青山就是金山银山理念，紧紧围绕自治区“蓝天、碧水、净土”三大行动，强化生态检察工作，对重大犯罪案件适时介入侦查引导取证，不断加大对破坏生态环境资源犯罪的打击力度，1—10月依法批准逮捕15件19人，起诉48件89人。强化对生态环境领域执法司法活动的检察监督，防止执法不公、执法不严和有案不立、有罪不究、以罚代刑等问题的发生。

4. 主动服务非公经济发展

认真贯彻落实高检院服务保障非公经济发展“18条意见”和宁夏检察机关服务企业改革发展“12条具体措施”。依法惩治侵害非公企业及非公经济人士人身权、财产权、知识产权的刑事犯罪，努力为中小微企业、民营企业发展壮大营造安定营商环境。严肃查处国家机关工作人员滥用职权、玩忽职守、徇私舞弊等损害企业合法权益的犯罪27件35人。办理涉企案件时，准确把握“六个界限”，努力做到“四个并重”“三个慎重”，最大限度减少办案工作对企业正常生产经营活动的影响。

（二）树立总体国家安全观，充分履职尽责，全力推进平安宁夏建设

坚持把维护国家安全和公共安全放在首位，牢牢把握人民对和谐安康社会的期盼，切实发挥检察职能，保障社会安定有序、人民安居乐业。

1. 严厉打击各类刑事犯罪

依法严惩杀人、抢劫等严重暴力犯罪和盗窃、抢夺等多发性侵财犯罪，坚决遏制毒品等犯罪蔓延势头。1—10月，共批捕各类刑事犯罪2505件3392人，提起公诉4573件5915人。深入推进打击整治电信网络诈骗犯罪专项行动，依法批捕电信诈骗犯罪嫌疑人99人。积极修复被犯罪侵害的社会关系，对没有羁押必要性的犯罪嫌疑人提出释放或变更强制措施建议，并促成18件案件达成刑事和解。坚决贯彻《国家安全法》和《反恐怖主义法》，深入开展反渗透反分裂反恐怖反邪教斗争，共批捕7件10人，起诉6件9人，切实把维护国家政治安全特别是政权安全、制度安全放在第一位。

2. 积极化解社会矛盾纠纷

进一步深化涉法涉诉信访改革，不断健全“信、访、网、电”四位一体群众诉求表达机制，推动网上信访、视频接访制度化、常态化。1—10月，依法处理来信来访2921件3308次，同比下降9.34%。在党的十九大、“一带一路”国际合作高峰论坛、全国和自治区“两会”以及自治区第十二次党代会等重大敏感时期，宁夏检察机关认真履职、妥善处置，确保检察信访工作无事故。依法受理刑事申诉案件88件，办理国家赔偿和司法救助案件70件，发放救助金137.34万元，彰显司法关怀和人权保障。

3. 主动参与社会治安防控体系建设

积极参与打黑除恶、扫黄打非、禁毒禁赌、打击侵权假冒、传销、防反邪教等多项综治工作，充分履行社会治安综合治理工作职责，自治区检察院被评为宁夏“扫黄打非”“烟草打假”先进集体。依法打击侵害未成年人犯罪，1—10月共批准逮捕150件196人，提起公诉184件298人。

对未成年人犯罪坚持惩治与教育相结合，依法批准逮捕 224 件 282 人，提起公诉 256 件 385 人，附条件不起诉 17 件 25 人，切实保障涉案未成年人的合法权益。集中开展覆盖全区 300 多所学校、24 万余名师生和家长的“法治进校园”巡讲活动。邀请 500 余名人大代表、政协委员、人民监督员和师生代表参加以“防治校园欺凌护航未成年人成长”为主题的检察开放日活动，促使社会各界关注校园欺凌，助力未成年人健康成长。

（三）强化反腐败工作职能，坚持惩防并举，努力营造良好政治生态

按照自治区第十二次党代会“坚持旗帜鲜明反腐倡廉，保持惩治腐败高压态势”的决策部署，坚决贯彻落实党中央全面从严治党的具体要求，牢牢把握人民对风清气正政治环境的期盼，切实履行查办和预防职务犯罪工作职能。

1. 坚持力度不减、节奏不变，始终保持反腐高压态势

在深入推进监察体制改革的关键时期，宁夏检察机关科学把握稳与进的关系，有力推进办案工作深化拓展。1—10 月，全区检察机关共立案侦查贪污贿赂犯罪 203 件 264 人，其中，查办贪污、受贿大案 50 件，立案侦查贪污贿赂要案 23 人（含厅级干部 6 人）。组织查办了宁夏农业投资集团原总经理、自治区农牧厅原副厅长等在全区有影响有震动的大案要案。反渎职侵权工作取得重大进展，共立案 28 件 38 人，其中，立侦重特大案件 13 件，立侦要案 5 人。

2. 坚持问题导向、狠抓专项，突出查办重点领域案件

严肃查处群众身边的“微腐败”犯罪，加大对“村霸”和宗族恶势力背后的保护伞查处力度。1—10 月，全区检察机关共查办征地拆迁、扶贫开发、涉农、土地等领域贪污贿赂犯罪案件 54 件，不断增强了群众的获得感和认同感。银川市检察机关立案查办工程建设、电力系统、医疗卫生、食品药品监督等领域贪污贿赂犯罪 17 件 28 人。吴忠市检察机关立案查办教育领域窝案串案 10 件 10 人。追逃工作取得阶段性突破，抓获在逃犯罪嫌疑人 7 人，其中潜逃 16 年以上的 4 人，公安部 B 级逃犯 2 人。

3. 坚持标本兼治、防腐先行，深入推进职务犯罪预防

与水利、铁路、消防、邮政、银行等机关、企业单位建立职务犯罪预

防工作联系制度，努力构建职务犯罪预防体系。会同自治区扶贫办、财政厅共同开展预防扶贫领域职务犯罪专项工作，组织“精准扶贫、廉洁为民”百日宣讲活动，对4个重点扶贫项目预防工作挂牌督办。认真落实职务犯罪预防报告制度，共有9份报告受到当地人大、党委、政府、政协等有关领导肯定批示。开展职务犯罪预防宣讲700余场次，近10万名干部群众接受教育。与邮政部门联合开展“预防职务犯罪邮路”活动，构建覆盖城乡的“1+X”预防职务犯罪志愿者服务网络。

（四）加大检察监督力度，严格规范司法，努力让人民群众在每一个司法案件中感受到公平正义

坚持把“让法治成为宁夏未来发展核心竞争力的重要标志”作为核心价值追求，牢牢把握人民对社会公平正义的期盼，紧紧围绕执法司法突出问题，全面加强和改进检察监督工作。

1. 立案监督和侦查活动监督提质增效

坚持罪刑法定和证据裁判原则，加大对有案不立、有罪不究、插手经济纠纷等问题的监督力度。1—10月，监督公安机关立案184人，监督公安机关撤案240件，监督公安机关立案后作出有罪判决43人。纠正漏捕157人，纠正漏捕后作出有罪判决119人。积极开展专项工作，提升监督实效。石嘴山市检察机关对2015年以来的环境违法案件和食品药品违法案件开展专项监督，建议移送涉嫌危害食品安全犯罪案件17件17人、污染环境犯罪案件2件10人；吴忠市检察院挂牌成立驻市场监督管理部门检察联络室，加强食品药品安全监管；同心县检察院先后在林业、农牧、烟草、人社、国土等部门成立检察官监督办公室，监督立案8件8人。

2. 刑事审判监督和执行监督逐步加强

坚持以抗诉为重点加强审判监督，1—10月共提出刑事抗诉54件，法院采纳抗诉意见24件。坚持实事求是、勇于纠错，对当事人申诉的“杨金柱抢劫案”依法提出抗诉，人民法院以事实不清、证据不足，依法宣告原审被告人杨金柱无罪。监督纠正审判活动违法11件，已纠正8件。加强和规范羁押必要性审查，提出释放或者变更强制措施建议被采纳54人次，保障被羁押人合法权益。减刑提请后审查1277件，提出改变意见6件，监督纠正不当减刑、假释、暂予监外执行26件。坚持开展定期、不定期巡回检察300余次，新增社区矫正人员2032人，调查评估1780人，针对交付变更终止提出纠正意见33件，发现监管教育矫正不当102件，发现脱管漏管16人，重新犯罪5人，发出检察建议或者纠正违法通知书50余份。开展集中清理判处实刑罪犯未执行刑罚专项活动，对人民法院执行刑事裁判财产刑情况开展专项检查，防止刑事判决“打白条”。

3. 行政执法监督和控告申诉监督创新发展

认真执行宁夏人大常委会对宁夏检察机关推进行政执法与刑事司法衔接工作的审议意见，深化行政执法和刑事司法平台建设，开展专项检查和重点抽查，监督行政执法机关移送涉嫌犯罪案件125件，公安机关已立案70件。积极建立第三方参与等多元化矛盾解决机制，全面推开律师参与化解和代理涉法涉诉案件制度。探索建立宁夏检察机关律师代理申诉制度，在中卫市检察院等设立涉检信访案件律师工作室，引导当事人依法、理性表达诉求。

4. 多元化民事行政检察格局初步形成

全面开展公益诉讼工作，发现公益诉讼案件线索28件，立案25件，提出诉前检察建议19件，行政机关回复并已纠正违法或履行职责2件。深入推进“基层民事行政检察工作推进年”活动，1—10月宁夏基层检察院共受理案件1681件，占全区检察机关总受理数的80%，有效扭转了民事行政检察工作“倒三角”状况。对民事行政生效裁判提出抗诉24件，法院再审改变20件。再审检察建议采纳5件，再审后改变3件。提出各类检察建议1283件，采纳各类检察建议1033件，监督效果显著提升。发现和查办虚假民事诉讼监督工作取得了良好成效，共受理虚假诉讼监督案件23件，办结18件，再审检察建议采纳1件，发现犯罪线索4件。

（五）坚持正确改革方向，勇于攻坚克难，深入推进司法体制改革

认真贯彻落实习近平总书记关于加强社会主义法治建设的一系列重要指示，牢牢把握人民对建设公正高效权威的社会主义司法制度的期盼，坚定不移推进司法体制改革向纵深发展。

1. 全面落实检察人员分类管理

制定《宁夏检察机关人员分类管理暂行办法》，明确全区各级检察院检察官、检察辅助人员、检察行政人员员额配置数，按照“严格、公正、高效”原则开展人员分类管理。制定《宁夏检察机关员额制检察官管理暂行办法》，明确退出员额的二十类具体情形，决定首批入额检察官中 32 名员额制检察官退出员额，共调整兼任行政职务入额检察官 29 人，组织遴选了第二批全区检察机关员额制检察官 33 人，形成了能进能出的动态管理格局。目前，全区共有员额制检察官 718 名，占编制数的 32.7%；检察官助理 478 名，占 21.8%；书记员 240 名，占 10.9%；司法行政人员 303 名，占 13.8%。积极配合自治区党委组织部、政法委制订《宁夏回族自治区法官、检察官单独职务序列改革实施方案（试行）》和《宁夏回族自治区法官助理、检察官助理和书记员职务序列改革实施方案（试行）》，组织召开全区检察机关政工系统培训会议，安排部署全区入额检察官、检察官助理和政法编制书记员职务套改，确保职业保障政策落实到位。根据自治区下发的《各级人民法院检察院聘用制书记员管理办法》，制定下发《宁夏检察机关聘用制书记员绩效考核及等级管理暂行办法》，明确对聘用制书记员的日常管理；制订《宁夏回族自治区法院系统检察系统 2017 年首次统一招聘聘用制书记员方案》，按照核定比例，组织开展首批聘用制书记员招录工作。

2. 深化落实检察人员司法责任制

重新制定宁夏三级检察院检察官权力清单，明确各级检察院检委会、检察长（副检察长）、检察官办案决定事项，将院领导和部门负责人一律编入一线办案团队，带头办理重大复杂疑难案件和具有类案指导意义的新类型案件，最大限度地压缩了部门负责人的审核权。完善检委会议事规则，增强检委会审议检察工作重大事项、疑难案件，总结检察工作经验，研究法律适用及提出立法建议、司法解释建议等作用。制定《检察官办案组织暂行规定》《检察官联席会议暂行规定》，建立了扁平化的检察官办案组织，减少办案层级，凸出检察官主体地位，提高检察官办案责任心和办案效率。制定《宁夏检察机关司法责任制追究暂行规定》，按照“谁办案谁负责，谁决定谁负责”“对案件质量终身负责”的原则，明确了检察人员承担责任的情形、方式以及追责程序、救济措施等，从制度上落实了办案责任制。以统一业务运用系统数据为基础，建立了以自动分案为主、指定分案为辅的分案机制，实现了所有案件一律向入额检察官自动分办，辅助人员的辅助办案工作由检察官交办，并明确设置绩效考评标准，从根本上避免了人为因素干预。

3. 积极推进落实检察人员职业保障政策

严格按照中央规定的“三类人员、两种待遇”政策，积极开展工资制度改革，顺利完成了新旧工资制度的衔接过渡，在宁夏全面兑现了薪酬保障政策。坚持突出实绩，科学制定业绩评价机制，综合工作强度、工作难度和责任大小等因素，科学设置考核项目、办案指标和工作要求，切实建立起奖勤罚懒、奖优罚劣的管理机制。

4. 内设机构工作机制改革有序推进

按照突出业务部门、精简综合部门的原则，2017 年 8 月初，自治区检察院下发了《宁夏检察机关内设机构改革实施方案（试行）》，全面启动内设机构改革工作，初步将宁夏检察机关内设机构由原来的 371 个，精简到 239 个，机构精简比例为 35.6%。通过内设机构工作机制改革，打破了原有条线之分，成立新型办案组织，通过核阅、轮流分案等办案机制，初步实现了大部制的人力资源优化整合。

（六）贯彻全面从严治党，强化素能培育，推动检察队伍建设再上新台阶

严格落实自治区第十二次党代会关于扎实推进全面从严治党的具体要求，坚持以正规化专业化职业化为素能培育方向，牢牢把握“五个过硬”要求，努力打造一支政治坚定、素质优良、作风过硬的检察队伍。

1. 坚持把思想政治建设摆在首要位置

深入推进“两学一做”学习教育，细化任务分工，实现“两学一做”学习教育常态化制度化。组织全体干警深刻学习领会习近平新时代中国特色社会主义思想，准确把握党的十八大以来发生的历史性变革，充分认识新时代中国特色社会主义发展战略安排的科学性、战略性、前瞻性和指导性，牢固树立“四个意识”，坚决维护习近平总书记的核心地位，切实维护党中央权威和集中统一领导。积极开展“我的初心我的成长—做政治合格共产党员”主题实践活动，开展了党员政治生日“四个一”“主题党日”及“党建促进月”等活动，丰富党建工作载体，突出党建工作成效，引导检察干警树立正确的政治信仰、工作宗旨、职业伦理和道德规范，夯实检察人员坚定理想信念、正确履行职责的思想基础。

2. 坚持把提升素质能力作为重要任务

认真落实《宁夏检察机关人才队伍建设中长期规划（2012—2020年）》和《2011—2020年检察教育培训改革指导意见》，健全现代化教育培训体系，创新教育培训方式，全年共开展业务培训20期，培训2302人次，有效落实了人才强检战略要求。继续抓好青年检察人才培育工作，通过严格选拔程序，2017年增选47名青年干警充实到青年检察人才库。积极参与高检院组织的各类业务专家评审、岗位练兵、技能竞赛、调研评比等活动，在高检院考核评价2017年省级检察院核心数据中，宁夏检察机关有18项业务工作处于上升态势，自治区检察院反贪局侦查一处荣获全国工人“先锋号”荣誉称号，利通区检察院荣获“全国维护妇女儿童权益先进集体”，8个检察院被重新确定为自治区文明单位，2个检察院被命名为第十七批文明单位。

3. 坚持把规范司法行为作为核心要求

继续巩固和深化宁夏检察机关持续开展的规范司法行为“推进年”“深化年”“巩固年”和“提高年”四个专项年活动成果，严把案件流程监控管理，向办案部门、办案人员发送案件流程监控、期限预警通知1073次。认真落实日常评查、专项评查和年终评查“三位一体”案件质量评查机制，进一步规范涉案款物监管工作，制定《宁夏检察机关涉案款物管理工作流程指引》，实现了涉案款物管理的专业化和透明化，确保涉案款物管理安全零事故。

4. 坚持把全面从严治党作为政治保障

狠抓党建基础性工作，建立健全党建目标责任制考核导向激励机制、院党组研究部署和听取党建工作情况汇报机制、党员领导班子成员履行“一岗双责”抓党建长效机制和机关党委牵头各部门配合的“大党建”工作机制，严格落实党建工作各项制度规定。狠抓党风廉政建设，认真学习贯彻党章党规、准则条例，通过印发廉政教育宣传资料、组织干警观看廉政警示教育片、学习党员干部违纪违法情况通报、与新任处级干部进行廉政谈话、组织副处级以上干部参加区直机关工委举办的廉洁从政学习班等多种形式，强化党风廉政宣传教育。严格落实《领导干部干预司法活动、插手具体案件处理的记录、通报和责任追究规定》和《司法机关内部人员过问案件的记录和责任追究规定》等制度，健全案件管理机制，切实把检察权关进制度笼子。

5. 坚持把基层基础建设作为固本工程

持续推进高检院《2014—2018年基层人民检察院建设规划》和《宁夏检察机关贯彻落实高检院〈2014—2018年基层人民检察院建设规划〉的实施意见》的落地落实，完善经费保障、科技装备建设、基础设施建设、后勤保障服务“四位一体”保障工作格局，着力构建检务保障“六个体系”。狠抓科技强检，加快实施电子检务工程，完成电子检务工程设计和立项审批。规划建设了涵盖检察政务工作、业务分析和检察宣传工作平台系统，为建设智能辅助办案系统创造了基础性条件。

二、影响宁夏检察工作的主要问题

总体来看，宁夏检察工作平稳持续健康发展，在2017年取得了新的进步，但随着社会主要矛盾的转变、经济社会发展的深化、惩治腐败职能的变革和司法体制改革的落实，面对新形势、新任务、新要求，还存在着一些亟须加强和改进的问题。

结合党的十九大和自治区第十二次党代会精神，对宁夏经济社会发展中出现的新情况新问题研究不深，对办案形势、特点、规律把握不够，就案办案的思想还不同程度存在，自觉融入大局、服务大局的意识及保障经济社会发展的能力水平还有待于进一步提高。

司法体制改革中，检察队伍的专业化、职业化程度，办案效率、质量等方面与改革目标仍有一定差距。

随着监察体制改革的深入推进，检察机关职务犯罪侦查和预防部门人员转隶后，将打破中央确定的司法人员比例标准，必然引起原有的检察人员结构比例失衡，需要进一步研究对策，加以解决。

服务态度、执行能力等方面还存在不足，干事创业的激情和务实进取的作风还有待于进一步加强。

三、加强宁夏检察工作的思考建议

全区检察机关将立足检察职能，围绕中心、服务大局，不断增强检察工作的原则性、系统性、预见性和创造性，切实履行维护国家安全、确保社会大局稳定、促进社会公平正义、保障人民安居乐业的神圣使命。

（一）紧紧围绕“坚持党对一切工作的领导”的政治要求，牢固树立“四个意识”，坚决维护以习近平同志为核心的党中央权威和集中统一领导

认真贯彻执行《中共中央政治局关于加强和维护党中央集中统一领导的若干规定》，坚定检察工作的政治立场、政治方向、政治原则和政治道路，牢固树立政治意识、大局意识、核心意识、看齐意识，把党中央大政方针政策和重大决策部署全面贯彻到检察工作中，坚决维护党中央权威，坚决服从党中央集中统一领导，始终在思想上政治上行动上同以习近平同志为核心的党中央保持高度一致，确保检察队伍绝对忠诚、绝对纯洁、绝对可靠。正确处理党的政策和国家法律、坚持党的领导和依法独立公正行使检察权的关系，旗帜鲜明批驳和反对否定党对检察工作领导的错误观点，坚定不移走中国特色社会主义法治道路。

（二）紧紧围绕实现“经济繁荣民族团结环境优美人民富裕，与全国同步建成小康社会”的任务目标，全力服务和保障宁夏经济社会发展

深入贯彻创新发展理念，结合宁夏经济建设大局，立足检察工作实际，紧紧围绕创新驱动发展、区域协调发展、可持续发展、供给侧结构性改革、生态环境保护、脱贫攻坚和“一带一路”建设等重大战略，制定服务意见，实化细化服务措施，优化强化司法供给和应对。高度关注防范化解重大风险、精准脱贫、污染防治三大攻坚战略的部署安排，深入研究检察环节服务和保障措施，努力为宁夏经济社会持续健康发展提供法治保障。

（三）紧紧围绕“坚持总体国家安全观，加强国家安全能力建设”的战略任务，进一步加强国家安全法治保障，推进平安宁夏建设

依法履行批捕、起诉等检察工作职能，坚持打击各种颠覆破坏活动、暴力恐怖活动、民族分裂活动、宗教极端活动，坚决捍卫党的领导和社会主义制度，坚决维护新时代国家安全。坚定不移走中国特色社会主义社会治理之路，认真研究检察环节参与加强和创新社会治理的具体措施，建立健全对盗抢骗、黄赌毒、黑拐骗等犯罪的常态化整治机制，有效化解社会矛盾，着力维护社会和谐稳定。

（四）紧紧围绕“坚持在发展中保障和改善民生”的基本方略，立足于保障民生民利，加强和改进民生检察工作

依法严惩文化教育、社会保障、扶贫开发、医疗卫生等领域犯罪，加强未成年人检察工作，强化对妇女、儿童、老年人、残疾人等特殊群体合法权益的司法保护，深化危害食品药品安全犯罪专项立案监督，促进解决人民群众最关心的公共安全问题、最关切的权益保障问题、最关注的公平正义问题，不断提升人民群众在司法公平公正中的获得感、幸福感和安全感。

（五）紧紧围绕“深化司法体制综合配套改革，全面落实司法责任制，努力让人民群众在每一个司法案件中感受到公平正义”的战略部署，持之以恒深入推进司法体制改革

主动把检察工作融入依法治国、依法治区实践，融入立法、执法、司法、守法等各个环节，进一步聚焦法律监督主责主业，强化刑事诉讼、民事诉讼、行政诉讼法律监督措施，努力让人民群众在每一个司法案件中感受到公平正义。继续保持改革政治定力，坚定改革正确方向，坚持改革既定步伐，认真落实中央司法体制改革部署，全面落实检察官办案责任制，加快构建权责明晰、制约有力、运行高效的检察权运行机制，大力推进现代科技运用，不断增强司法体制改革整体效能，提升检察机关公正司法水平。全力配合国家监察体制改革试点工作，做好机构、职能、人员转隶和线索移交等工作，为中国特色国家监察体制的建立创造有利条件。

（六）紧紧围绕“坚定不移全面从严治党，不断提高党的执政能力和领导水平”的决策部署，扎实推进过硬检察队伍建设

深入学习贯彻党的十九大关于新时代党的建设的总要求，严格落实中央八项规定精神，坚持把全面从严治党深度融入各项检察工作中，全力推进检察队伍正规化专业化职业化建设，紧密联系检察职业特点，全面增强检察干警学习本领、法治运用本领、改革创新本领、科技应用本领、群众工作本领、狠抓落实本领、驾驭风险本领。认真落实全面从严治党主体责任，坚持党建引领，注重“严”字当头，严肃党内政治生活，严格开展党内监督，严明政治纪律和政治规矩，严惩自身腐败行为，确保检察队伍清正、清廉、文明。

2017 年宁夏公安改革报告

张怀志

2017 年，是我们党和国家历史上具有特殊重要意义的一年，也是公安改革向纵深推进、承上启下的关键一年。习近平总书记在中央深化改革领导小组第 30 次会议上强调：“今年改革既要蹄疾步稳向纵深推进，又要有改革新面貌”。自治区党委、政府提出了“创新驱动、脱贫富民、生态立区”的战略部署。一年来，宁夏公安机关坚持以习近平总书记系列重要讲话特别是关于深化改革重要指示精神为引领，准确把握全面深化公安改革面临的新战略、新形势、新任务，紧密结合宁夏经济社会发展加码提速、转型升级的实际，始终保持奋发有为的精神和一抓到底的干劲，自觉履责，主动担当，盯重点、破难点、抓节点，确保了公安改革各项任务渐次落地见效，为实现全区公安工作转型升级发挥了重要的支撑作用，为护航“四个宁夏”建设提供了稳定和谐的社会治安环境，也为推动落实新形势下的改革目标任务奠定了坚实基础。

一、宁夏公安改革现状

（一）以民族地区安全稳定为首责，持续深化维护国家安全工作机制改革

始终把维护民族地区和谐稳定和长治久安作为第一责任，把健全完善

作者简介　张怀志，自治区公安厅人事训练处处长。

国家安全工作机制作为全面深化公安改革的首要任务，不断提升民族地区维稳工作能力水平，坚决守住了不发生重大敏感案事件的底线。针对严峻现实的反恐形势，积极推动自治区层面出台《关于进一步加强反恐怖工作的实施意见》等制度文件，全力打造反恐维稳“铁桶工程”，全面推动基础摸排、情报研判、阵地控制、专案侦查等工作机制常态运行。2016 年以来，成功抓获新疆涉恐在逃嫌犯 8 人、回流人员 4 人，查处涉恐涉极端案件 2 起和传播暴恐音视频案件 14 起，摧毁 2 个在宁夏制爆试爆团伙，抓获涉恐人员 12 名，及时排除了近年来对宁夏最大最直接的暴恐现实威胁，形成了高校“去极端化”工作经验。针对复杂敏感的民族宗教问题，坚决贯彻党和国家民族政策，寓管理于服务之中，逐步形成“严管、敢管、善管”工作机制，近三年来，处置涉伊群体性事件 16 起，确保 31 起千人以上规模宗教活动顺利进行，非法宣教活动及参与人数分别同比下降 37%、26%，实现了政治效果、法律效果和社会效果的高度统一。针对经济领域风险向社会稳定领域快速传导的新动向，针对近年来涉众型经济犯罪集中爆发、持续高发的严峻态势，持续深化打击防范涉众型经济犯罪侦查机制，建立重大招商引资项目背景信息核查服务机制，健全公安机关与行业主（监）管部门联合防范协作机制，从源头上提升公安机关风险感知、管控、消化能力。2016 年以来，先后破获涉众型经济犯罪 237 起，抓获犯罪嫌疑人 312 人，挽回经济损失 2.51 亿元，劝返、缉捕国外逃犯 7 名，成功办结一批央批、部批、部督大案要案，破获了一批涉及大部分省区、涉案人员过万、涉案金额过亿的特大网络传销案，为国家和群众挽回了经济损失。2017 年，主动梳理风险企业 133 家，落地核查重大线索 70 多条，累计发布经济预警提示、防范措施、对策建议等信息 1300 余条（次），发布经济犯罪预警提示 13 期，果断处置“7·03”重大群体性事件，抓实了经济金融领域风险防控，有效增强了企业群众防范经济风险和经济犯罪的能力。

（二）以夯实公安基层基础为核心，多点突破社会治安治理机制改革

着力从打防管控入手，加快社会治安治理机制创新，夯实公安基层基础工作，增强突出治安问题治理能力和复杂社会形势驾驭能力。坚持“数据资源大整合、高共享、深应用”的发展思路，主动融入“智慧城市”建设，建成应用公安云计算平台、大数据资源服务平台、智能化指挥调度平台、警务综合应用平台以及“云搜索”工具，实现全区视频监控图像联网对接，整合内外部系统53个、数据23.8亿条，大数据、信息化对警务实战的支撑引领作用进一步凸显。全面建成区市县三级合成作战中心建设，打击犯罪由单打独斗向合力攻坚转变，构建起多个警种部门纵横联动、同步上案的合成作战格局。2017年以来，全区刑事案件发案数、侵财类案件发案数、“八类主要”刑事案件发案数、命案发案数、电信网络诈骗案件发案数同比分别下降15.9%、16.4%、16.4%、14.5%、33.3%。抓获犯罪嫌疑人数同比上升5.7%，命案破案率持续保持100%，连续侦破命案积案12起，抓获命案逃犯25人，“八类主要”刑事案件破案率持续上升，全区公共安全形势总体平稳可控、持续向好的良好态势。围绕“警务机制怎么改、社区警务怎么做、社区民警怎么干”三个主题，大力推进一村（社区）一警警务机制改革，出台《宁夏城乡社区警务工作规范》等一系列规范性文件，建成社区警务室640个，配备社区民警851人，增配社区辅警946人，统筹禁毒专干、司法调解员、治保人员等3.1万人，推出了“一室一特色、一县一样板、一市一典型”的本土化社区警务新模式，创出了“1+X+N”联勤、“村警联建”工程、“九小警务”机制、“民意通”APP系统等社区警务工作法，社区警务对于夯实防控基础和创新社会治理的放大效应、裂变效应不断凸显。聚焦“重点领域、重点物品、重点人员管控”三个关键，针对重点人员和重点物品，充分运用流动人口、加油站、危爆物品等信息系统，研发推广散装汽油申购手机APP软件，建成运行全区人口基础信息共享库和流动人口管理服务平台，严格落实散装汽油、寄递物流、危爆物品实名登记和流向监控制度，发挥了强化管理和方便群众的双重效果。特别是在十九大安保维稳期间，全区公安机关整改危爆、交通、火灾等各类安全隐患6300余处，破获非法买卖枪支弹药等违法犯罪案件20余起，对不落实实名登记管理制度的快递企业、汽车站、加油站等7家单位开出高额罚单，确保了全区道路交通事故数、死亡人数及火灾事故数、财产损失数同比分别下降12.55%、10.44%、23.1%、38.5%，全区未发生恶性刑事案件，未发生重大安全事故。探索实施“交巡警”合一警务机制改革，牵头推动非警务警情分流处置工作，开展精准化常态化武装巡逻，实现全区4年未发生特大交通事故、连续16年未发生有较大影响的火灾事故、未发生涉枪涉爆恶性案事件。在全国率先出台《关于依法办理涉嫌恶意欠薪非法讨薪等违法犯罪案件的指导意见》，依法妥善处置2016年以来1095起相关警情，取得了良好的工作效果、社会效果和舆论效果。

（三）以保障执法公正为根本，全面推动执法权力运行机制改革

主动对接中央司法体制改革部署，围绕以审判为中心的诉讼制度改革，在规范运行、全程监督、常态公开等方面打造“宁夏模式”。健全完善执法办案机制，全面推行“受立案”和“两统一”改革，建成覆盖全区的案管中心、涉案财物保管中心和物证管理中心，与检法机关共同出台重大案件会商、提前介入制度、疑难案件听取检察机关意见建议制度和刑事案件证据指引，严把执法办案入口关、出口关和证据关，确保了全区执法办案呈现出批捕率和起诉率“双上升”、退侦率和信访案件“双下降”的良好局面。全面规范执法监督机制，在全区县级公安机关设立检察官监督办公室，前置检察机关监督职能，主动引入外部监督。全面建成智能执法办案区，研发运行执法绩效“一网考”系统，实现了执法活动全过程音视频记录、执法办案全流程、闭环式监督管理，建立地方与警种双排名、部门与民警相挂钩的执法办案积分管理机制，充分发挥执法监督考核的激励和导向作用，2016年以来，群众对公安机关处警类投诉和服务类信访同比下降近九成。常态运行执法公开机制，加快建设“互联网+公安政务服务”，依托网上公安局、网上办事大厅、“平安宁夏”微博微信平台及“民生警苑”手机APP系统，推动户籍、治安、消防、交管、出入境、信访等公安窗口场所、人员、业务“三集中”，实现执法服务全面公开、常态公开，以人民群众看得见的方式实现公平正义。近三年，全区公安机关累计公开行政裁决文书117931件，网上办理行政审批、服务事项9245件，实现了审批事项和审批时限两个50%的压缩目标，群众满意率达100%。

（四）以实现人民群众满意为目标，深入推进公安行政管理改革

坚持以人民为中心的发展理念，积极回应人民群众的新期待新要求，着力解决好公安行政管理改革“最后一公里”问题。户籍制度改革方面，全国第9个出台省级户籍制度改革实施意见，较早实施流动人口服务、居住证管理办法等制度，全面落地“零门槛”落户政策，截至2017年11月，全区总人口6780601人，城镇人口2994852人，乡村人口3785749人，户籍人口城镇化率44.17%，同比增长4.13%。全区共摸排无户人员3736人，解决无户人员落户2821人，清理重户117326人，累计办理异地身份证4982人次。交通管理改革方面，建立轻微交通事故快处快赔等制度机制，推行网上办理交通违法处理、补换领牌证等10类131项“互联网+交通管理”便民措施。截至2017年11月，累计注册用户79.97万人，占全区汽车驾驶人的69.5%，群众通过平台办理交管业务178.55万笔。与此同时，对全区43家机动车检验机构全部实行社会化管理经营，科目一考试权限下放到17个县级车管所，43个驾驶人科目二考场全部实现社会化管理，C1类准驾车型科目三考试权限延伸至灵武、盐池、同心、海原、西吉等偏远县区市。放管服改革方面，公安厅层面对行政审批事项进行精简、归并和清理，向社会公布权力清单、责任清单84项，全部进驻自治区政务服务中心，实施“一个平台对外、一个窗口受理、一条龙服务、一站式办结”，推动出台居民身份证相片“满意拍”、重大投资项目背景核查、建立重点在建工程警务站、提升全域旅游警务服务水平等30项便民利民措施和30项服务经济发展措施，让更多经济主体和群众分享公安改革红利，取得了良好的社会效果，企业和群众对公安窗口服务管理感受持续向好。据统计显示，2017年全区公众对公安机关执法工作评价满意率达94.2%，比上年上升了1.9个百分点，呈现连年上升态势，公众对五市公安局执法工作评价满意率均达到93.8%以上，对各县（市、区）公安局（分局）执法工作评价满意率均在91.1%以上，创历史最好成绩。

（五）以激发队伍活力为重点，稳健落实公安队伍和人民警察管理制度改革

紧盯公安队伍正规化、专业化、职业化发展方向，着力推动公安队伍管理和人民警察管理制度改革，队伍整体呈现出新面貌新气象。从严治警机制进一步健全。严格执行公安机关领导干部干预司法活动、插手具体案件处理记录、通报和责任追究制度，落实宁夏公安机关从严治警“八条禁令”、干部能上能下实施办法，建立民警违法违纪曝光台，构建具有公安特色的“大监督”格局，增强了从严治警的系统性、创造性和实效性。招录培养机制进一步完善。全面实行省级统一招警、“双轨”招警、分类招警和特殊招警等改革政策，建立公安机关招警和公安院校招生协调机制，两年来招录新警500多人，其中，公安院校公安专业毕业生占招警总量的比例从过去的10%提高到了现在的60%。争取自治区党委、政府支持，突破性解决了警力不足、无地方公安院校等难题，为培养公安后备人才打牢基础。警力配置机制进一步优化。大力推动基层派出所整合、监管场所重组、大部制改革，强力推进区、市、县三级公安机关警力下沉，逐渐实现警种优势互补。推动自治区政府出台《关于规范我区公安机关警务辅助人员管理使用工作实施意见》，原则上按照民警编制和辅警力量1:1.5的标准配置辅警，并按不低于当地上年度人均可支配收入125%的标准规范薪酬保障。职业保障机制进一步落实。将人民警察职业保障纳入自治区“十三五”规划，全国第3家、西部第1家落实警衔津贴，全面落实值勤岗位津贴和法定节假日之外加班补贴，协调兑现人民警察人身意外伤害保险和工伤保险200多万元，出台团圆计划、体检休假、医疗保障等20条关爱民警措施，不断激发队伍活力。

二、宁夏公安改革存在的问题与挑战

（一）社会治安日趋复杂

我国已经进入“决战全面建成小康社会”的关键阶段，社会主要矛盾发生变化，经济发展正处于速度换挡、结构调整、动力转换期，人民群众在法治、正义、安全等方面的期待和要求日益增长。各种社会矛盾交织叠加，互联网催生的新业态不断涌现，影响社会稳定的不确定因素和风险点明显增多。宁夏作为全国五个少数民族自治区之一，西北内陆欠发达地区，民族宗教领域对全国穆斯林地区稳定有着典型性、牵动性和辐射性影响。同时，因特殊的地理位置，宁夏已成为暴恐极端分子出疆入京的重要通道、向内地渗透蔓延的重点地区。来自经济、政治、文化和公共安全等领域的新风险、新考验将比以往更加现实和紧迫，势必给公安机关治安治理带来更严峻、更复杂的挑战。

（二）行政管理相对滞后

经济新常态核心就是不能再用传统方式发展经济，作为公安机关不能再用老观念、老办法去管理、去服务。随着人民群众物质文化生活水平的提高，对公安工作提出新期待、新要求，不仅要求快捷、高效，而且要求主动服务、全天候、个性化、差异化服务。面对经济发展新常态和人民群众多元化服务需求，一些基层公安机关服务职能仍相对滞后，在执法理念、工作机制、服务方式等方面与人民群众的需求仍有一定差距。

（三）勤务模式不够顺畅

受机制体制等影响，勤务模式还不够顺畅，以“情报主导、准确预警、扁平指挥、合成作战”为内容的“打防管控”勤务模式，与大数据条件下的信息深度应用还存在诸多不适应的地方。主要表现在：指挥调度机制不够流畅，多头指挥、重复指令甚至指令相互矛盾等问题依然存在，没有形成合力。刑事打击模式不够科学，警务实战化针对性不强，合成作战、深挖细查和精准打击能力水平不高；立体化治安防控体系尚未充分发挥作用，案件仍处于多发态势；基础信息工作不够扎实，情报研判机制不够健全，数据资源的深度应用还不集约、不平衡、不充分，对新形势下勤务模式的构建、运行的支撑保障作用还不够有力。

（四）执法理念亟须转变

以审判为中心的诉讼制度改革开宗明义强调审判主导侦查，突出证据的标准性、规范性和合法性，特别对刑事案件证据的收集、固定、保存、审查、运用等提出了新的更高标准。但从实际情况看，受传统执法观念和陈旧思维模式的影响，部分基层民警执法理念不端正，还没有树牢“以人民为中心”的发展思想；有的民警依法办案意识和能力不强，重办案轻程序、重证言轻证据、重处罚轻维权等现象仍然存在，尤其对新形势下的证据裁判规则、法庭抗辩等研究不深入、应对能力不过硬，从法治视角分析问题、用法治方式解决问题的能力还有差距。

（五）队伍能力有待提升

基层公安机关与群众打交道最为频繁、最为直接，但仍存在部分民警不会做群众工作，不了解群众在想什么、盼什么，工作不接地气；跟不上大数据、云计算、物联网、无线互联等新型警务需求，对数据资源给警务机制改革、社会治安治理带来的获得感还体验不深，用数据决策、用数据指挥、用数据管理的意识和能力还没有养成；进取精神不足，担当意识弱化，工作不积极、不主动。部分单位对重点领域、关键岗位特别对与群众打交道多、业务广泛的一线执法部门可能出现的履职风险隐患掌握不清、剖析不够，警示预防和监督管理的精细化程度不高，从严治警、从优待警落实还不到位。

总的来说，思想认识有待深化、工作力度还要加大、已出台措施需要进一步落实、督导问效方式有待创新，持续推进全面深化公安改革向纵深发展还需要作出更多、更有成效的努力。

三、对加强宁夏公安改革的对策建议

改革之道，贵在落实。公安改革工作必须精准对接发展所需、基层所向、群众所盼。习近平总书记在十九大报告中指出："坚持全面深化改革，要坚决破除一切不合时宜的思想观念和体制机制弊端。"破除宁夏公安改革在思想、方法、机制、保障上的突出问题，必须要以深入贯彻落实习近平总书记系列重要讲话精神和关于全面深化改革的重要指示精神，特别是要把习近平新时代中国特色社会主义思想作为新形势下举旗定向的总纲领，扛在肩上、记在心上、抓在手上，坚持目标导向和问题导向，处理好解放思想和实事求是、整体推进和重点突破、全局和局部、胆子大和步子稳的关系，不断推动全面深化公安改革向纵深发展。

（一）坚持"为了实战，注重实效"的改革理念

改革效果好不好，最终是由实战来检验。这既是公安改革工作的出发点，也是落脚点。石泰峰同志在 8 月 11 日听取公安改革工作汇报时特别指出，必须始终坚持树立"一切面向实战、一切围绕实战、一切服务实战"的理念，始终坚持"实战需要什么，改革改什么；改革怎么改，机制怎么建，队伍怎么练"的要求推进公安改革工作。要按照自治区党委、政府和公安部提出的让打击犯罪更有力、社会治理更有效、群众办事更方便的目

标，进一步明确公安改革重点改什么、为什么改、怎么改，注重改革的实际效果，对每项改革明确评估标准，对内不断加大督导力度，对外探索开展第三方评估，切实将公安改革成效的评判权交还给社会和群众，坚持走改革强警之路，推进公安工作在情报侦察、打击犯罪、治安防控、执法服务、队伍管理五个方面的转型升级，真正让改革更多惠及社会和群众、惠及基层和民警。

（二）坚持专业化与社会化共进的改革方向

全面深化公安改革，首先要立足于公安工作，以解决关键问题带动社会治安防控能力整体提高。同时，要调动社会力量，多方参与、共同治理，形成共同防控风险、服务发展的局面。要持续推进立体化治安防控体系建设，对照《全区立体化治安防控体系建设方案》，对“六张网”建设进度，从政策制度、资源配置、机制创新、社会效果等方面进行一次评估，进一步查实短板，明确重点，加大改进，特别要在社区警务改革工作中，进一步强化群防群治力量、完善群防群治机制。交管、消防部门也要主动探索加快建立立体化、信息化、社会化的公共安全管理模式，有效调动社会资源，延伸触角，从公安主导向社会共治转变，由被动型、管理型向主动型、防控型转变，确保交通、消防和公安事故防得住、压得下。要加快12345社会求助联动建设，按照自治区党委、政府关于建设“一市一中心”服务平台、构建“一号通”服务体系、创建“一体化联动”运行机制的总体部署，持续推动健全“政府统一受理、分类分级交办、部门联动处置”的工作机制，真正打通12345平台高效联动的“最后一公里”。在强化社会化的同时，绝不能忽视反恐维稳和打击犯罪的专业化。要加大加强反恐维稳力量的专业化建设，专业警种是公安打防主业的“尖刀”，公安机关要坚持做精机关、做专警种，针对涉恐犯罪、网络犯罪、高科技犯罪等犯罪类型，加大专业建设力度和专业人才培养。公安厅作为全区公安机关的指挥机关，要立足需要、科学规划、全区一体化统筹指导，加强全区刑事、技侦、网侦等技术室建设和技术人才培养，坚持向核心技术要核心战斗力，以更加专业化的力量实现对犯罪的有效打击。

(三) 坚持警务机制改革与现代科技应用深度融合的改革路径

牢固树立主动拥抱现代科技和大数据支撑实战的理念，充分运用大数据、警务云、物联网等现代科技手段，统筹加大公安信息化建设，在公安厅层面，要紧紧抓好资源整合共享、数据挖掘应用、终端警务应用等关键环节，加强机制建设和路径设计；五市公安局要大力推广应用数据挖掘、人像比对、轨迹追踪等新技术，实现坚持以科技信息化为支撑，推动基础工作信息化、信息工作基础化成为公安工作常态。加快建设反恐维稳“铁通工程”，实现反恐实战平台实时对接民航、铁路、公路等社会数据进行精准研判，加快三级防控圈建设，不断提升动态精准管控和实地核查处置能力，进一步巩固反恐维稳安全防线。加大实战指挥体系建设，统筹推进“情指一体”的实战指挥机制，合成侦查办案机制、立体常态的巡逻防控机制等一系列警务实战化改革，提升预测预警预防能力，加快打防管控一体的融合。大力实施“互联网+公安政务服务”，要立足公安职责定位，与深化落地“两个 30 项”系列便民利企服务措施相结合，不断拓展服务群众的渠道和方式，发挥好“组合拳”效应，真正实现向科技要警力、向改革要战斗力，进一步提升群众的获得感和满意度。

(四) 坚持机制创新与能力提升并重的改革要求

警务机制改革是实现传统警务向现代警务转型的关键和核心，而民警能力素质提升一定程度上是确保警务机制改革顺利运行的重要因素。深入推进“一村（社区）一警”警务机制改革，围绕警务机制怎么改、社区警务怎么做、社区民警怎么干三个关键环节，既着力解决了社区警务工作机制性、制度性、保障性的困扰，又有效解决了社区民警不愿干、不会干的难题，真正实现发案少、秩序好、群众满意。围绕以审判为中心的诉讼制度改革，进一步明确非法证据排除的范围、程序和规则，完善受案、立案等执法重点环节工作规范，健全民警出庭作证相应制度，持续抓好民警执法能力和执法素质的培养。围绕警务效能“1+1>2”的目标，全力推行“交巡警合一”警务机制改革，既要弄明白机制上改什么、怎么改、改到什么程度，又要搞清楚警力怎么配、职能怎么定、日常怎么管。围绕队伍能力素质如何服务实战化，开展“能力素质提升年”活动，以思想政治教育为牵引，以实战化训练为抓手，以落实从严治警措施为保障，以改革创新为驱动，不断拓展教育培训载体，丰富内容、加大力度，确保公安队伍能力素质适应新形势下公安改革和公安工作的新要求新期待。

惟改革者进，惟实干者成。习近平总书记深刻指出：“改革是一场革命，改的是体制机制，动的是既得利益，不真刀真枪干是不行的”，“我们要以勇于自我革命的气魄、坚忍不拔的毅力推进改革”。公安机关是人民民主专政的重要工具，是党和人民手中的“刀把子”，新形势下全面深化公安改革，必须坚定不移地以习近平新时代中国特色社会主义思想为引领，坚定不移地服从服务于党和国家工作大局，始终在大局下谋划、在大势中推进、在大事上作为，驰而不息，久久为功，紧紧抓住制约公安机关警务效能和核心战斗力提升的突出问题，紧紧抓住人民群众关心关注的焦点难点问题，坚持突出重点、抓住关键，注重上下衔接、左右协同，做到提纲挈领、纲举目张，全力以赴推动各项改革举措落地，努力实现“打击犯罪更有力、社会治理更有效、群众办事更方便”，为护航宁夏经济繁荣、社会和谐、环境优美、人民安居作出新的更大贡献。

2017年宁夏社会治安综合治理工作报告

刘　敏

2017年，在自治区党委、政府的正确领导下，在中央综治办的有力指导下，全区各地各部门按照平安宁夏建设总体部署和要求，紧紧围绕做好自治区第十二次党代会、花博会、中阿博览会和党的十九大维护社会稳定工作，以落实社会治安综合治理领导责任制为抓手，加强统筹协调，完善体制机制，创新思路方法，层层传导压力，狠抓工作落实，社会治安形势总体平稳、有序、可控，平安建设各项工作取得明显成效。命案发生数、刑事案件、八类主要刑事案件和“两抢一盗”等案件立案数持续下降。全区平安建设考核成绩连续三年进入全国优秀行列，公众安全感调查连续七年得分在90分以上。2016年全区公众安全感调查平均得分93.65分，同比提高了0.26个百分点。

一、宁夏社会治安综合治理主要做法及成效

（一）加强组织领导，综治领导责任制不断健全完善

自治区党委、政府高度重视社会治安综合治理工作，自治区党委常委会多次听取专题汇报，研究解决有关问题，并将平安建设工作作为“一把手”工程，列入各级领导干部政绩考核内容，推进综治责任制落实，形成

作者简介　刘敏，自治区政法委综治协调室副主任。

了一级抓一级、层层抓落实的工作格局，推动各级领导干部切实担负起维护一方稳定、确保一方平安的重大政治责任。2017 年 7 月，自治区党委常委会专题听取综治维稳工作汇报，对做好党的十九大维护社会稳定作出安排部署，提出了“四个确保不发生”（即确保不发生危害国家安全和社会稳定的重点政治事件，确保不发生严重暴力恐怖和个人极端事件，确保不发生重点群体性事件，确保不发生重大公共安全事件）的工作目标。自治区党委书记石泰峰在专题调研政法综治工作时，对做好当前维护社会稳定工作再次明确责任，提出要求。2017 年 8 月以来，先后召开全区综治信访维稳工作形势分析会、推进会、专题会，对做好党的十九大安保维稳工作进行再动员、再部署。各地各部门积极行动，齐抓共管形成合力，切实压实维稳责任，以责任的落实推动工作任务的落实。

（二）加强统筹指导，社会治安综合治理工作全面推进

针对影响社会稳定和群众安全感的突出问题，自治区综治委加强顶层设计，统筹规划，确定了 2017 年平安建设 7 项重点工作、9 项深化工作和 5 个方面 17 条推广经验，并牵头组织扎实推进。按照“属地管理”和“谁主管谁负责”的原则，自治区综治委成员单位充分发挥职能作用，结合本部门实际，制订工作方案，细化具体措施，组织开展专项治理，推动各项工作落实。如公安机关组织开展了命案防控、“两抢一盗”、预防打击非法集资和电信网络诈骗专项治理，交通运输、人社、住建等部门组织开展了道路交通安全、拖欠职工（农民工）工资、建筑领域突出问题等专项治理，并取得了明显成效。建立每日专报、情报会商、分析研判、应急处置、多方联动等实战新机制，探索出一些实用管用的制度办法，推动综治维稳工作向联动融合、齐抓共管转变。探索建立综治信访维稳工作新机制，成立了全区综治信访维稳联动服务中心，实现了从单打独斗到“大综治”“大维稳”的转变，对改善重点部位信访形势起到了“立竿见影”的效果。各级综治组织充分发挥牵头抓总、组织协调的职能作用，加强对综治工作的督导检查、问题解决、考核考评，有力推动了综治责任制的有效落实，形成了党政主导、综治协调、各部门齐抓共管、社会组织广泛参与的综治工作格局。

（三）严格考核问责，综治考核奖惩机制持续强化

认真贯彻落实“南昌会议”精神，在学习借鉴外省区经验做法的基础上，结合工作实际，制订了《全区平安创建考核奖惩方案》，进一步明确了奖励标准和惩戒措施，不断完善平安建设考核机制，注重量化考核，加强日常督查，推动平安建设考核的规范化、科学化。加大了平安建设考核在效能目标考核中的比重，由过去的1分提高至5分。对考核优秀的县（市、区）给予表彰奖励；对考核优秀的部门（单位）、乡镇（街道）、村（社区），按人均一个半月工资标准发放奖金；对考核良好的部门（单位）、乡镇（街道）、村（社区），按人均一个月工资标准发放奖金。同时，将命案发生数、重点地区涉访人员数、较大及以上群体性事件发生数、重大安全事故发生数四项重点约束性指标纳入平安建设考核内容，对突破约束性指标和年度考评排名末位的县（市、区），取消平安县（区）命名资格，实行重点管理，且效能考核中平安建设5分归零。被重点管理的县（市、区），向自治区党委、政府作出书面检查，由自治区领导进行约谈，且党政主要负责同志和分管领导同志在重点管理期间不提拔、不调整。各地各部门结合工作实际，不断充实调整综治目标管理责任书内容，层层签订责任书，传导压力、落实责任，推动了综治工作有效落实。

（四）夯实基层基础，综治工作走上规范化、制度化轨道

坚持夯实综治基层基础工作，严格按照综治中心建设规范化标准，着力加强基层综治中心建设。制定了《关于整合基层乡镇（街道）综治信访维稳工作资源的指导意见》，在不增加机构、编制、人员的前提下，将乡镇（街道）综治中心建成集前台统一接待受理、后台统一分流处置的一站式、一体化服务管理运行平台。按照综治信访维稳多方联动、机制创新、运转高效的原则，逐步建立了“预警研判、受理分流、工作联动、管理考核”的工作机制，强化了乡镇（街道）综治中心“出门一把抓、回来再分家”的综治实战功能。如，中卫市沙坡头区柔远镇以综治中心为平台，建立了“大综治”联动工作机制，进京越级访、治安案件、刑事案件等均呈下降趋势。目前，全区236个乡镇（街道）综治中心已全部挂牌并规范化运行。自2017年7月5日起，自治区综治办牵头，会同信访、维稳部门建立了

《综治信访维稳信息每日报告》制度，坚持每天搜集梳理影响社会稳定的突出问题、重大敏感信息，将矛盾问题及时向属地通报、交办，确保了各类矛盾问题发现得早、稳控到位、处置及时。

（五）加强治安防控，“雪亮工程”建设扎实推进

积极推荐申报确定宁夏为2017年全国“雪亮工程”建设重点省区，将银川市、吴忠市列为示范城市，将石嘴山市、固原市、中卫市确定为重点支持城市，在全国率先实现了“雪亮工程”全域覆盖。指导五市完成项目招投标、设计方案深化、数据信息统计、前端卡口勘测等建设任务。目前，银川市利用中央补助资金2800万元、地方配套资金7700万元，已建成了市级社会治安综合治理信息平台，建成各类监控点位8428路，整合接入视频监控1万余路，完成了智慧安防系统与辖区110指挥中心联动，探索建立了以综合卡口、人像识别等智能技防与人防结合的基层社区治安防控新体系。已建成100个智慧社区，正在建设的有400个社区。吴忠市已投资12071万元，完成了市级综治共享平台搭建和综治中心设备安装调试工作，接入公共安全视频监控1150余路、公安视频监控4603路。石嘴山、固原、中卫市“雪亮工程”实施方案已经政府会议审议通过。石嘴山市、中卫市已完成综治中心选址和前期建设。

（六）加强督查督办，平安建设重点工作任务有效落实

将督查调研作为推动工作的重要手段和举措。年初召开平安建设动员部署会、年中召开工作推进会、适时召开形势分析会，为各项工作顺利推进奠定基础。2017年以来，组织对政法综治工作开展了三次较大的督查调研，其中两次都由自治区党委领导同志亲自带队。一是上半年自治区党委原副书记崔波带队对全区各地平安建设推进落实情况进行了专题督查调研；二是7月份组成5个督查调研组，由厅级干部带队，采取明察暗访、查阅资料、座谈交流等方式，对5个市22个县（市、区）政法综治工作推进情况进行了督查调研；三是8月份以来自治区党委常委、政法委书记徐广国带综治、信访、维稳等部门负责同志，深入五市及部分县（市、区）、乡镇（街道）面对面指导，现场交办重点矛盾问题，提出化解稳控要求，有力促进了责任落实和矛盾问题化解。

二、宁夏社会治安综合治理存在的问题和不足

在取得成绩的同时，也应该清醒地认识到，当前影响政治安全、政权安全的形势依然严峻，特别是网上意识形态领域斗争，少数极端势力及暴恐威胁、邪教及非法宗教渗透等日益严峻；在经济下行压力影响，涉众型经济犯罪多发高发，因涉案金额巨大、涉众面广、案情复杂等原因，发生大规模性群访集访、进京聚集上访等涉稳案事件的风险隐患较为突出；公共安全领域存在的问题依然突出，安全生产、消防安全、交通、危爆物品运输等存在诸多潜在安全隐患不容忽视。

（一）维护社会稳定面临的形势日益复杂

随着宁夏经济转型升级、改革不断深化，在企业改制、劳动关系、征地拆迁、移民安置、扶贫攻坚等经济和社会生活中暴露出的深层次问题明显增多，各类矛盾风险交织叠加，呈现出了复杂性、多样性和面广量大的阶段性特征。一些社会成员心理失衡，群众过激行为甚至群体性事件随时可能发生。涉众型矛盾纠纷、有组织的群体性维权活动等，目前虽然可控，但影响稳定的风险仍然存在。

（二）“重发展、轻综治”的思想还不同程度存在

近年来，综治及平安建设工作较以往有了较大变化，但个别地方把平安建设工作的重点聚焦到几项约束性指标上，对整体工作缺乏统筹。一些地方和部门没能将自身职能与平安建设有效对接；还有一些地方和部门虽然思想上较重视，但对综治工作底数不清、情况不明，社会动员能力不足，在资源整合、平台建设、机制运行、信息应用等方面缺乏系统思维和有效办法。

（三）矛盾纠纷排查化解工作有待进一步加强

各地各部门对矛盾纠纷排查化解重视程度还不够，没有真正把矛盾纠纷排查化解作为源头性、基础性工作来抓，工作制度不够健全完善，工作措施和责任落实不到位。一些地方和部门只重视浮在面上的矛盾纠纷，对矛盾纠纷主动排查和风险防范意识不强，没有做到未雨绸缪、主动超前。婚姻家庭邻里纠纷、企业欠薪欠社保金纠纷及房产物业、拆迁安置、债权

债务纠纷仍然突出。

（四）综治信访维稳资源整合力度需要进一步加大

当前，综治信访维稳信息化共享水平不高、深度应用不够、信息安全比较突出，地方主义和部门利益的局限仍然存在。各类综治资源整合力度不大，各自为政、单打独斗的现象依然存在，工作衔接配合不够，齐抓共管的机制没有真正形成，信息互通、资源共享的格局还未形成。

三、对加大宁夏社会治安综合治理绩效的思考

（一）坚决维护国家政治安全和社会大局稳定

进一步强化底线思维，增强忧患意识，把学习贯彻党的十九大精神转化为做好当前工作的强大动力，坚持思想不松懈、工作不放松，继续深入扎实抓好综治各项工作的落实，巩固好社会大局持续稳定的良好态势。坚定不移开展对敌斗争，深入开展打击网络政治谣言专项行动，依法打击宗教领域渗透破坏活动，加强对邪教组织打击处理力度，坚决打掉邪教分子的嚣张气焰，严防发生邪教反宣破坏活动。深入开展安全生产、交通安全、消防安全、危爆物品运输等领域专项治理，源头预防涉恐案件、个人极端暴力犯罪案（事）件和重大恶性案件的发生，坚决守住自治区党委提出的“四个确保不发生”“三个决不出现”的底线，为自治区营造安定有序的环境。

（二）持续开展社会治安突出问题专项整治

坚持以解决影响社会治安大局的突出问题为突破口，采取实用管用的措施办法，促进重点领域突出问题得到有效整治。进一步加强命案防控和预防打击“两抢一盗”专项行动，完善非法集资等涉众型经济犯罪案件防范处置机制，持续开展加强工程建设领域突出问题、拖欠农民工工资突出问题、集体土地征收和房屋拆迁突出问题的整治，实行一案一专班，落实责任部门、责任人、稳控措施，推动源头性、基础性问题解决。通过抓重点、攻难点、聚焦点、推亮点，进一步提升综治工作任务全面落实。

（三）加大矛盾纠纷排查化解工作力度

深入贯彻落实《宁夏回族自治区矛盾纠纷排查化解办法（试行）》，进一步压实矛盾纠纷排查和化解两个责任，推进矛盾纠纷排查化解工作的制

度化、常态化和规范化。健全人民调解、行政调解、司法调解有效衔接的“大调解”工作体系，及时有效化解各类社会矛盾。深入开展矛盾纠纷排查化解专项行动，对摸排出的矛盾问题，最大限度地预防在发生之前、化解在萌芽状态、处置在初始阶段。继续大力推广应用矛盾纠纷排查化解信息系统，确保矛盾纠纷排查化解各项工作程序可查询、可追溯、可跟踪、可评价，对排查和化解不力引发刑事案件、群体性事件、公共安全事件的，严肃追究领导责任。

（四）进一步提高平安建设信息化水平

要以社会治安防控体系建设为重点，借助中央支持，大力推进“雪亮工程”建设，加快全区重点部位、复杂场所和农村薄弱地区公共区域视频监控系统建设，争取将宁夏建设成为全国首个实现公共安全视频监控联网共享应用的省份。大力实施“互联网+社会治理”的智慧治理模式，按照统筹需求、分级管理原则，建立跨地区、跨部门的信息共享应用机制，实现综治基础信息和各部门相关数据资源互联互通、共享共用，以大数据深度应用增强主动打击犯罪、控制社会治安局势、防范公共安全和突发群体性事件的能力。继续推进宁夏政法云和政法大数据建设，完善矛盾纠纷排查化解工作平台应用。

（五）加大综治信访维稳资源整合力度

牢固树立“一盘棋”的大局意识，坚决打破地方主义和部门利益的局限，最大限度消除信息壁垒，最大限度加强配合协作，最大程度形成维稳合力。更加注重联动融合、开放共治、共建共享，在原有信访联治、矛盾联调、工作联动的基础上，坚持把总揽全局、协调各方的领导优势，职能部门各负其责、齐抓共管的体制优势和宣传群众、动员群众的工作优势结合起来，推动由党委和政府大包大揽社会稳定转型为党委领导、政府主导下各方参与的综治维稳体系。推动落实《关于整合乡镇（街道）综治信访维稳工作资源的指导意见》，按照“综治中心+N”的模式，建立完善预警研判、受理分流、工作联动等协作联动机制，有效发挥基层综治信访维稳等工作资源联动、联防、联治的实战功能。

2017年宁夏司法行政工作报告

崔新民　张弼超

2017年，在自治区党委、政府和司法部的正确领导下，全区司法行政机关认真学习贯彻党的十九大精神，围绕中心、服务大局，强化措施、狠抓落实，司法行政各项工作取得了新的进展和成效。

一、2017年司法行政工作基本情况

（一）认真抓好党的十九大精神学习贯彻

司法厅党委高度重视党的十九大精神的学习贯彻。组织司法系统3000余名干部职工收听收看了十九大开闭幕式。十九大顺利闭幕后，司法厅党委召开扩大会议，学习十九大报告的主要精神，制定并下发了《司法厅党委关于深入学习贯彻党的十九大精神的通知》，对学习贯彻工作作出安排。自治区党委十二届二次全委会结束后，司法厅党委于11月1日召开全区司法行政系统学习贯彻党的十九大精神电视电话会议，动员部署学习贯彻党的十九大精神相关工作，印发《关于开展学习宣传贯彻党的十九大精神大学习活动实施方案》，在全区司法行政系统集中开展为期半年的学习宣传贯彻党的十九大精神大学习活动，把学习贯彻党的十九大精神作为各级司法

作者简介　崔新民，自治区司法厅办公室主任；张弼超，自治区司法厅办公室副主任科员。

行政机关当前和今后一个时期的首要政治任务和工作主题抓紧抓好抓实。近期，厅党委安排各厅领导分赴五市对各地学习贯彻十九大精神及司法行政重点工作情况开展督查，各级司法行政机关也精心组织、周密安排，采取多种形式，掀起了学习宣传贯彻党的十九大精神的热潮。

（二）普法工作不断深入

一是建立健全法治宣传教育机制，以自治区两办名义印发了《宁夏回族自治区关于全面落实普法责任制的实施意见》，明确要求各普法责任主体编制“四清单一办法”（普法内容清单、责任清单、措施清单、标准清单和考核办法），全社会共同参与的“大普法”工作格局进一步完善。二是印发了《关于进一步加强社会主义法治文化建设的实施意见》，并投资208万元，支持市、县（区）青少年法治教育基地、农村社区法治文化中心建设。三是深入开展“法律八进”示范点创建，落实重点对象学法用法工作，将国家机关工作人员网上学法和考试纳入了宁夏干部教育培训网络学院平台。四是加强法治宣传队伍建设，成立了由法学专家、教授、法律事务工作者共36人组成的自治区普法讲师团。五是积极推进“互联网+法治宣传”，形成以“宁夏法治”微信公众号为核心的新媒体普法格局，点击量进入全国司法行政微信公众号排行榜第三名。六是开展法治县（市、区）和民主法治示范村创建活动，各地司法行政机关通过编写《七五普法丛书》、开展“法治大讲堂”、普法公益广告征集活动、组织法治文艺演出和微电影创作等，着力营造浓厚的尊法学法守法用法氛围。

（三）维护安全稳定职能有效发挥

监狱工作：深入推进“五项机制”“五防一体化”和“八联机制”建设，会同自治区公安厅、武警宁夏总队开展了联训联演活动，切实提升监狱防渗透、防暴恐、防破坏能力；严格执行刑罚执行各项制度，会同自治区法、检两院对14702件减刑假释、暂予监外执行案件进行了专项检查；紧紧围绕“两节”“两会”以及自治区第十二次党代会等重要节点，进一步加强内部管理，加强分析研判狱情舆情，认真开展安全隐患排查整治，切实维护监狱安全稳定。戒毒工作：着力强化场所安全管控，在全系统开展了“查隐患、强管控”百日安全竞赛、安全隐患排查整治“六查六看”

等专项活动；坚持以教育戒治为中心任务，加强戒毒人员疾病医疗管理工作，大力开展心理康复训练、体能康复训练和劳动康复训练，戒毒人员心理健康教育普及率、心理测试率、所内戒断率均达到100%。社区矫正工作：会同自治区高院、检察院、公安厅印发了《宁夏社区矫正执行规定》，进一步规范社区矫正适用前调查评估、入矫、矫正、解矫执法工作；严格落实社区服刑人员各项监管制度，未发生社区服刑人员参与严重影响社会和谐稳定的重特大案件。

（四）基层司法所建设不断加强

扎实开展“星级司法所创建攻坚年”活动。2017年是全区“星级司法所”三年创建活动的收官之年，目前全区已达标五星级司法所99个，2017年申报105个，正在进行逐级考核验收，预计到年底全区70%以上的司法所达到五星级标准，超额完成预定的60%以上的任务；其余司法所达到三星级以上标准。狠抓司法所所长职级待遇落实，会同自治区党委组织部、自治区人社厅下发了《关于进一步规范基层司法所组织机构和队伍建设的意见》，并加大指导协调力度，目前全区243个司法所中，178名司法所长已落实副科级待遇。积极推进司法所业务用房建设，为基层司法所配备40辆执法车，司法所工作条件进一步改善。

（五）人民调解工作不断深化

以人民调解“四张网”（乡镇村居网、城市社区网、企事业单位网、行业性专业性调解组织网）为抓手，大力加强人民调解组织和调解队伍建设。3月份召开了人民调解“四张网”建设现场推进会。截至10月，全区已建立各类调解组织3689个，比现场推进会前增长12%；共有人民调解员24259人，增长40%。特别是行业性专业性调解组织有很大发展，调解范围由道路交通、婚姻、劳动争议等传统领域向信访、环保、医疗、校园伤害、土地承包、商业合同、物业纠纷、消费纠纷、电子商务等领域拓展。截至10月，全区共调解矛盾纠纷3.4万件，成功率为98.2%。

（六）法律援助范围不断拓展

首次修订了《宁夏回族自治区法律援助条例》，将法律援助标准调整至自治区城乡居民最低生活保障标准的两倍，将农民征地拆迁、职工工伤认定、生态移民纠纷等9种事项纳入法律援助范围，法律援助覆盖人群由55.8万人增加至172万人，占全区总人口的25%。部署开展了法律援助服务精准扶贫专项活动，全区各法律服务机构紧紧围绕贫困地区基础设施建设、民生工程、扶贫开发、退耕还林还草、生态补偿等提供法律咨询和服务，有效发挥法律服务经济社会发展和保障民生的作用。截至10月，全区共办理各类法律援助案件8795件，为13370名受援人提供法律援助服务，挽回经济损失2.67亿元，提前完成全年8000件任务。“12348”法律服务热线解答群众咨询14482人次，群众满意率达98%以上。

（七）公共法律服务平台建设稳步推进

贯彻落实司法部公共法律服务平台建设视频会议精神，召开重点工作推进会，对全区推进公共法律服务体系建设进行安排部署。研究审定了宁夏公共法律服务实体平台、热线平台、网络平台三个平台建设实施方案，对建设各级、各类公共法律服务平台作出了详细规划，列出了三个平台建设的任务书、时间表和路线图。目前，三个平台建设工作已全面启动。

（八）司法行政改革成效显著

一是制定了《宁夏监狱深化狱务公开工作实施办法（试行）》，建立执法监督员和服刑人员近亲属旁听服刑人员减刑假释案件监狱长办公会制度；在石嘴山监狱、女子监狱开展监企分开试点工作。二是在自治区检察院的大力支持下，在全区4个强制隔离戒毒所设立了驻所检察室，已挂牌进驻，开展工作，实现了司法行政戒毒场所检察室全覆盖。三是不断深化律师工作改革。成立了维护律师执业权利中心和投诉受理查处中心，畅通了维护律师执业权利和投诉受理查处渠道；成立了司法行政机关律师惩戒委员会，强化对律师违规违法行为的处罚；与自治区高院等11个部门联合下发了《关于依法保障律师执业权利的实施细则》，律师执业权利得到有效保障；建立了律师参与化解和代理涉法涉诉信访案件工作机制，在自治区综治信访维稳联动服务中心及自治区政法各部门信访窗口派驻值班律师，帮助化解矛盾纠纷；以自治区两办名义印发了《关于推行法律顾问制度和公职律师公司律师制度的实施意见》，完善准入制度，规范执业管理。截至2017年10月，全区共有公职律师办公室16家，比上年增长167%。四是与自治区高院建立了宁夏司法鉴定管理与使用衔接机制，会同自治区物价局出台了《宁夏回族自治区司法鉴定收费管理办法》，进一步规范司法鉴定管理工作。五是积极推进公证机构改革，全区4家行政体制公证机构全部平稳改制为事业体制。六是实现了律师行业党建工作全覆盖。

（九）司法行政系统党的建设和队伍建设进一步加强

落实从严治党要求，召开了全区司法行政系统党风廉政建设和反腐败工作视频会议。通过推行“三清单一报告”、编发“两学一做”学习活页等做法，深入推进“两学一做”学习教育常态化制度化。大力开展干部教育培训，举办各级各类培训班37期，参训人员1800人（次）。针对监狱警察在公共娱乐场所酒后滋事事件，在监狱、戒毒系统部署开展了为期三个月的“强党性严纪律转作风”专项整治活动，进一步强化队伍管理，严肃纪律作风。

二、司法行政工作面临的新形势、新任务

党的十八大以来，以习近平同志为核心的党中央高度重视司法行政改革，十八届三中、四中全会对司法行政改革提出明确要求，中央全面深化改革领导小组先后审议通过了完善法律援助制度、完善国家统一法律执业资格制度、深化律师制度改革、完善国家工作人员学法用法制度等司法行政改革文件。2017年7月10日，中央政法委在贵阳召开全国司法体制改革推进会，对推进公共法律服务体系建设、深化律师制度改革、推进公证工作改革、深化司法鉴定管理体制改革、完善社区矫正工作机制等作出了具体部署。自治区党委也十分重视司法行政改革，先后印发了《进一步完善法律援助制度的实施意见》《深化全区律师制度改革的实施意见》《全面落实普法责任制的实施意见》等文件。8月11日，自治区党委书记石泰峰同志在政法机关调研并督办司法体制改革时，就深入推进全区司法体制改革包括司法行政改革提出了具体要求。

司法行政工作是国家法治建设的重要组成部分，进一步深化司法行政改革，事关民生福祉、事关法治社会建设、事关社会公平正义，对于推进国家治理体系和治理能力现代化，建设社会主义法治国家具有重要意义。

随着我国经济社会发展水平不断提高和依法治国的深入推进，全社会法治观念和权利意识不断增强，人民群众对公共法律服务和公平正义的需求更加迫切，由此也对司法行政改革提出了新要求。近几年来，司法部部署在全国推进司法行政改革做了大量工作，先后出台了 86 个改革文件，但是也还存在着改革的系统性有待增强，一些体制性、机制性、保障性障碍和问题没有得到根本解决，一些改革举措的制定还有待进一步调研论证，一些已出台的改革任务还没有完全落实等方面的问题。在政法各部门的改革中，司法行政改革明显滞后。为此，2017 年 7 月 16 日，司法部在哈尔滨召开了全国司法厅（局）长座谈会，专门就进一步深化司法行政改革工作进行安排部署。这次会议以研究推进司法行政改革为主题，同时反映出新一任司法部党组班子统筹谋划和抓好司法行政工作的新理念新举措，主要体现在以下几个方面：一是坚持把讲政治的要求贯彻到司法行政各项工作中。会议强调，司法行政工作既是政治性很强的业务工作，也是业务性很强的政治工作，要坚决克服不问政治的单纯业务观点，切实提高司法行政系统执行力，切实落实重大事项报告制度，切实创新深化司法行政宣传工作，切实加强司法行政队伍建设。二是以公共法律服务体系建设总揽司法行政工作。会议提出，以公共法律服务体系建设为总抓手，把党和国家司法行政工作这个“纲”，以公共法律服务体系建设总揽起来，把司法行政统筹、涉及的各类公共法律服务作为“目”，协调综合发力，创新深化做好各项公共法律服务工作，做到纲举目张。三是更加注重加强司法行政改革顶层设计。会议强调，司法行政改革要按照中央部署和要求，坚持目标导向和问题导向，紧紧围绕影响和制约司法行政改革发展的体制性、机制性和保障性问题，加强和完善顶层设计，注重司法行政工作的整体性和内在关联性。司法部还制定了《关于进一步深化司法行政改革的意见（讨论稿）》，提出了 5 个方面 25 个子项具体改革举措。

三、宁夏司法行政工作存在的问题

（一）公共法律服务体系建设有待加强

公共法律服务是政府公共服务体系的重要组成部分，是司法行政机关的基本职责任务。党中央、国务院高度重视公共法律服务体系建设，党的十八届四中全会明确提出要“推进覆盖城乡居民的公共法律服务体系建设”，党的十九大报告也提出了“加快推进基本公共服务均等化”“完善公共服务体系，保障群众基本生活，不断满足人民日益增长的美好生活需要，不断促进社会公平正义”的要求。公共法律服务平台是推进公共法律服务体系建设的一项基础性工作，是集成司法行政各类法律服务项目、提供多种公共法律服务产品的有效载体，是司法行政机关直接面向人民群众提供法律咨询、法制宣传、法律援助、人民调解、律师、公证、司法鉴定等法律服务的综合性“一站式”服务窗口。公共法律服务平台包括实体平台、热线平台和网络平台“三大平台”。实体平台在功能定位上采用“3+X”建设模式，“3”为法律援助、人民调解、法律咨询等基本职能，“X”为拓展职能，包括律师、公证、司法鉴定、专业调解等。“12348”热线平台功能主要是面向公众和法律服务从业人员，提供在线咨询解答、在线服务办理、信访及投诉等。网络平台功能主要包括法律事务咨询、法律服务指引、法治宣传教育、法律法规与案例查询、信用信息公开等。三大平台的功能设置，都是为更好地满足人民群众对法律服务的需求。

（二）专职人民调解员队伍建设亟待加强

人民调解是化解社会矛盾的“第一道防线”，在促进社会和谐稳定方面有着不可替代的重要作用。专职人民调解员是人民调解工作的主力军，在化解社会矛盾中起着中流砥柱的作用。目前，宁夏有人民调解员 2.4 万人，但专职人民调解员仅有 527 名，占比 2.1%，且生活补助普遍在 1500 元以内，绝大部分无“五险一金”，待遇比公安辅警、禁毒专干都低，造成专职人民调解员队伍不稳，积极性不高。

（三）宁夏律师参政议政作用发挥还需要进一步强化

律师作为专业法律工作者，是推动依法治区的重要力量，发挥律师在参政议政中的作用，能够在律师行业树立旗帜，将更多的律师凝聚到社会主义法治建设的事业中来。2016 年 4 月，中共中央办公厅、国务院办公厅印发的《关于深化律师制度改革的意见》明确提出“积极推荐优秀律师参政议政，担任各级人大代表、政协委员”。2016 年 10 月，自治区党委办公厅、政府办公厅印发的《关于深化全区律师制度改革的实施意见》中也提出“积极推荐优秀律师参政议政，逐步增加律师担任各级人大代表、政协委员名额，探索在政协委员中设立法律或律师界别”。目前，宁夏2296名律师中担任各级人大代表的仅有9人，担任各级政协委员的仅有27人，参政议政作用发挥不明显。

(四) 配备社区矫正工作辅警问题亟待解决

社区矫正是非监禁刑罚执行活动，应当由国家强制力保障实施。就宁夏而言，经过多年的积极探索，社区矫正工作在打击教育罪犯、维护社会安全稳定方面发挥了积极作用。目前，宁夏在册社区服刑人员占到监狱押犯的近一半，但由于缺乏具有相应执法权的社区矫正警察专职工作队伍，大量日常管理工作由基层司法所兼职承担，不利于对社区服刑人员形成震慑，很大程度上影响了社区矫正各项监管教育措施的执行，已经成为社区矫正工作中的瓶颈。

四、推进司法行政工作的政策建议

(一) 继续强化监狱戒毒管理工作

监狱工作，树立治本安全观，加强对罪犯的时事、文化、法治等教育，加强服刑人员劳动技能教育，利用远程视频会见和帮教系统、亲情短信平台和手持阅读平台，提高教育改造的针对性和实效性。着力抓好狱政管理制度落实，不断完善狱情分析研判和安全隐患排查机制，严格规范减刑、假释、暂予监外执行等刑罚执行工作，逐步深入推进“分管、分押、分教”管理机制，进一步改善监管设施，确保全区监所持续安全稳定。健全完善执法办案责任制，全面推行监狱执法活动信息化管理，确保各个执法环节做到依法依规、公平公正。戒毒工作，围绕提高教育戒治质量，按照戒治科学、执法公正、管理精细、安全有序、功能完备的要求，推进戒毒场所规范化建设，探索教育矫治新模式，逐步实现教育矫治工作的法治化、科学化和规范化。

(二) 做好社矫人员管理和矛盾化解工作

认真贯彻《宁夏回族自治区关于全面推进社区矫正工作的意见》，全面推进社区矫正规范化建设。积极协调自治区有关部门，参照公安配备辅警的方式，为全区 243 个司法所各配备 1 名辅警，派驻司法所负责社区矫正工作。加强社区矫正人员日常监管，认真做好对刑满释放人员的衔接管理和教育帮扶工作，继续抓好刑释人员过渡性安置帮教基地建设，确保所有社区服刑人员在管在控，不发生脱管、漏管，预防和减少刑满释放人员重新违法犯罪。进一步巩固人民调解“四张网”建设取得的成果，推进人民调解工作向矛盾纠纷易发多发的行业、专业领域延伸；深入开展矛盾纠纷“大排查、大调解”活动，预防和减少经济民生领域风险演变为社会风险。巩固“星级司法所”创建成果，推进司法所标准化建设。加强专职人民调解员队伍建设，协调自治区财政、人社部门，采取政府购买服务的方式，在 22 个县（市、区）人民调解委员会（中心）各配备 5 名专职调解员、243 个乡镇（街道）人民调解委员会各配备 3 名专职调解员、1000 个重点村居社区调解委员会各配备 1 名专职调解员，共配备 1839 名专职调解员。同时，比照宁夏禁毒专干、公安辅警每月 1800 元工资标准，将专职人民调解员生活补助标准提高到 1500 元以上并缴纳“五险一金”，由市、县（市、区）财政统筹安排。

（三）加大法治宣传教育工作力度

着力推动“谁执法谁普法”的普法责任制全面落实，完善监督机制，加强对普法责任单位的评估考核。大力推动以案释法制度落实。针对特定重点群体精准开展普法宣传，提高公职人员依法行政、青少年依法守法、企业职工和农民依法维权的能力。加强法治文化建设，深化法治城市、法治县（市、区）等法治创建活动。

（四）积极推进公共法律服务平台建设

落实《宁夏公共法律服务实体平台建设实施方案》，2018 年底前基本建成县（市、区）、乡镇（街道）、村（社区）三级公共法律服务实体平台，在律师资源比较充裕的地区实现一村一居法律顾问全覆盖。落实《宁夏公共法律服务网络平台建设实施方案》，将“12348”法律援助热线电话升级改造为公共法律服务热线，把司法行政服务事项全部纳入热线服务。落实《宁夏公共法律服务热线平台建设实施方案》，着力打造“12348 宁夏法网”

和“宁夏掌上12348”，利用互联网信息技术扩大法律服务范围。

（五）进一步深化司法行政改革工作

按照司法部统一部署，重点抓好以下司法行政改革工作：一是深化监狱体制改革。围绕落实治本安全观，探索监企分开路径，争取有关部门支持落实罪犯职业技能培训措施，提高完善罪犯医疗保障水平和机制；二是协调自治区高院、检察院，制定严格规范假释制度的意见，进一步扩大罪犯假释比例；三是协调自治区高院选择部分法院开展刑事案件律师辩护法律援助试点，逐步扩大覆盖面；四是协调自治区高院试点开展律师独立开展民商事和财产纠纷案件的调解服务，在有条件的法院设立律师调解工作室；五是完善社区矫正工作制度，进一步完善监督管理、教育矫正和社会帮扶“三位一体”工作模式，加大引入社会力量参与社区矫正工作力度，切实提高社区矫正工作质量；六是健全完善统一司法鉴定管理体制，加强司法鉴定行业自律；七是健全完善改制后公证机构自主管理机制、分配激励机制、监督管理机制等，切实激发全区公证机构活力；八是协调自治区党委组织部、统战部、人大、政协，逐步提高宁夏优秀律师担任人大代表和政协委员比例。

（六）加强司法行政系统党的建设和队伍建设

深入推进“两学一做”学习教育常态化、制度化，开展好“不忘初心，牢记使命”主题教育活动。切实落实党风廉政建设“两个责任”，持之以恒正风肃纪，进一步营造风清气正的工作氛围。健全完善干部轮岗交流机制，加强律师行业党建，加大对市、县司法局班子建设的协调指导力度。进一步加强队伍管理教育，加大干部教育培训力度，分层分类开展任职资格、岗位技能、专项业务等培训。认真组织学习党的十九大报告，提高司法行政系统各级党员干部贯彻党的十九大精神的理论自觉和行动自觉，提升工作本领，提高服务水平。

2017年宁夏律师业发展报告

徐　宝　王晓兵　赵慧玲

律师制度是中国特色社会主义司法制度的重要组成部分，律师是推进依法治国、建设社会主义法治国家的重要力量。为全面了解宁夏律师行业现状，促进律师行业规范健康发展，我们深入全区部分律师事务所及市、县（区）司法局，围绕全区律师行业发展进行了专题调研。

一、宁夏律师业发展的基本情况

近年来，随着全面依法治国、依法治区的深入推进，自治区党委、政府对律师工作越来越重视。2017年，自治区党委办公厅、人民政府办公厅印发了《关于推行法律顾问制度和公职律师公司律师制度的实施意见》，对党政机关和国有企事业单位开展法律顾问和公职律师制度作出规定。广大律师通过积极履行法律顾问职责，积极参与法律援助和法律宣传，积极参与化解和代理涉法涉诉信访案件，在积累法律工作实践经验的同时，也扩大了律师的社会影响，在解答群众法律咨询，化解基层矛盾纠纷，增强群众法治意识，推进经济社会健康发展等方面，发挥了明显的作用。

作者简介　徐宝，宁夏律师协会常务理事、教育培训与行业发展委员会主任、宁夏方和圆律师事务所主任；王晓兵，宁夏律师协会教育培训与行业发展委员会副主任、宁夏天器律师事务所主任；赵慧玲，宁夏律师协会秘书处工作人员。

截至2017年7月31日，全区共有律师事务所133家。从类型上看，合伙所94家，国资所7家，个人所32家；从规模上看，100名执业律师以上的律所1家，50人以上的律所6家，30人以下的律所120家（占全区律所总数的92%）；从分布上看，银川市66家，石嘴山市19家，吴忠市20家，固原市16家，中卫市12家，区域分布不均衡，银川市占有绝对多数，其他四市总和与银川市相当。

全区共有律师2296名。从类型上看，其中，社会执业律师2053名（专职1969人，兼职84人），公职律师134名，公司律师24名，法律援助律师85名，全区每万人约占3.4名律师。从分布上看，银川市1535人，石嘴山市169人，吴忠市141人，固原市100人，中卫市108人。其中，首府银川市律师人数占全区社会执业律师总数的74.7%，每万人有近7名律师，而偏远南部的固原市律师人数仅占全区社会执业律师总数的4.8%，约2万人才能有1名律师，可以说分布是极不平衡。

目前，全区律师中有中共党员650名，其中社会执业律师中有中共党员493名；律师事务所共建立党支部69家，其中独立党支部45家，联合党支部24家，有11名律师担任各级人大代表，有36名律师担任各级政协委员。据统计，2017年上半年，全区律师担任企业法律顾问2142家，办理诉讼和非诉讼法律事务19108件，解答法律咨询和代写法律文书36410人（次）。律师服务领域由传统的诉讼事务为主发展到诉讼、非诉讼事务并重，基本能够适应和满足全区经济社会发展中不同行业、不同人群的法律服务需求，广大律师已经成为促进宁夏经济社会发展、建设法治政府的一支重要力量。

二、宁夏律师工作开展情况

2017年，全区律师事务所和律师积极响应国家、自治区的号召，在律所文化建设、律师素质提升方面做了很多工作，在维护社会和谐稳定、保障和改善民生、加强民主法治建设、推动全区经济社会发展方面取得显著成效，彰显了行业价值。

（一）以党建促所建，律师事务所建设规范化水平进一步提高

1. 自上而下加强律师行业党建工作

加强组织领导，由司法厅党委委员、分管律师工作的副厅长担任律师协会党组书记，宁夏律师协会副会长和律公处处长担任律师协会党组副书记，各级律师协会党组织由同级司法行政机关党组织负责管理，协会党组织主要负责人由同级司法行政机关党组织领导班子成员兼任。宁夏律师协会成立律师行业党的建设工作办公室，配备专门工作人员，市级律师协会党组织至少配备 1 名党务工作者，负责律师行业党建工作。强化律师党员教育培训，将律师党员、党务工作者纳入司法行政干部教育培训总体规划，依托党校、律师学院等基地，分层次开展培训。司法厅党委、宁夏律师协会主要培训各市司法行政机关、律师协会党务工作者和律师事务所党支部书记，各地律师协会负责培训所属律师事务所党支部书记和县域律师党务工作者。2017 年 3 月，依托自治区党校，司法厅对全区律师事务所党支部书记和部分市、县司法行政机关及律师协会党务工作者进行了党建工作培训。培训班在进一步提升做好律师行业党建工作理论水平的同时还前往江西井冈山进行延伸教学，接受革命历史教育。

2. 党建工作实现全覆盖

截至 2017 年 8 月，宁夏律师行业共有中共党员 650 名，占全部律师的 28.3%。律师事务所单独建立党支部 45 个，建立联合党支部 24 个。实现了律师行业党的组织全部建立、党的工作全部覆盖、党员组织关系全部接转的工作目标。大力开展律师党建与律师业务相结合的考评机制，重视在优秀青年律师、律师事务所合伙人和个别没有党员的小规模律师事务所中发展党员，组织建设进一步夯实，党建工作进一步加强。加强对律师党务工作者和律师党员的培训，举办培训班对律师行业党务工作者、律师党员、律师入党积极分子进行集中培训，使宁夏律师行业党务工作者的业务能力、工作水平和律师党员队伍的整体素质明显提升。

3. 律师事务所规范化建设水平进一步提高

全区律师行业立足充分发挥律师事务所党组织的政治核心作用和党员律师的先锋模范作用，进一步强化思想教育、强化服务能力、强化执业水

平、强化监督管理，扎实开展律所规范建设和党建促所建工作，助推律所健康发展。已经建立党组织的律师事务所，认真组织党员学习党的理论、中央和自治区重大会议精神和决策部署，积极开展党组织活动，强化了党员律师队伍“四个意识”。注重发挥律师事务所党组织的政治核心作用，通过爱国主义教育、革命传统教育等方式，在教育培训中培养党员律师的思想灵魂、政治定力，检视新党员在大是大非面前的实际表现，教育、引导新律师和新党员把对党的忠诚铸入思想、融入灵魂，发挥党员的先锋模范作用。重视律师事务所规范化建设，许多律所重视软硬件建设，狠抓律师事务所工作环境改善，狠抓律师队伍建设，进一步规范律师事务所内部管理，不断提升服务质量，有力推进了律师事务所规范化建设。

（二）以培训促素质提升，搭建律师专业水平提升平台

2017 年，在自治区司法厅的大力支持下，以提高全区律师队伍综合能力和专业化水平为目的，按照《关于深化全区律师制度改革的实施意见》精神和《司法厅 2017 年律师教育培训计划》，全区律师培训工作取得显著成效。

1. 开通“宁夏移动律师学院”

自治区司法厅与点睛网合作正式开通“宁夏移动律师学院”，为宁夏律师提供移动培训平台。培训内容包括民事、刑事、行政等多项内容，并及时上线新法规培训，为提高律师专业素质搭建了综合性教育平台。

2. 开展专业知识培训

举办了全区律师知识产权、政府法律服务及不良资产处置专业化、婚姻家事及未成年人保护法律实务、律师民事案件疑难问题、刑辩业务精细化、《物权法》《房地产法》《担保法》疑难复杂问题及领军人物、青年骨干律师培训班等 8 次法律专业知识培训，为广大律师提高专业素质，近距离与权威法学专家交流搭建了良好平台。成功开展的培训活动均得到参加律师的一致好评，取得了良好的培训效果，为今后律师行业提供更优质的法律服务打下坚实的基础。

（三）以专业技能促法治政府建设，律师助推依法治区成果进一步显现

党的十九大继续强调依法治国是我国治国理政的基本方略，全区律师积极参与全面依法治国的战略实施，通过参与立法咨询推进地方法规科学立法；通过担任政府法律顾问，为重大行政决策提供帮助促进各级行政机构依法行政；通过代理、辩护依法维护当事人合法权益，维护法律正确实施，促进司法公正。同时，广大律师还积极参与矛盾化解、法治宣传等工作，有力促进全民普法、全民守法、全民用法的良好法治氛围。

1. 推进律师涉法涉诉信访工作

宁夏律师协会积极配合司法厅牵头起草，由自治区党委政法委、高级人民法院、人民检察院、公安厅、司法厅、财政厅、信访局7家单位联合出台了《关于建立全区律师参与化解和代理涉法涉诉信访案件制度的实施意见》，并及时在协会网站进行转发宣传。同时按照《实施意见》要求，协会下发通知征集参与化解和代理涉法涉诉信访案件的人才库，最终建立了由57名律师组成的《参与化解和代理涉法涉诉信访案件人才库》，并及时向政法委进行了书面报告。同时，从8月份开始，委派律师每天在自治区高级人民法院、自治区人民检察院、自治区公安厅接待涉法涉诉信访案件，取得良好的社会效果。

2. 引导律师参政议政，服务法治政府建设

宁夏律师协会配合司法行政积极鼓励和支持律师担任各级政府法律顾问，充分发挥社会律师、公职、公司律师、法律援助律师的专业优势和执业特长，积极为各级党委、政府及政府职能部门提供法律参谋和意见建议，及时反映社会舆情，推动依法治区进程。多名律师担任自治区人民政府的法律顾问和咨询委员。在各级人大和政协换届选举中，协会积极鼓励支持优秀律师担任各级人大代表和政协委员，目前全区律师担任人大代表和政协委员人数达到47名。

3. 积极做好重点案件指导研讨工作，维护社会稳定

宁夏律师协会积极配合司法厅及时安排部署律师主动介入301路公交车纵火案善后法律服务工作，通过协会刑事辩护委员会选派两名政治素质高、专业能力强的资深律师为被告人马某某提供法律援助，并及时召开论证分析会，对该案的政治、社会影响进行论证分析，对案件的辩护方案提出指导性意见，对法院提出的具体问题进行讨论反馈，配合审判机关圆满

完成了审理工作程序。通过刑辩委组织律师对宁夏兴麟房产营销策划有限公司合同诈骗案以及自治区公安厅原副厅长贾某某受贿、高利转贷罪一案等具有较大影响的案件进行研讨指导。

(四)以制度建设促律师执业环境改善,保障律师执业权利。

1. 贯彻落实司法部《关于进一步加强律师协会建设的意见》

在司法厅的指导和协调下,协会举行了"维护律师执业权利中心"和"投诉受理查处中心"揭牌仪式暨新闻发布会。司法厅分管副厅长和宁夏律师协会会长共同为"两个中心"揭牌。自治区党委政法委、高级人民法院、人民检察院、公安厅、国家安全厅、政府法制办公室、民政厅相关领导及宁夏电视台、人民日报宁夏分社等16家新闻媒体,律师代表等参加了新闻发布会。"两中心"的成立将进一步推动律师维权和投诉渠道的畅通,完善律师执业保障机制,加强规范律师执业行为,对于继续加强律师协会建设,充分发挥律师协会职能作用,促进全区律师事业健康发展具有重要意义。

2. 会同自治区高级人民法院、人民检察院、公安厅、安全厅、司法厅联合制定了《保障律师执业权利联席会议制度》

通过联席会议,依法全面保障律师执业权利。同时联合印发了《关于建立健全维护律师执业权利快速联动处置机制的实施意见》。司法厅牵头、宁夏律师协会负责起草了《关于依法保障律师执业权利的实施细则》,2017年10月23日,自治区高级人民法院、人民检察院、公安厅、安全厅、司法厅、人力资源和社会保障厅、国土资源厅、住房与城乡建设厅、工商局、国家税务局、地税局、宁夏律师协会十二家单位联合发文通过了《关于依法保障律师执业权利的实施细则(试行)》。通过该项制度的建立,进一步畅通律师反映问题和维护权利的渠道,及时有效维护律师执业权利,保障律师依法执业。

(五)以爱心奉献履行社会责任,助力全区脱贫攻坚

全区法律援助律师积极参与法律援助,为社会弱势群体提供法律帮助。截止到2017年9月,共办理法援案件8795件,为弱势群体的法律权益维护切实贡献了力量。除了办理法援案件外,社会律师履行社会公益的行为也在有效开展，宁夏天器律师事务所等多家律师事务所积极开展慈善公益活动，以实际行动回馈社会，践行律师承担社会责任、回报社会的承诺。

三、宁夏律师业发展存在的问题

（一）服务“一带一路”建设缺乏律师人才储备

自2013年至今，“一带一路”倡议已经从理念转化为行动，从愿景转变为现实。世界上100多个国家和国际组织参与“一带一路”建设；“一带一路”沿线30多个国家同中国签署了共建“一带一路”的合作协议；20多个国家同中国开展了国际产能合作；270多个有影响力的项目已经落地，共商项目投资、共建基础设施、共享合作成果的区域大格局已经逐步形成。开放、包容、均衡、普惠的区域经济合作架构，政治互信、经济共融、文化包容的利益共同体正在形成。宁夏作为中阿博览会永久举办地，作为“一带一路”重要节点省区，近年来对外贸易快速增长，一般贸易出口强劲。据银川海关统计，2017年前三季度，全区货物进出口总额260.98亿元人民币，同比增长81.0%。其中，出口194.7亿元，增长82.3%；进口66.28亿元，增长77.3%。货物进出口差额128.42亿元。全区一般贸易进出口230.28亿元，增长69.8%，其中，出口180.52亿元，增长74.0%，占全区出口总值的92.7%。随着“一带一路”建设的推进，越来越多的宁夏企业走出国门，他们在境外遇到的法律问题呈爆发性增长和复杂多样化的态势，“一带一路”建设必须法治先行、“一带一路”的路上必须要有律师相伴，但全区涉外法律人才有很大缺口。据统计，全区懂外语的律师相对较少，能够掌握或处理涉外法律事务的律师更是匮乏，难以满足增幅近百的全区进出口总额和对外贸易总量，亟待储备一批涉外型律师。

（二）律师的执业权利得不到充分保障

《律师法》明确规定，律师担任辩护人的，有相应的调查取证、查阅案卷、会见当事人等权利。2015年9月16日，最高人民法院、最高人民检察院、公安部、国家安全部、司法部又联合制定了《关于依法保障律师执业权利的规定》，进一步对依法保障律师相关权利作出明确规定。但在实际办理案件尤其是刑事案件的过程中，查阅案卷难、会见当事人难、调查取证难这“老三难”问题一直不同程度的存在。有的是以重大职务犯罪案件为由拖延批准会见；有的是以案件侦查需保密为由不批准会见；有的个别工作人员为律师设置人为障碍，增加手续，以不正当理由干扰律师依法行使权利，影响了律师的办案效率；还有的依然存在“官员”意识，放不下“官架子”，与办案律师缺乏协同配合，律师在办案过程中提出的调取证据申请等法律意见，得不到及时答复；也有的被调查人拒绝接受办案律师的调查，办案律师亦毫无办法。此外，还出现了“新三难”问题，即在庭审过程中的“发问难、质证难、辩论难”，法官随意打断律师的正常发问、质证和辩论，干扰了律师诉讼权利的正常行使。这些都在不同程度上影响了律师的办案积极性，也反映出公、检、法、司和律师行业之间尚未形成共同的法律追求，还没有把依法维护公平正义作为彼此之间共同的价值遵循，新型法律关系的法律职业共同体尚未形成。

(三) 宁夏南部地区律师资源紧缺

据调查，全区一半以上的律师事务所、70%以上的律师都在银川市。固原、盐池、同心等南部地区律师资源紧缺，该地区特别是贫困地区，刑事案件、民事纠纷发生率较高，群众法律意识不够强，知法懂法守法的环境还不够好，亟待提高人均律师占有率，为当地群众开展法律知识培训、合法权益维护等工作。

(四) 青年律师发展存在瓶颈

全区35岁以下年轻律师占比较高，该部分律师群体存在少案源、缺经验、能力弱等客观情况，导致这一部分律师在职业过程中很难顾及自身业务素质的提高，大部分精力均放在业务的承揽上，对于案件做精、做细钻研不够，日积月累形成不好的职业习惯，发展基础不牢靠，导致后续发展受到自身因素的钳制，发展瓶颈很难破除。

(五) 律师个人素质良莠不齐

部分执业律师自身素质不高，自我定位不准，缺乏执业诚信，执业行为不规范。有的接受了法律援助案子，但服务群众的积极性却不高，提供法律服务不尽责，过分看重经济利益。有的律师执业道德缺失，执业思想不端正，对当事人敷衍塞责，搞不正当竞争，热衷于办“关系案”，维护正义的理念淡薄，片面追求经济利益，商业化倾向比较严重。这些都对律师的社会形象造成了负面影响。

（六）律师事务所内生动力不足

从宁夏律师事务所自身来看，不同程度上存在着规模不大、综合服务能力不强、专业定位模糊、品牌意识缺失、市场营销不够、经营成本过高等问题，这些与律师事务所的内部管理和运作机制有着密切的关系。一些小的律师事务所管理上多采取“小作坊式”“情感式”的管理手段，有制度也流于形式，合伙人对引进管理人才始终保持高度的戒备和警惕，直接或间接导致了律师事务所普遍缺乏强劲发展的内在动力，影响到律师事务所的做大做强。

四、对促进宁夏律师业健康发展的建议

（一）进一步发挥律师在“一带一路”建设上的作用

要进一步加强涉外律师专业人才的培养和储备。加强合作，搭建与各个国家和地区律师的沟通学习合作平台，提升律师处理国际经济事务的能力；要推进“一带一路”建设法律服务的交流合作，促进服务“一带一路”法律人才的经验和知识交流；组织专业律师团队组团赴国外考察，深入跟进和学习涉外项目的寻找、甄别、风险的识别和评估，提供商务项目的对接服务，项目可行性研究，为项目的判断和决策提供依据，促进签约、落地，协助办理项目所在国的审批手续，为企业提供深入的、多元化的服务；做好本土律师人才培养和储备，挖掘和教育培养一批具备良好素质的涉外律师人才，为本土对外贸易提供不竭的律师人才资源。要做好风险评估，组织律师团队对“一带一路”沿线国家和地区的安全状况、政局走向、法律特点和金融状况进行风险评估，将评估结果与企业对接，加强对外派人员的应知应会的培训，做好安全保护措施的预案，以应对可能发生的各类问题。要开展已有的法律和规则的培训。遴选专业律师人才，对已经形成的 WTO 原则、国际商会原则、纽约公约、巴黎公约等，多边的和双边的协议规则，进行专门培训，加强专业人才的知识储备。要建立跨国的综合法律服务机构。“一带一路”沿线国家和地区有不同的法律生态、风土人情、

法律体系和规定，社会治理能力差别很大。项目落地的时候，法律问题很多，律师尽职调查的任务也很重。如项目实施的技术标准、融资需求担保、保险等，都将是合同订立的内容，也是项目成功的保障，因此要订立一个好的合同，稳妥起见就是中国律师与国外同行成立由律师、咨询师、会计师、评估师、银行投资专家、保险参与等的综合服务机构，建立一个联合服务机制，为项目和企业服务。

（二）进一步加强律师执业权利保障的监管

认真落实政策，进一步保障律师的执业权利。律师执业权利的保障程度，关系到当事人合法权益能否得到有效维护，关系到律师作用能否得到有效发挥，关系到司法制度能否得到完善和发展。《关于依法保障律师执业权利的规定》提出了依法保障律师执业权利措施，旨在着力解决当前律师权利保障中存在的突出问题。全区各级各部门，尤其是“两院三部”要认真落实《规定》中提出的具体要求，不得阻挠律师行使正当的执业权利，或者人为变相地增加手续、设置障碍，构建彼此尊重、平等相待、相互监督、良性互动的新型关系，切实保障律师执业权利，以充分发挥律师维护当事人合法权益、维护法律正确实施、维护社会公平和正义的作用。

（三）鼓励和支持律师到南部山区发展

制定优惠政策，鼓励和支持广大律师执业人员在南部山区设立律师事务所，推动青年律师开展村、社区法律服务，积极下乡开展法律宣传、法律咨询等服务，掌握基层法律业务情况，增强执业实践经验。加强南部山区律师行业财政补贴，尤其是对于律师承担公益性法律服务和法律援助案件的，要合理确定补贴的标准，与律师承担相应法律服务的成本支出和劳务费用相适应，以更好地解决南部山区律师的报酬和待遇问题，使有限的财政资金发挥出最大的效率。

（四）支持和引导青年律师发展

宁夏律师协会要支持和引导青年律师参政议政，提升青年律师职业素养，优化青年律师成长环境，不断拓展青年律师成长空间。鼓励青年律师多读书多学习，积极参加培训学习，注重知识储备，踏实办好每一个案子，不断拓展自己的案源。要对律师营销技巧进行培训，鼓励青年律师学习和掌握互联网时代下的新型推广理念，利用专业标签，获得客户认同，共享实务经验，形成专业权威，借助团队优势，打造服务品牌，最终通过有型化、标准化的法律服务产品赢取市场。对于刚步入律师行业、收入没有保障的年轻律师，组织和人社部门可设置一些公益性岗位，为他们提供实践和成长的平台，增强他们从事律师职业的信心。对于那些乐于奉献、甘于清贫的优秀年轻律师，应给予大力表彰，发挥他们的模范作用，为他们在律师行业站稳脚跟和长期发展创造更多的机会。

（五）加强律师业管理

在加强行业管理、推进律师行业发展过程中必须坚持和把握“四性”。一是政治性。中国特色社会主义律师制度是中国特色社会主义司法制度的重要组成部分，维护当事人合法权益、维护公平正义是律师职责使命和价值追求，这个定位必须旗帜鲜明。针对当前律师辩护工作存在的难题，这是法治发展进程中的枝节问题，广大律师要用辩证、发展的眼光来看待。在讲政治上，各级律协要挺在前面，律协党委要发挥作用，抓实党建工作，通过建立学习制度、传达制度、检查制度、督查制度，狠抓律师中国特色社会主义法治理念教育等，真正做到从“宽松软”向“严紧硬”转变。二是职业性。律师行业是职业性很强的服务行业，职业性占很大比重。少数律师片面追求商业性，严重破坏作为律师职业的传统价值，不能正确处理好与委托人的关系，没有执业伦理，给律师行业带来负面影响。强调职业性，要体现在具体的执业行为上，律协挺在前面就是要对律师的执业行为进行规范、细化，并监督对照检查，强化行业惩戒。三是专业性。随着社会分工越来越细，专业化要求对律师工作提出了新的挑战。宁夏律师尤其是刑辩律师与侦查、公诉人员相比，还不够专业，本领能力还有待提升。随着律师跨行业、跨界联盟日趋增多，律师应该专事业务，联盟、大所的行政业务可以聘请专职人员进行打理。同时面对信息化发展，要通过信息化提升专业化。强调专业性提高，作为律协挺在前面，就是要适应“以审判为中心”的改革要求，主动研究庭审规则、树立适应庭审改革的辩护思维。同时，律协要积极同法官协会共同制定相关庭审规则，共同规范约束法官和律师行为。要树立严格监管的思想，司法行政机关和行业协会要切实担负起责任，加强日常管理和执业监督，及时发现问题，及时惩戒。四是规范性。律师事务所要进一步健全完善律师事务所内部各项机制，依法依规加强对律师的管理，提高律师管理的水平和成效。要加强和完善律所和律师执业规范化建设。同时要强调律师风险防范意识，主动研究律师执业过程中的各项风险，做到预警在前、防范在前，从而推动和促进宁夏律师行业良性发展。

（六）进一步加强律师事务所品牌和律师业务能力建设

树立品牌意识，着力增强律师事务所综合竞争力。随着全面依法治国进程的加快，全社会对法律服务的需求日益增长，趋于规模化、综合化、专业化和精细化，这对律师事务所的自身建设也提出了新的要求。因此，宁夏律师事务所要树立品牌意识，更加注重丰富的人力资源积累，注重高效的内部组织管理，注重业务能力的提升和服务范围的拓展，注重团队精神的体现，注重专业分工的细化，让律师事务所和律师个人的能量都得到最大化的释放，逐步形成办案专业化、服务品牌化、管理规范化、分配合理化、营销多样化的市场化运作模式，实现律师事务所综合竞争力的提升。建立长效机制，扎实做好律师人才培养。律师行业的持续健康发展，必须有源源不断的新鲜人才注入。建议进一步加强律师队伍的培训和提升，从组织领导、工作方法、经费保障等各个方面作出明确要求，为宁夏律师人才培养提供机制保障。加强教育培训，逐步提高律师队伍整体素质。要把律师队伍素质建设放在重要位置，在律师行业中开展经常性的学习教育活动，也可适时开展集中教育整顿，开展中国特色社会主义法治理念主题教育，教育和引导全市律师牢固树立拥护中国共产党领导、拥护社会主义法治的执业理念，坚持正确的辩护代理工作立场，正确处理好维护个案当事人权益与维护社会和谐稳定全局的关系、履行辩护代理职责与教育引导功能的关系，处理好自己与服务对象、同行的关系，更好地在服务地方经济、保障民生民权、深化法治建设、促进公平正义等依法治国的各个方面分发挥积极作用。

2017年宁夏法学研究回顾与展望

——以自治区法学会法学研究课题为视角

马　蓉

2017年是非常重要的一年，承前启后，继往开来。党的十九大胜利召开，中国特色社会主义进入新时代。自治区第十二次党代会提出了“振奋精神、实干兴宁，实现经济繁荣、民族团结、环境优美、人民富裕，与全国同步进入全面小康社会”的目标任务，全区政治经济社会发展进入了一个新阶段。2017年，中国法学会进入改革年，对法学研究整体工作提出新要求。宁夏法学界法律界认真贯彻落实党的十九大和自治区第十二次党代会精神，围绕中心，服务大局，贯彻落实中国法学会指导意见，适应新情况，服务新发展，在自治区党委政法委的坚强领导下，在中国法学会的正确指导下，组织引领全区广大法学工作者、法律工作者认真履行“繁荣法学研究，推进依法治区”职能，积极开展法学理论研究，立足宁夏，研究宁夏，服务宁夏，与时俱进，在实现“与全国同步建成全面小康社会”目标任务中发挥理论支持作用。

作者简介　马蓉，自治区法学会研究部部长。

一、2017 年宁夏法学研究的主要特点

（一）进一步统一思想，以落实意识形态工作责任制为抓手，强化法学研究政治引领

2017 年，在全面建成小康社会决胜阶段的大背景下，国家政治经济社会文化生态建设诸领域都发生着重大调整和深刻变革。与此同时，作为国家上层建筑的意识形态领域斗争依然复杂，意识形态是政治安全的前沿阵地，具有极端重要性，党中央和自治区党委对意识形态领域工作十分重视，提出要牢牢掌握意识形态工作的主动权，落实意识形态工作责任制。法学是治国理政的学问，维护法学领域意识形态的安全对于坚持中国特色社会主义法治理论方向，发挥好法学研究在建设社会主义法治国家中的理论支持作用意义重大。在这个重要的历史时期，统一法学法律界的思想，凝聚广大法学法律界“听党话，跟党走”的共识，十分必要。2017 年初，中国法学会下发了《关于进一步加强对法学法律工作者政治引领的意见》《意识形态工作责任制实施细则》《网络意识形态工作责任制实施细则》，旗帜鲜明地指出，对法学法律工作者的思想政治引领是贯彻落实中央党的群团工作会议精神，推进法学会改革的重中之重，明确提出思想政治引领的任务就是通过扎实有效的工作，使广大法学工作者、法律工作者自觉坚持以马克思主义为指导，自觉把中国特色社会主义理论贯穿于研究教材和法治实践全过程，并转化为清醒的理论自觉、坚定的政治信念、科学的思维方法。同时明确了法学会承担法学意识形态的主体责任，要求各级法学会要认真贯彻落实党中央关于意识形态工作的决策部署，严格落实意识形态工作责任制，始终坚持正确政治方向，树牢“四个意识”，提升“四个自信”，牢牢掌握意识形态工作主动权，不断巩固和发展法学主流意识形态，坚决抵制、批驳各种错误思潮和错误观点，在原则问题和大是大非面前旗帜鲜明、立场坚定。

按照中国法学会和自治区党委、政府关于意识形态工作的要求，2017 年，宁夏法学研究工作再次绷紧了政治引领“这根弦”，自治区法学会制定了《关于对法学法律工作者政治引领的意见》，画定了全区法学研究工作必

须坚持的“红线”，切实落实强化思想政治引领的各项举措，在法学研究课题指南制定、招标、立项评审、结项鉴定环节，法学论坛、学术年会举办环节，报刊网站对外宣传环节，法学人才培养环节，对外学术交流环节各个环节把好政治方向关。以专业研究会和地市县法学会为单位迅速组织法学法律工作者学习领会文件精神，展开集体讨论，及时统一思想，提高认识，认清形势，把好方向，为服务大局、推进法治理论创新打牢思想基础。

（二）“法治宁夏”建设为法学研究提供了新机遇，成为法学繁荣的强大动力

自治区第十二次党代会报告在扎实推进民主法治建设中，提出要坚定不移推进法治宁夏建设。把“法治宁夏”建设写入党代会报告中，在宁夏的法治发展史上具有里程碑意义。报告鲜明地提出：“法治是国家治理体系和治理能力的重要依托，必须加快依法治区进程，让法治成为宁夏未来发展核心竞争力的重要标志。”“法治宁夏”目标任务的确立，对全区法治建设起到了极大的推动作用。坚定不移推进法治宁夏建设立足于实现“法治建设”这一现实硬任务，让法治成为宁夏未来发展核心竞争力的重要标志则着眼长远提高宁夏法治软实力，充分体现了自治区党委、政府对于法治建设的高度重视和进一步推进依法治区的信心和决心。面对发展新机遇，法学法律界反响热烈，广大法学法律工作者一致认为，“法治宁夏”建设的提出是新一届自治区党委、政府在深化对宁夏法治建设规律认识的基础上，作出的科学正确的决策，顺应宁夏经济社会发展的现实需求，“法治宁夏”的提出，有力地助推了全社会对法治建设的重视，特别是强化各领域依法治理观念，充分激发法治对未来发展的引领和保障作用。

“法治宁夏”建设为宁夏法治建设提供了基本遵循，也为法学研究的繁荣发展提供了难得的机遇，提供了行动指南，提供了政策支撑。为全区法学法律界繁荣法学研究推进依法治区增添了信心注入了活力提供了动力，同时也对法学研究提出了新要求。履行“围绕中心服务大局”职能的法学研究，既要围绕科学立法、严格执法、公正司法、全民守法法治建设诸领域做好智力服务理论支持，又要在“法治宁夏”建设的大背景下，抓住机遇，谋求自身新发展，推动宁夏形成法学繁荣新局面，机遇与挑战并存。

（三）履行服务法治实践功用，宁夏应用法学研究呈现繁荣态势

法学是一门实践性很强的学科，社会实践的丰富对法学的繁荣起到了积极的促进作用，同时，法学的繁荣又表征了一个地区的法治进程。近年来，随着全区法治建设进程的不断推进，法治在经济社会发展各领域中的重要作用得到了充分的凸显，科学立法、依法行政、公正司法积极推进，依法治理在各领域基本成常态，法治政府建设助推领导干部运用法治思维和法治方法基本成为自觉，在此基础上，开展理论研究之风也逐渐浓厚，理论界与实践部门互动频繁，务实与务虚不再泾渭分明，法学研究更接地气。2017 年，宁夏应用型法学研究发展迅猛，自治区法学会的课题中应用型研究几乎占到 100%。

一是内容丰富，围绕党委、政府工作大局开展研究是主流。2017 年，按照“五位一体”和“四个全面”战略布局要求，“开放、富裕、和谐、美丽”宁夏建设大局中的一些重要领域成为法学研究的重点课题，如司法体制改革、“一带一路”建设、内陆开放型经济试验区和银川综合保税区建设、实施重要生态工程、大力整治环保突出问题、加强意识形态引导管理、网络空间管理、宗教依法管理、深入推进全面从严治党等。以问题为导向，研究成果着眼于为党委、政府提供决策参考，为法治实践提供理论支撑。例如，在参与“一带一路”建设中，研究热点聚焦在对外贸易中的纠纷解决、法律服务、风险规避方面；内陆开放型经济试验区建设中，一些学者致力于内陆开放型经济试验区中的容错机制研究，以期为试验区大胆尝试、创新工作提供法治保障；围绕全面从严治党，2017 年研究的切入点集中在依法治党和依规治党的关系论证，为切实有效地加强党的建设提供法理和制度支持；围绕打击犯罪，维护社会稳定，针对近年来非法集资案件多发高发、涉及面广、社会危害性大的态势，理论界和实务界就如何防范涉众型经济犯罪联合展开研究，服务党委、政府处置非法集资，服务法律实践部门司法、执法。

二是研究成果丰硕，课题转化有新突破。2017 年，从自治区法学会发布的法学研究课题看，法学课题研究的数量较往年增多，质量也普遍提高，立项率和结项率均达到 90%以上，并且有精品，有亮点。例如，《我区城

市治理法治化实现机制研究》，以城市街道职能转变与治理创新保障为视角，对城市依法治理进行了研究，符合宁夏城市发展的阶段和现状，可操作性强。课题转化出现新路径。一种途径是“订单式”委托研究，即有关实务部门在重大决策或出台制度之前委托开展法学研究，通过理论研究和论证为科学依法决策提供依据。如《政府权力清单和责任清单实施效果评价方法与评估体系研究》，课题组受自治区党委、政府有关部门委托开展研究，运用大量的数据统计和客观翔实的实证分析，为依法行政、法治政府建设提供了有力的量化指标参考。一种途径是根据实际工作需要，落实重要领导批示，推进工作开展研究。例如，《国有企业监事会研究》就是为加强国有企业监管，完善国有企业监管制度展开的研究。还有一种途径是对实践中具有普遍规律性和指导意义的工作经验理论的总结，研究成果可以直接在本系统本领域被推广用于指导工作。例如，法院系统开展的《可视化在诉讼事务中的应用研究》《公安机关推进以审判为中心的诉讼制度改革的问题与对策研究》《半个立法权的法律规制与实践研究》《我区 PPP 立法的问题研究》《以宁夏强制医疗实践为样本的强制医疗研究》等。

三是应用性研究长线发展，研究趋于系统化。研究克服“功利性”“应景化”，就一个问题长期关注，持续研究。例如，关于司法体制改革的研究。2014 年底，宁夏作为第二批试点省份开始推进司法体制改革，这个阶段的研究主要是经验复制，借鉴已有经验成果，以前瞻性理论研究为主。经过三年多的改革实践，截至 2017 年，四项改革任务取得了一些成果，与此同时也显露出一些深层次的问题，于是一些专家学者就这一课题继续跟进，持续研究，并随着改革的深化不断深入探索，但研究的视角随之变化，侧重于开展建立在司法体制改革具体工作实践基础上，以调查研究为主要方法的经验总结和对策研究，形成了一些具有普遍指导意义的规律认识和经验样本。例如，对提高领导干部运用法治思维和法治方式能力研究。从党的十八大提出这一要求到自治区第十二次党代会提出让“法治成为宁夏未来发展核心竞争力”，经过几年教育实践，领导干部运用法治思维和法治方式的能力进一步发展，究竟真实状况如何，理论研究一直“咬定青山不放松”，从研究初始理论上解读“是什么”“为什么”，到通过实证调研，摸底分析评估，提出“怎么样”“怎么办”为下一步实事求是确定更高层次的目标任务提供了客观的基础资料。

二、2018年宁夏法学研究展望

（一）学习宣传贯彻党的十九大精神，围绕十九大精神开展重大法治理论研究

党的十九大的胜利召开标志着中国特色社会主义进入了新时代，报告中提出全面依法治国是中国特色社会的本质要求和重要保障，通篇贯穿着法治精神，闪耀着法治的光辉。体现出了法治在国家治理体系和治理能力现代化建设中的重要地位，凸显了全面依法治国的重要价值，也标志着法治建设进入了一个新时代。习近平新时代中国特色社会主义思想内涵丰富，特别是其中蕴含的法治思想十分深刻，需要准确领会把握，宁夏法学法律界作为党的理论工作者，是党联系群众的纽带，首先应当做的就是当好“宣传员”，宣传好党的十九大精神。把十九大精神解读好，把党的声音及时地、原原本本地传达到基层，传达到群众中。其次是要做好“研究员”，围绕十九大法治新思想开展理论创新。中国特色社会主义法治理论包括中国特色社会主义民主制度化、法律化、程序化理论，依法治国、建设社会主义法治国家理论、党的领导、人民当家做主、依法治国有机统一理论，依法治国和以德治国相结合的理论，依法执政、依宪执政的理论，推进法治中国建设的理论，深化司法改革的理论，国家治理体系和治理能力现代化理论，中国特色社会主义法治体系理论，良法善治理论，改革与法治关系理论，法治思维与法治方式理论，从严治党、依法反腐理论，国际关系民主化法治化理论。这些理论是对中国法治实践的理论表达，实践性很强，必然随着实践发展不断创新发展。因此，当前和今后一个时期，在习近平法治思想指导下，围绕加快构建更加科学完善的中国特色社会主义法治体系，构建中国特色法学学科体系、学术体系、评价体系以及法治话语体系，加强理论研究，在实践基础上进行理论概括、理论诠释、理论创新，是法学工作者、法律工作者的重要使命。

十九大报告就法治建设提出了许多新的重大措施，对“深化依法治国实践”作出新的战略部署，例如，决定成立中央全面依法治国领导小组；提出制定国家监察法，依法赋予监察委员会职责权限和调查手段，用“留置”取代“两规”措施；提出“完善以宪法为核心的中国特色社会主义法律体系，加强宪法实施和监督，推进合宪性审查工作”；提出深化司法体制综合配套改革，全面落实司法责任制；提出建设社会主义法治文化等，在落实这些重大举措中的法律和法治问题理应成为法学研究的重要课题。

（二）立足宁夏实际，围绕法治实践开展实证研究是中心任务

党的十九大的召开，为宁夏未来发展进一步指明了方向，提供了更为坚强的思想引领和组织保障，结合宁夏实际，结合第十二次党代会确定的各项目标任务，自治区党委、政府必将制定更为具体的工作举措和改革措施，使十九大精神在宁夏顺利落地，在完成这些工作任务过程中，法治必将发挥重要作用，“使法治成为核心竞争力”也将在这一过程中得到充分体现。一方面，通过完善立法，推动和引领工作，使改革和各项工作与法有据，同时通过立法将比较成熟的改革经验和重大工作举措上升为法律，实现精细化和定型化，提高执行力；一方面，通过确定依法办事原则，运用法治思维和法治方式推进各项改革，保证改革不变道、不走样，在法治的轨道上稳步推进；同时，通过公正的司法和严格的执法有效处理各种利益纠纷，为发展营造有序公平的法治环境。

法学研究的任务是围绕法治实践做好“服务”的功课。服务的主要路径是在大局工作实践基础上开展实证研究。通过实证研究为宁夏的法治实践提供理论前瞻性指导和工作经验的及时总结，发挥好理论支持作用。研究的主要切入点应紧紧聚焦“三大战略”，聚焦“五个扎实推进”。就创新驱动战略、脱贫富民战略、生态立区战略实施中的法治保障问题展开研究，提供理论支撑和对策建议。对加强地方立法，全面深化司法体制改革，深化行政执法体制改革，推进社会治理创新，依法加强宗教事务管理，加强网络依法管理，推进中阿经贸合作，参与“一带一路”建设，推进内陆开放型经济试验区和综合保税区建设中的法律和法治问题进行理论研究，发挥法学智库咨政建言的作用。2017 年 9 月，银川市法学会组织专家学者围绕自治区第十二次党代会提出的实施创新驱动战略，就落实自治区党委、政府《关于推进创新驱动战略的实施意见》组织行政执法、司法和法学研究机构召开知识产权权益保护专题研讨会，交流知识产权执法、司法实践和理论成果，共同研究如何在鼓励创新、支持创新、保护创新、加强创新法治环境治理中更好履行职能，为知识产权权益保护提供有力法治保障，为创新营造良好法治环境。这是法学研究服务大局的很务实的一个举措，也为法学、法律界如何发挥优势落实好党代会精神，服务党委、政府中心工作作出了很好的表率。

（三）完善法学研究体系，明确法学研究定位，形成应用法学研究独特优势

一是突出服务基层，发挥法学研究服务基层作用。目前，基层法治实践最为鲜活。随着 2017 年基层法学会实现全覆盖，未来应充分调动基层法学会积极性，发挥其扎根基层、服务群众和上下承接的组织协调作用，把基层法治建设作为法学研究的重要关注点，把基层法治实践部门作为法学研究的“桥头堡”，通过基层法学会搭建平台，促成法学界和实践部门互动交流，联合开展理论攻关，为实践部门提供理论指导和对策建议，让法学研究延伸到基层，走好群众路线。2017 年，自治区法学会主动服务基层，尝试开展了“法学研究下基层活动”，致力于为基层法治建设解决实际问题，以问题为导向，组织专家就基层法治建设中的热点难点问题，进行对策研究，深入基层与实践部门交流座谈，活动务实，载体新颖，得到了自治区有关领导批示肯定。今后应搭建更多这样的平台，促进活动常态化，找准抓手，找准问题，开展更多有针对性的研究，为基层法治实践提供真正务实管用的建议。

二是突出服务顶层决策，发挥法学智库作用。按照党的十九大和自治区第十二次党代会精神，新型智库建设在国家和地区发展中将发挥积极作用，大有可为，宁夏法学会法学智库应着眼大局，突出为自治区党委、政府提供决策参考的智库功能，克服泛而不精，加强集体研究，对自治区党委、政府决策、人大立法等提供理论论证和法律咨询，突出“对上”服务，体现智库服务高端的属性。

三是发挥优势，以科学理论为指导，促进应用性研究长足发展。目前，全区应用研究十分活跃，而基础理论研究发展不足，两者不能比肩，实践证明，基础理论研究是应用研究的根基，同时基础理论又是在应用研究的不断发展中得到检验和深化，两者不能截然分开，融合发展是必然趋势，鉴于此，应当优化课题管理机制，鼓励扶持基础理论研究。同时，整体来看，法学基础理论研究相对滞后于法治实践，理论前瞻性和指导性没得到充分体现，应进一步将理论与实践相结合，发挥应用性研究优势，更好地服务法治宁夏实践，特别注意把握好研究方向，运用中国特色社会主义法治理论指导研究“宁夏问题”，在研究“宁夏问题”中为丰富和发展中国特色社会主义法治理论作出贡献。

专题篇

ZHUANTI PIAN

宁夏法治政府建设绩效评价的社会维度

李保平

对法治政府绩效的评价，一般来说有两种维度：一是政府自身的维度，体现为政府按照相关要求作出的行政行为和制定的相关制度规范；二是社会的维度，主要体现为法治政府建设的外部性（社会感受度）。考察法治政府建设的绩效既要看政府出台的各种制度规范，也要看实际实施的效果，实践标准是检验法治政府建设成效的唯一尺度。

一、衡量宁夏法治政府建设绩效评价的社会维度

（一）法治政府建设与行政复议案件

依据《中华人民共和国行政复议法》的规定，所谓行政复议是指公民、法人或者其他组织认为具体行政行为侵犯其合法权益，向行政机关提出行政复议申请，行政机关受理行政复议申请、作出行政复议决定的行为。行政复议是市场主体和公民常用的维护合法权益的救济渠道，行政复议案件的数量以及提起行政复议要求履行法定职责、复议后变更、撤销或确认具体行政行为违法的行政复议案件在整个行政复议案件中的数量占比是检验法治政府建设绩效的重要参考指标。从全国来看，近年来，宁夏行政复议案件呈逐年上升趋势，且主要集中在公安、征地拆迁、资源审批、工伤认

作者简介 李保平，宁夏社会科学院社会学法学研究所所长，研究员。

定、房屋征收补偿等方面。在宁夏，行政复议案件也是呈现逐年增长趋势。2014年，全区共收到行政复议申请538件。2015年，全区各级行政复议机关受理的642件行政复议案件中，比2014年增加了135件，上升幅度为12.5%。2016年，全区各级行政复议机关共收到行政复议申请702件，受理647件，上期结转37件，共计684件，申请人总数558人。审结566件，未审结118件，结案率为82.7%。案件数比2015年增加了29件，上升幅度为4.3%。2016年，经人民法院判决撤销、变更、确认违法或无效、履行法定职责或给付义务、赔偿的行政应诉案件共105件，占整个受理案件的16%。从被申请人的情况看，县级政府和地市级政府是行政复议案件的重要发生区间。2015年，全区各级行政复议机关受理的642件行政复议案件中，乡镇政府作为被申请人的21件，占总数的3.3%；县级政府部门作为被申请人的423件，占总数的65.9%，县级政府作为被申请人的37件，占总数的5.8%，两者相加，占比高达71.7%；地市级政府部门作为被申请人的113件，占总数的17.6%，地市级政府作为被申请人的19件，占总数的3%，两者相加，占比为20.6%。2016年，县级政府部门作为被申请人的占总数的69.7%，县级政府占总数的5.4%，总占比为75.1%；地市级政府部门占比为14.4%，地市级政府占比为2.3%，总占比为16.7%。这些数据说明法治政府建设重心应该在基层，特别是市县两级政府。

从国务院法制办公布的全国行政复议案件审理结果看，2015年全国行政复议案件审结后确认违法、撤销行政决定、变更、责令履行案件占整个复议案件的百分比为13.34%，2016年占整个行政复议案件的16.75%。2016年，全区行政复议案件审结566件，其中确认违法、撤销、变更、责令履行占整个复议案件数量的30.8%，远远高出全国平均水平。经过法院审理的行政案件判决撤销、变更、确认违法或无效、履行法定义务或给付义务的行政案件2015年占复议案件总数的13.8%，2016年占受理行政案件的16%。由此可以看出，宁夏在依法行政方面还存在较大的差距，在有些部门和领域，这种情况有进一步加剧的趋势。

（二）法治政府建设与行政诉讼

行政诉讼主要指公民、法人或者其他组织认为行政机关和行政机关工作人员的具体行政行为侵犯其合法权益，依法向人民法院提起诉讼的行为。具体来讲，行政诉讼的程序设计，就是为了限制行政机关滥用权力，防止对公民、法人和其他组织的合法权益造成损害。行政诉讼的发案率，特别是行政诉讼的败诉率完全可以作为法治政府建设成效的衡量指标。近年来，宁夏行政诉讼案件呈快速上升态势，主要分布在公安、土地管理房屋拆迁、劳动和社会保障等领域。2015 年，全区法院受理各类行政案件与 2014 年相比上升了 205.89%，行政案件上升比率位列全国第一。2015 年审结的一审行政案件中，行政机关败诉率为 22.85%，与全国法院一审行政案件行政机关平均败诉率 14.68%相比，高出 8.17 个百分点。2016 年，宁夏各级法院依法受理各类行政案件与 2015 年相比上升了 9.5 个百分点，全区法院审结的全部一审行政案件中，行政机关败诉率为 24.71%，与全国法院一审行政案件行政机关败诉率 14.62%相比，高出 10.09 个百分点，与 2015 年相比，上升了 1.31 个百分点。2017 年 1—11 月，宁夏法院共受理各类行政案件 3267 件，同比增长 25.46%。违反法定程序、超越法定职权行使权力或不履行法定职责、不重视证据提交、适用法律错误、行政行为侵害相对人合法权益等是行政机关败诉的主要原因。

（三）法治政府建设与涉法涉诉信访

信访制度是我国特有的政府与人民群众沟通的渠道。信访一般是指公民、法人或者其他组织采用书信、电子邮件、传真、电话、走访等形式，向各级人民政府、县级以上人民政府工作部门反映情况，提出建议、意见或者投诉请求，依法由有关行政机关处理的活动。信访工作实际上是政府工作的一面镜子，它反映了政府工作的公正性、合法性和效率，是考察法治政府建设成效的重要理据。

2014 年，全区县级以上信访部门共受理群众来信来访 60109 件（人）次，同比下降 15.19%。2015 年，全区县级以上信访部门共受理群众来信来访 50828 件（人）次，同比下降 15.4%。2016 年，全区县级以上信访部门共受理群众来信、来访、网上投诉 55418 件（人）次，同比上升 6.7%。其中，受理的群众来信 1357 件（人）次，同比上升 5.4%；接待群众来访 9096 批次 52633 人次，同比批次和人次分别上升 23.7%和 4.0%；接到网上投诉1428件。受经济发展大环境影响，各类信访矛盾有所增加。2017年1—7月，自治区信访局共接待、办理群众来信、来访、网上投诉共计2092批次6127人次，特别是7月，自治区信访局共接待、办理群众来信来访、网上投诉共计369批次1489人次，同批次上升261.76%和人次上升94.9%，环比批次上升80%和人次上升144.9%，信访量大幅上升。从信访的类型看，主要集中在民间借贷集融资、环境污染、移民搬迁、旧城改造、征地拆迁、拖欠工资、社会保障等民生领域。

（四）法治政府建设与政府信息公开透明

早在2007年，国务院就制定了《中华人民共和国政府信息公开条例》，要求政府信息公开。公开公正是法治政府建设的基本要求，也是考察法治政府建设的主要指标。四中全会《决定》要求全面推进政务公开，以公开为常态、不公开为例外，推进决策公开、执行公开、管理公开、服务公开、结果公开。近年来，宁夏在政府信息公开方面做了大量工作，实现了政府网站全覆盖，出台了加强信息公开的制度规范，把信息公开作为落实法治政府建设的重要指标，尽管如此，还存在许多短板。中国社科院法治国情研究中心连续三年对国务院各部委、31个省级政府、49个较大市进行了透明度测评，撰写了中国政府透明度指数报告（2013、2014、2015）。从报告测评情况看，2013年，宁夏得分43.56分，位居全国省级政府26名，银川市得分36.44分，位列较大市39名；2014年宁夏得分50.13分，位居全国省级政府第30名，银川市得分37.47分，位列较大市44名；2015年，宁夏得分49.52分，位居全国省级政府30名，银川市得分30.91分，位列较大市倒数第一；2016年，中国社科院政府透明度指数报告没有对省级政府进行检查排序，而是选择若干县级政府进行测评，宁夏盐池县、平罗县入选，在全国抽查的100个县级政府中，盐池县、平罗县排名为72名和73名。银川市在较大市中名次有明显进步，从以前的倒数直接跃升为前16名，说明银川市在政府信息透明度工作方面有了较大改观。

（五）法治政府建设与腐败案件发生率

法治政府建设的目标就是科学合理界定政府与市场、政府与社会的关系，避免权力与资本的合流，最大限度遏制腐败现象的发生。虽然腐败现象是世界各国都普遍面临的问题，但从世界不同国家的发展历史看，凡是民主化、法治化程度较高的国家，虽然不能完全杜绝腐败，但腐败数量较少，已经不构成这些国家发展中面临的主要问题。相反，凡是民主化、法治化程度不高的国家，腐败指数较高，人们长期遭受腐败的困扰，社会长期处于动荡之重，腐败已成为制约这些国家经济社会发展的重要制约因素。所以，腐败指数和腐败案件发生率是衡量法治政府建设成效的重要指标。透明国际这个总部在德国柏林的非政府组织于 2016 年 1 月 27 日发布了“2015 年度全球腐败印象指数”，也就是“全球清廉指数”。这份报告对全球 168 个国家和地区的腐败程度进行评分，评级从 0 到 100，其中 0 表示最腐败，100 代表最清廉。最新发布的这份报告说，全球 2/3 的国家/地区的得分低于 50，全球的平均分为 43。在 2015 年清廉指数排名中评估的 168 个国家和地区中，中国得分为 37，比上年多了 1 分，排名第 83 名，较上年的第 100 名有所改善。2016 年，被统计的 178 个国家或地区，最高分 90 分，最低分 10 分，中国排名第 79 名，名次较 2015 年上升了 4 位，反映了党的十八大以来，反腐力度加大，反腐成效开始显现。与全国一样，十八大以来，宁夏反腐倡廉力度不减，节奏不变，形成对腐败现象的有力震慑。但我们也看到，由于腐败滋生的土壤还没有完全铲除，腐败现象虽然有所收敛，但由于存量较大，增量下降的趋势并不明显。课题组为了掌握宁夏 2017 年反腐领域的最新动态，对银川、石嘴山、吴忠、固原、中卫五市反腐倡廉工作进行专题调研，从调研情况看，反腐形势不容乐观，特别是基层腐败案件呈上升态势。调研显示，2017 年 1—9 月，银川市纪委立案 401 件，石嘴山市纪委立案 220 件，吴忠市纪委立案 370 件，固原市纪委立案 263 件，中卫市纪委立案 189 件，同上年同期相比均有较大幅度增加。以固原市为例，1—8 月，全市受理信访举报 409 件、处置问题线索 644 件、立案 263 件、结案 209 件、给予党政纪处分 207 人，同比分别上升 11%、70%、93%、67%和 67%。从案件发生层级看，虽然大量的案件多集中于村级，但也有不少案件发生在资源、权力富集部门，基本建设、土地出让、征地拆迁、招标投标、商品（服务）采购等领域腐败案件高发多发，说明法治政府建设还存在许多漏洞。大量腐败案件的发生并成为社会关注的焦点，说明宁夏法治政府建设在制度设计、规范制定与执行环节，都还存在一定的问题。

（六）法治政府建设与人民群众感受度

人民群众是否满意，是法治政府建设的唯一目标，也是检验法治政府成效的晴雨表。正如习近平总书记所说，我们所做的一切，都是为了人民，我们所创造的一切，都是为了与人民共享。法治政府建设从根本上说，就是要建设人民满意的政府。为准确掌握人民群众对法治政府建设的满意度，课题组没有采用传统问卷调查的形式，而是采取更能反映实际的访谈方式，对普通市民、企业经营管理人员包括一些房地产企业高管进行了访谈。从访谈结果看，近年来，宁夏普通群众对法治政府建设的成效总体还是比较满意的，行政审批制度改革和相对集中的行政审批服务体系的建设，大大方便了人民群众的生产生活，受到广大群众的热烈欢迎。但企业管理阶层对法治政府建设的成效褒贬不一，有些极端的观点甚至认为现在的政府比以前服务更差，为官不为、诚信缺失成为他们最为诟病的官员的行为。不同的职业对法治政府建设成效的感受可能不同，但相对在一些行业如此集中对一些官员的行为表达不满，而且这些行业涉及行政审批和资源分配，最能够反映法治政府建设的效果，说明宁夏法治政府建设距离人民群众的要求还存在一定的距离。

二、对宁夏法治政府建设的几点政策建议

中国政法大学 2017 中国法治政府评估报告显示，地方法治政府建设的总体水平持续进步，但仍在低位徘徊，法治政府建设在不少地方政府党政工作议程中尚处于较为边缘的位置，党政主要负责人自觉推进法治政府建设各项工作的意识仍然不充分。从该报告内容看，行政执法处于不及格的状态，说明行政执法是法治政府建设的短板，这也与我们前面对法治政府社会维度的分析相互印证。我们认为，从重视制度建设转变为更加注重制度法规实施应是未来几年宁夏法治政府建设的工作重心。

（一）进一步深化对法治政府的理解是建设法治政府的思想基础和认识前提

思想是行动的先导，没有思想的突破与革命，就必然没有实实在在的社会变革。西方国家发展的历史如此，中国历史的发展也如此。十一届三中全会被认为是我国改革开放的起点，但思想解放运动在此之前的真理标准问题讨论时就已经开始，正是真理问题的讨论，为十一届三中全会后的改革开放做好了思想准备。法治国家建设是实现中华民族伟大复兴的必由之路，在法治国家建设中，法治政府建设居于重要的地位，是法治国家建设的风向标，决定着法治国家建设的成败。法治国家建设的目标虽然从党的十五大就已经提出，但由于种种原因，人们对法治的理解还没有形成共识，导致法治国家建设行动上的不确定性甚至不断出现反复。党的十八大以来，特别是党的十八届四中全会《决定》明确了中国特色社会主义法治国家的宏伟蓝图和实现路径，推动了法治国家、法治政府、法治社会建设进入新的阶段。加强对法治政府建设意义的认识，不能拘泥于个人或团体甚至集团利益，需要从国家治理体系与治理能力现代化的高度看待这场改革，需要从我国现阶段面临的复杂严峻的国内、国际形势的视角看待这场改革，需要从突破中等收入发展陷阱，实现中华民族伟大复兴的高度来认识这场伟大的变革。法治不是经济发展到一定阶段的奢侈品，法治是经济社会发展的重要推动力量。只有如此，我们在法治政府建设过程中才能统一思想，减少改革的阻力，推进法治政府建设顺利实施。所以，加强法治政府建设的理论宣传教育，筑牢法治政府建设的思想基础尤为重要，是法治政府建设的基础性工程。法治政府建设实践中，人们重视制度规范建设而往往忽视思想宣传教育工作，这是应该引起我们高度关注的一个问题。

（二）注重法治政府建设规范的实施，防止制度虚置是法治政府建设的关键

建设法治政府，需要制定科学规范的制度和规范，把权力关进制度的笼子。在宁夏法治政府建设过程中，也制定了一系列制度规范，但毋庸讳言，制度规范得到落实和尊奉的程度不尽如人意，制度规范虚置现象普遍存在。其客观表现就是各地法治政府建设要求一样、制度规范同一，但发展水平参差不齐，政府职能转变明显不均衡和不到位。法律的生命力在于实施，法律的权威在于得到人们的尊重，制度的权威也在于实施，否则便形同虚设。在进一步完善制度规范的同时，把工作重点从制度规范制定转移到制度规范的具体执行和实施上来，是宁夏下一阶段法治政府建设取得实效的关键。

（三）信息透明和信息公开是法治政府建设的基本要求和重要保障

权力滥用的一个重要原因就是权力不透明，打造阳光政府，让权力在阳光下运行是防止权力腐败的重要手段，也是法治政府的必然要求。党的十八届四中全会《决定》指出，要坚持以公开为常态，不公开为例外原则，推进决策公开、执行公开、管理公开、服务公开、结果公开。总之，除涉及国家秘密和个人隐私外，一切信息都要向社会公开。近年来，宁夏政府信息公开取得一定成绩，各级政府普遍建立了信息公开制度和公开平台，但还存在信息公开不及时、该公开的不公开、依申请公开的答复不及时或没有答复等情形，财政预算、公共资源配置、重大建设项目批准实施、社会公益事业建设等方面的信息公开不足，与全国兄弟省区相比，宁夏信息公开还存在较大距离，对宁夏招商引资和公众形象造成一定的负面影响，这是我们下一步工作应该重点加强的领域。

（四）搭建统一征信平台，强化政府公信力，着力解决新官不理旧账是法治政府建设的重要条件

政府公信力是社会公信力的重要来源和指引，如果政府缺少公信力，要求公民诚信，无异于缘木求鱼。守法诚信是法治政府的基本要求，也是推进社会诚信体系建设的重要环节，因此，加强政府的诚信建设，提升政府的公信力有着重要的现实意义。诚信是巨大的社会资本，也是一种稀缺社会资源，缺少诚信的社会是一种病态社会，不但会损害社会有机体的统一，也会影响经济社会发展。所以，加大包括诚信在内的社会资本积累，是保障中华民族伟大复兴的重要条件。四中全会《决定》要求加强社会诚信建设，建全公民和组织守法信用记录，完善守法诚信褒奖机制和违法失信行为惩戒机制，使尊法守法成为全体人民共同追求和自觉行动。目前，宁夏诚信体系建设取得了一定的进展，建立了公民、企业、社会组织的社会征信平台，但这些平台各自为政，信息无法共享，尤为重要的是政府作为社会诚信体系的重要组成部分，还没有纳入征信信息平台，导致宁夏征信体系存在结构性缺陷。打造全区统一征信信息平台，将个人征信、企业征信、社会组织征信和政府征信纳入统一信息平台，接受社会监督，是打造诚信守法政府的重要举措，也是法治政府建设的应有之义。

（五）推进法治社会建设，增强全社会法治意识是法治政府建设的基础性工程

法律的权威源自人民内心拥护和真诚信仰。政府源自社会，政府的组成人员也是社会的一分子。总之，不管是政府本身还是政府组成人员，都无法脱离社会而独立存在。所以，没有法治社会，就不可能建成法治政府，法治社会与法治政府是相互促进、互为保障的关系。在法治社会建设中，树立全民法治意识，明确有权力就有责任、有权利就有义务，建设社会主义法治文化意义尤为重大。四中全会《决定》要求把法治教育纳入国民教育体系，从青少年抓起，在中小学设立法治知识课程，加强新媒体新技术在普法中的运用，提高普法实效。上述工作，宁夏在具体落实中还存在人员素质、资源配置、重视程度不够、落实不力等一些问题，需要我们在今后的工作中高度关注。

（六）建立客观公正的第三方评价制度是法治政府建设的标尺杆、助推器

法治政府建设的成效如何，需要进行科学的评价。评价并不只是一种排名，同时也是找出问题、寻求解决问题的过程。正因为如此，具有公正性、客观性的第三方评价对法治政府建设意义重大。《法治政府建设实施纲要（2015—2020年）》提出要强化考核评价和督促检查，要求各级党委要把法治建设成效作为衡量各级领导班子和领导干部工作实绩的重要内容，纳入政绩考核指标体系，充分发挥考核评价对法治政府建设的重要推动作用。为加强法治政府考核，宁夏专门印发了《宁夏回族自治区法治政府建设考评办法》，建立了法治政府考核的具体形式。2017年，又将将法治政府建设考核分值增加到7.5分，这些措施，对推动宁夏法治政府建设有着重要的价值和作用。但同时我们看到，目前的考核体系和考核制度，基本上还是一种体制内部的考核，缺少社会力量特别是人民群众的广泛参与，从而影响了考核结果的公信力和影响力。建立具有较强权威性的第三方评价制度，是宁夏法治政府建设需要补齐的短板。

（七）全面落实人大监督、民主监督、社会监督、新闻舆论等监督制度是法治政府建设的外部促进力量

权力只有被监督，才能保证行走在正确的轨道上。四中全会《决定》提出，要加强党内监督、人大监督、民主监督、行政监督、司法监督、审计监督、社会监督、舆论监督制度建设，努力形成科学有效的权力运行制约和监督体系，增强监督合力和实效。上述监督均存在于我国现有的制度框架内，可谓多头监督，但现实监督的实效确不能令人满意，除我国现有的权力结构配置不科学外，一个重要的原因是监督机构虽多，但大多流于形式，实际上能够发挥作用的监督很少。全面落实各项监督制度，特别是发挥人大的权力监督、审计监督、新闻舆论监督、社会监督的作用，强化监督机构切实履行监督职责是法治政府建设的重要推动力量。

（八）坚持立法先行，做到改革于法有据，推进国家治理体系与治理能力现代化是法治政府建设的根本路径

我国现行的治理体系发端于苏联，形成于革命战争年代，在计划经济时期进一步得到强化。十一届三中全会以来，改革的一个重要内容就是打破原有的治理体系，建立科学合理的治理结构。虽历经反复和曲折，这个任务到今天仍然没有完成。推进国家治理体系与治理能力现代化仍然是十八届四中全会《决定》确定的发展任务与奋斗目标。在法治政府建设过程中，之所以屡屡出现权大于法，以改革为名行破坏法治之实，或者改革的动机虽好，却与法无据，或者改革虽有一定的成效，但却付出高昂的法治代价，或者法治政府建设随经济形势变化而不断反复等情形，一个重要的原因是我们没有建立起科学的治理体系和权力结构，法治的权威还没有得到人们普遍的遵循。法律具有滞后性，这是法律的基本特征，如何解决改革与法治的关系，四中全会《决定》已经作出了明确的规定，上海自贸区、雄安新区等改革试点地区也给我们提供了解决改革与法治张力的现成模板。

法律并不是改革的阻力，也不是反对改革的理由。在改革的过程中，如果遇到需要突破现行法律的情形，一定要保持对法律的尊重和敬畏，通过法治的方式解决冲突，如果任由行政权力挑战法治权威，表面看似取得了一些成效，但却是以破坏法律权威为代价的，对法治政府、法治国家建设将会产生致命伤害。

法治成为宁夏未来发展核心竞争力的重要标志之我见

贾德荣

人类社会自诞生至今，存在过两种基本的治国方式，即人治和法治。法治是政治文明发展到一定历史阶段的标志，是当今民主国家治国理政的基本方式。自治区第十二次党代会报告指出：“法治是国家治理体系和治理能力的重要依托，必须加快依法治区进程，让法治成为宁夏未来发展核心竞争力的重要标志。”这一新提法，表明全面推进依法治区，建设法治宁夏进入一个新阶段，也体现了宁夏以地方法治实践贯彻落实中央依法治国重大战略的思想自觉和行动自觉，在宁夏的法治发展史上具有里程碑的意义。

一、法治必然是宁夏未来发展的核心竞争力的重要标志

自治区第十二次党代会报告是宁夏未来五年的行动纲领和实践指南，大力加强法治宁夏建设，使“法治成为宁夏未来发展核心竞争力的重要标志”的新要求是积极推进国家治理体系和治理能力现代化，建设社会主义法治国家在宁夏的实践和探索。

（一）法治是促进宁夏发展的有力保障

过去五年，宁夏全区各项事业取得重大成就。但不可否认，在前进的

作者简介 贾德荣，宁夏党校法学教研部副主任，教授。

路上，宁夏还面临着诸如发展不足、产业层次较低、基本公共服务水平较低、脱贫攻坚任务艰巨等不少困难和问题，这些困难和问题，归根结底都是由于发展不足造成的，发展不足是宁夏最大的实际。解决好发展问题，就需要大力实施“三大战略”，抓好“五个扎实推进”重大任务。重大任务的战略推进，必然会触及更多深层次矛盾，必然涉及利益关系深度调整，复杂性和难度前所未有。我们要坚定不移的深化改革，推动宁夏各项事业发展，必然要发挥法治的引领和保障作用，最大限度地调动区域治理的积极性、创造性和有效性，着力解决宁夏发展过程中遇到的各种具体问题，进而总结经验，提出方案推进改革和发展。

（二）法治是维护公平竞争的基本手段

市场经济与竞争相伴而生，只要实行市场经济体制，市场竞争就必然存在。只有在市场经济条件下，才会有充分的竞争。市场经济是竞争性经济，它在客观上必然要求有维护自由公平竞争的必要规则，以规范各个市场主体的行为，否则，市场机制就会失灵或扭曲，经济生活必然陷于混乱。这个规则就是法律，维护自由公平竞争的手段就是法治。“在一个充满竞争的世界里，法治是影响一个国家和社会竞争力的核心要素。在国际竞争中，法治不仅仅是一种制度框架，更是一种产品、一种品牌，是一个国家和社会向别人推销自己时的一种无形的资源。”法治是市场经济的内在要求，社会主义市场经济本质上就是法治经济，通过法治防范各种形式的垄断或不正当竞争，规范市场竞争秩序，有效地维护各类市场主体平等参与竞争，保障公平、公正、公开地配置各种资源，保障公平地实现利益分配和再分配，保障市场经济的有序运行，是宁夏经济社会发展的必然要求。

（三）法治是衡量宁夏社会发展文明程度的重要标志

文明是标识人类的进步程度和状态。人类社会经历了原始文明、农业文明、工业文明三种文明形态，现正步入生态文明时代。在新的文明时代，法治成为文明社会的基本表征和重要推动力量。法治在本质上是一种文明秩序，它与道德文明秩序、宗教文明秩序一样，是人类文明秩序的一种，它是社会制度文明结构和职能的核心，已成为社会治理的最佳方式，所有其他社会治理的手段只能从属于法律并在法律确定范围内行使。衡量宁夏乃至全国社会发展的文明程度，法治是不可或缺的重要表征，法治必将成为未来社会发展的核心竞争力。

（四）法治是深化依法治国实践的必然要求

“全面依法治国是中国特色社会主义的本质要求和重要保障”，“全面推进依法治国是国家治理的一场深刻革命，必须建设厉行法治”。自从党的十五大提出“依法治国，建设社会主义法治国家”基本治国方略以来，依法治国取得显著的进步和成就，民主法治建设迈出重大步伐。但“中国特色社会主义进入新时代，我国社会主要矛盾已近转化为人民日益增长的美好生活需要和不平衡不充分的发展之间的矛盾”，“人民美好生活需要日益广泛，不仅对物质文化生活提出了更高要求，而且在民主、法治、公平、正义、安全、环境等方面的要求日益增长”，法治既是人民美好生活的需要，也成为深化依法治国实践的必然选择。

二、法治成为宁夏未来发展核心竞争力重要标志的困境及原因分析

经过多年努力，宁夏法治建设取得长足进步，但与党的十九大提出的“深化依法治国实践”“深刻革命”的部署，与自治区第十二次党代会的要求相比，还有不小差距亟须弥补。

（一）地方立法工作亟须加强

一是地方性法规和政府规章的起草质量有待提高。宁夏立法，在内容上追求“大而全”；有些立法语言欠缺准确性，有些条款规定不明确、不具体，法律条文的可操作性不强。二是立法缺乏地方特色，存在照抄照搬情形。宁夏立法，对中央立法往往只起到上传下达的作用，对地方立法存在着模仿、克隆，联系实际不足，创新性立法不够。三是立、改、释、废工作跟不上社会发展的需要。比如，立法调研主要集中在相关行政部门，较少深入基层群众，群众的立法诉求难以满足；许多地方性法规和政府规章修订和清理不及时，老化现象严重。四是人大代表立法的主观能动性不足。部分人大代表立法意识淡薄，立法被动应付多于主动参与；代表提出立法议案机制有缺陷，立法机关对代表提出的议案存在重形式轻实效的现象。

（二）政府工作法治化水平较低

一是行政法治观念还没有完全确立，与行政法治相适应的服务行政理念远未真正形成。目前，一些与依法行政不相适应的观念仍然存在，对处理“放”和“管”的关系上存在误区，没有有效理顺政府与市场的关系。二是行政执法存在诸多问题。当前，行政执法体制不顺，导致上下级政府间、不同政府部门间权责脱节，执法分工过细，机构重叠，职责不清；程序不健全、权责不统一，执法目的与立法目的相悖。三是行政监督制约机制不健全。多数监督主体在人财物等方面隶属于政府部门，没有独立性；监督法律不健全，监督制度“虚置化”，完整的行政监督体系尚未完全建立和形成；对监督主体的监督权缺乏必要的保护，严重压抑了监督主体监督的积极性；监督信息沟通和分享机制不健全，影响监督体系的正常、有效的运行；监督责任追究机制没有有效发挥作用，存在监督慢作为不作为现象。

（三）推进公正司法、提升司法公信力困难重重

一是司法行政化、地方化阻碍司法机关独立行使司法权。我国司法体制的构成和运作上套用行政机关的模式，并且在体制上没有完全实现司法审判和司法行政的分立，造成“审而不判，判而不审”的现象。同时，司法权受到地方党政机关及个人的不当影响、干预，严重影响了司法的公正性和公信力。二是司法人员整体素质与实现公正司法目标还有差距。尽管实行员额制后，第一线司法人员的“量”有所增加，但与司法工作要求相比，仍显不足。而且，司法人员的“质”不高，司法人员的法学理论水平提升速度较慢，存在吃老本，凭经验，机械地执行法律条文等现象，影响司法权威。三是司法公开还不能满足社会需要。在司法实践中，司法公开的价值和意义未得到充分认识，司法公开更多地被定位于司法权力的运行方式，而不是当事人和社会民众权利话语的表达方式；公开范围相对狭窄，当前司法公开中偏重审判信息公开和裁判文书公开，对其他审务信息，往往以涉及国家秘密、当事人隐私为由不予公开；司法公开保障机制缺失。四是司法监督机制不健全。表现为人大监督力度不够，尤其是地方人大个案监督的实践缺乏规范性指引，往往使独立行使司法权受阻；社会监督缺乏力度，新闻监督缺乏规范，导致不能全面覆盖被监督权力。

(四) 法治宣传教育不尽如人意

一是对法治宣传教育重要性的认识不足。一些地方和部门领导重视经济工作，把法治宣传教育与经济工作对立起来，采取消极应付的态度。有些领导“权大于法”的观念根深蒂固，实际工作中常常以权代法、以权压法。部分领导把普法工作当作软任务或一般性工作，在普法工作中被动应付，工作停留在表面。二是没有建立法治宣传教育的长效机制。法治宣传教育的组织领导机制、经费保障机制、督促检查机制、考核评价机制等方面的长效机制还没有完全建立起来，领导责任不落实，经费难于得到保障，对基层和部门也没有刚性的制度约束，致使有的地方在组织开展法治宣传教育工作中被动应付，缺乏应有的主动性和经常性。三是没有建立法治宣传教育效果评估体系。法治宣传教育评估主要采取的还是上级对下级的评估，公众、中介组织等第三方力量参与不足。教育目标由政府提出，指标由政府设计，各种考核与奖惩制度也完全由政府设定，缺乏多元参与。有关评估结果的信息没有向社会发布，决策者和管理者对评估结果的关注度不足，评估结果运用效率较低。

三、法治成为宁夏未来发展核心竞争力重要标志的基本路径

法治建设是一项系统性工程，也是一项长期性的工作，不可能一蹴而就。让法治成为宁夏未来发展核心竞争力的重要标志，在当前及今后相当长的一段时期内，宁夏应重点做好以下几项工作。

(一) 加强和改进地方立法工作

一是明确立法指导思想。要坚持党的领导。地方立法要体现党的领导，体现党的路线、方针、政策。要坚持实事求是的原则。地方立法，要以发展经济和保障人民生活为中心，以党和政府作出的调整社会关系的重大决策为指导，去确定立法方向。要坚持以人民利益为中心。必须做到“开门立法”，通过各种形式使人民群众参与立法其中，准确全面反映人民的利益。

二是加强重点领域立法。抓紧抓好实施创新驱动战略方面的立法，完善保护和鼓励创新的相关立法，让法治转化为增长的动力、创新的能力；实施脱贫富民战略方面的立法，把有关社会福利、社会救济、社会保险方

面等涉及民生问题的事项纳入立法决策的范围，进一步建立完善社会立法模式；实施生态立区战略方面的立法，修订完善生态建设、环境保护、资源节约等方面的法规规章，以满足生态文明建设的法治需求和保障。

三是创新和健全地方立法机制。要发挥人大在立法中的主导作用。要通过立法规划、立法计划，加强对立法工作的统筹安排；要完善公众参与立法机制，拓宽公民有序参与立法途径，健全法律法规规章草案公开征求意见和公众意见采纳情况反馈机制，广泛凝聚社会共识；健全立法机关和社会公众沟通机制，充分发挥政协、民主党派、社会团体、社会组织及民主人士在立法协商中的作用。

四是提高立法技术。要科学设计立法规则，加强立法技术论证和分析，以保证规则设计的科学性。立法语言要严谨、规范，符合逻辑，不能过于抽象、原则，或有歧义。立法内容要具有前瞻性，同时要避免过于超前。

（二）深入推进依法行政，建设法治政府

一是牢固树立行政法治理念。理念是行为的先导，有什么样的理念，就有什么样的行为。深入推进依法行政、建设法治政府，要求树立科学、先进的行政法治理念，即要树立宪法法律至上理念、责任与服务理念、权力制约理念和诚信理念。

二是深化行政执法体制改革，推进行政执法规范化建设。要继续积极推进政府职能转变，调整职能结构，建立行为规范、运转协调、公正透明、廉洁高效的行政管理体制。继续推进综合执法，完善公共财政保障机制，严格执行“收支两条线”制度。要积极推进电子政务建设，推进政府上网工程的建设和运用，扩大政府网上办公的范围，全面推进政务公开。

三是健全行政执法责任制，强化行政监督。要健全行政监督机构，完善行政监督机构的自我约束机制，加强自我监督效果。完善人大监督职能，强化与民主党派、社会团体、人民群众以及新闻舆论的监督合力，共同行使好监督权。建立监督直接责任人和监督失职连带责任追究制度，出台激励政策，尝试建立创新职级高升机制，完善职级高升渠道，健全公务员福利、奖励制度，促进公职人员依法行政。

（三）推进公正司法，提升司法公信力

一是进一步完善公正司法的保障体制机制。要完全实现省以下司法机关人、财、物由省级司法机关统一管理，使司法机关逐步去除地方化，同时要逐步实现司法行政事务管理权与审判权、检察权相分离，审判权与执行权相分离；要推进以审判为中心的诉讼制度改革，充分发挥庭审的功能；要严格实行办案质量终身负责制和错案责任倒查问责制，确保审理者裁判，裁判者负责。严格落实领导干部干预司法活动、插手具体案件处理的记录、通报和责任追究制度，保障司法活动不受非法干预。

二是加大司法公开力度。应明确司法机关主动公开内容和依申请公开内容的范围，健全依申请公开的程序制度。建立司法透明指数的考核制度，设计科学合理的指标体系，促进司法公开。利用信息技术和互联网平台，加强与新闻媒体、社会公众的沟通和意见建议的有效传递，构建和谐规范的公开机制，建立相应的反馈机制，尽可能使司法活动公开透明。

三是完善司法权力运行监督制约机制。要加强检察机关对司法活动的法律监督，努力让人民群众在每一个司法案件中感受到公平正义。要进一步完善人民陪审员制度。要保障公民陪审权利，扩大参审范围，逐步实施人民陪审员不再审理法律适用问题，只参与审理事实认定问题。要完善法官、检察官办案责任制，落实谁办案谁负责，确保案件处理经得起法律和历史的检验。

四是加强司法人员的职业保障体系建设。要健全司法人员履行法定职责保护机制。非因法定事由，非经法定程序，不得将法官、检察官调离、辞退或者作出免职、降级等处分。要进一步完善法官、检察官的等级制度、薪酬制度和退休制度，保障法官、检察官能够享有社会较高的收入水平、较高的社会地位。建立健全法官、检察官管理与司法辅助人员管理的衔接制度。在对司法辅助人员进行合理管理时，应当充分考虑其上行空间，为其进入法官序列设置一定的通道。

（四）加强法治宣传教育，营造良好法治环境

一是确立以培育公民法律信仰为最终目标的普法价值取向。要通过不断完善法律制度来推动法律信仰的形成。要加强立法的民主化、科学化，提升地方立法质量，以“良法”助推法律信仰的形成。要在法治实践中培育法治信仰，树立宪法法律至上、法律面前人人平等的法治理念。要让老百姓在科学立法、严格执法、公正司法、全面守法的具体实践中感受到公平正义，获得切实帮助，自然生成法律信仰。要通过保障法律实施效果来推动法律信仰的形成。这要求各级领导干部要带头守法，积极维护社会主义法治的统一、尊严和权威；要求各个机关严格履职尽责，保障人权，实现公平与正义，维护法律权威与秩序。

二是健全普法责任制。要严格执行“谁执法谁普法”“以案释法”制度，加强普法讲师团建设、普法志愿者队伍建设，加强司法、行政执法案例整理编辑工作。落实“谁主管谁负责”的普法责任，各行业、各单位要在管理、服务过程中，结合行业特点和特定群体的法律需求，开展法治宣传教育。

三是创新普法方法，普及法律知识。要把法治教育纳入精神文明创建内容，开展群众性法治文化活动，健全媒体公益普法制度，加强新媒体新技术在普法中的运用，提高普法实效。要运用报刊、广播、电视、互联网等多种传媒，精心组织各种法治宣传教育活动，增强法治教育的科学性、准确性，防止片面性。要坚持集中法治宣传教育与经常性法治宣传教育相结合，完善工作标准，建立长效机制。充分运用互联网传播平台，加强新媒体新技术在普法中的运用，推进“互联网+法治宣传”行动。

四是建立法治宣传教育评估体系。要制定法治宣传教育考核评估指标。评价指标的确定要遵循指标的选择设计，要符合客观实际，具有针对性、可测性和可操作性，评估指标体系与评估对象的战略目标、绩效评估的目的三者之间应相一致。法治宣传教育工作考核评估指标应包括组织领导指标、普法重点对象和内容指标、法治宣传形式和载体指标及工作保障指标等几项。同时，要利用评估结果指导法治宣传教育创新。要通过对法治宣传教育绩效评估结果的分析，指导法治宣传教育工作的创新。

关于宁夏PPP立法的若干问题研究

张　芳　王　晟　张海立

PPP模式经过多年的运行为社会公共服务体系建设发挥了重要的融资作用，但是PPP模式涉及的法律关系复杂，领域广泛，由于制度体系不完善，在运行中暴露出了许多问题。运行好PPP模式，顶层设计是关键，法律法规是保障，需要制定全面的规则与标准体系，形成公开透明的政策制度环境，促使合作双方信守约定，依法履行权利义务。

一、PPP模式的基本内涵

（一）基本内涵

PPP模式（英文为Public Private Partnership）是政府和私人之间的一种合作。对它定义的核心就是明确政府和社会资本共同分担风险，并且于项目完成后共同分享收益，双方合作的内容是关于基础设施建设和公共服务领域的工程项目，合作方式主要是政府负责确定合作项目、提供实施方案、进行评估验收监督监管等事宜，社会资本负责对项目的建设、运营、维护承担主体责任，通过享受公共服务的使用者付费、政府的必要付费补贴等

作者简介　张芳，自治区政府研究室社会处副处长；王晟，自治区政府法制办主任科员；张海立，自治区政府办公厅主任科员。本文为2017年自治区法学会立项课题部分研究成果。

形式来获得收益。广义 PPP 是指政府与私人之间为提供社会公共服务而建立的伙伴型合作关系，建设范围有现有基础设施、扩建和改造、新建基础设施等方面。狭义的 PPP 融资模式主要方式是政府通过竞争性方式选择优质的社会资本方开展合作，合作中一般要成立专门的合作公司，由专门公司负责合作项目的筹资、建设和运营。本文主要围绕狭义 PPP 模式的四个阶段进行相关分析研究。

（二）PPP 模式的主要特点分析

1. 交易结构的复杂性

PPP 模式下合作的主体包括政府和社会资本，涉及的利益主体为不特定的社会公众，合作双方签订的合同体系庞杂，既包括主合同，又包括为主合同服务的具体领域合同。

2. 参与主体的非对称性

在 PPP 模式运作中，参与主体是非对等的。其中，政府处于强势地位，掌握了项目，形成了土地和金融财税等政策资源，具有审核审批及监督权，需要统一的法律对其进行规制和约束。社会资本方处弱势地位，是在政府的政策框架内开展业务，要完全按照协议要求如期完成项目，确保提供的基础设施建设和公共服务产品高质量、高效率。

3. 社会资本的逐利性

社会资本方参与 PPP 模式核心的目的是通过获得项目的实施权，实现预期收益。一般情况下，政府依据社会资本的专业技术水平、经营能力、经济实力及财务实力选择社会资本，社会资本通过竞争性方式获得项目实施权后，进行有效投资和生产建设，精心负责项目的建设、运营，项目完成后双方将通过让“使用者付费”或政府补贴等方式得到预期的经济回报，最终将投资成本以利润的形式被社会资本收回。

4. 项目投资的长期性和巨额性

PPP 项目主要适用于基础设施和公共服务领域，包括教育培训、健身、养老服务、医疗等，它们的受益人群是广大社会公众，具有庞杂性、可利用性、可持续性等特点。同时，项目由于生命周期较长，工程量复杂综合，项目建设的资金量必然巨大，一般的会有上千万、几个亿，更有甚者为几十亿的规模。

二、PPP 模式发展现状和政策法规制定现状

(一) 我国发展现状及政策法规制定情况

自 20 世纪 80 年代开始，PPP 模式就在我国开始探索运行。截至 2016 年 12 月，全国入库项目 11260 个，投资额 13.5 万亿元。其中，已签约落地的 1351 个，投资额 2.2 万亿元；国家示范项目 743 个，投资额 1.86 万亿元。

目前，PPP 在全国还没有统一立法，相关规定散见于国务院、发改委、财政部等部门文件，截至 2016 年，相关部门出台了 35 份有关 PPP 的政策文件。其中，国务院出台了《关于在公共服务领域推广政府和社会资本合作模式的指导意见》《关于深化投融资体制改革的意见》等，国家发改委出台了《关于开展政府和社会资本合作的指导意见》《基础设施和公用事业特许经营法（征求意见稿）》等系统性文件，财政部出台了《关于推广运用政府和社会资本合作模式有关问题的通知》等，以上政策文件虽然对 PPP 模式产生了一定的监管作用，但因分散和碎片化，无法有效统领 PPP 模式健康运行。

(二) 宁夏发展现状

自 2014 年开始，宁夏就积极探索在公共服务领域实施政府和社会资本合作模式。为了更好地推广 PPP 模式，自治区发改委牵头建立了 PPP 项目库，分批向社会各界发布 PPP 合作项目。被列入库中的项目主要是基础设施和公共服务领域。2017 年，自治区发改委确定拟对全区 16 个项目采取 PPP 模式建设，总投资 91.49 亿元。其中，银川市 5 个，总投资 28.28 亿元；石嘴山市 3 个，总投资 15.25 亿元；吴忠市 4 个，总投资 28.7 亿；固原市 1 个，总投资 6.3 亿元；中卫市 3 个，总投资 12.96 亿元。财政厅通过制定 PPP 项目实施细则和推进方案，扎实推进项目库建设，对 39 个自治区示范项目给予以奖代补，稳步推进项目实施。截至 2016 年，全区纳入财政部政府和社会资本合作（PPP）综合信息平台管理的 PPP 项目共 72 个，投资总额 1739.78 亿元。

宁夏关于PPP也没有统一立法，相关规定散见于政府及各部门的规范性文件中。自治区政府印发了《关于批转自治区财政厅、发改委、人行银川中心支行推广政府与社会资本合作模式的指导意见的通知》和《关于进一步推进政府和社会资本合作模式（PPP）的实施意见》，自治区财政厅印发了《关于推广运用政府和社会资本合作模式有关问题的通知》，转发了财政部PPP操作指南（试行）、PPP项目“物有所值”和“财政承受能力”论证指引等系列文件，初步建立了PPP相关规章制度。

三、从法律角度分析宁夏PPP模式运行中存在的主要问题

（一）缺乏统一的顶层法律制度

目前，国家关于PPP统一立法还没有完成，PPP合作项目主要依据《合同法》《政府采购法》等单个领域法律及部委的规范性文件。但是，从上层来讲，国家发改委和财政部两部委职责分工不清晰，出台的一些规范性文件不一致甚至相互冲突。相应地，自治区发改委、财政厅都是依据各自的上级主管部门出台了落实政策，部门间协调配合尚不完善，有关行业标准体系不健全，绩效考核办法不完善，造成项目在推进中不可控因素较多，影响了实施效果。

（二）合作各方缺乏足够的社会契约精神

一方面，政府诚信问题不可避免。一直以来，地方政府因换届、规划变更等原因，常常出现单方违约和不信守承诺行为，给社会资本投资产生较大的负面影响。部分项目因为政府经验不足导致合同中权利义务约定不合理、事后发现无法承受，但未依法通过仲裁、诉讼等渠道合理解决。另一方面，某些企业也缺乏诚信意识。项目运作中，部分民营企业也没有做到诚实守信，甚至出现以较低价格获得项目建设经营权后，以资金困难、经济形势不景气等理由要求政府提价，这严重影响了公共服务项目的进度和质量。

（三）利益分配机制不完善

当前，由于国家出台的指导性文件针对性不强，政府运用PPP模式撬动社会资本参与基础设施、公共服务领域建设，没有完善的利益分配机制，

影响了这一模式的正常运转。一直以来，大多数社会资本更倾向于投资一些期限短、收益高，能够稳定快速见成效的项目，对于铁路、公路、综合管廊等基础设施和公共服务的项目，如果没有统一立法保障，政府对 PPP 投资规模测算的随意性大，投资回报率和回收期等投资收益论证不够严谨，很难保证社会资本稳定的收益。

(四) 风险防控机制不健全

从政府方面讲，一些地区不按照规定编制资产负债表和现金流量表，不按照规定论证财政承受能力；一些地区钻定性评价主观性较强的空子，只要项目有社会资本愿意合作，定性评价就予以通过。种种打折扣、搞变通的手段，让财政风险防范缺乏硬性标准约束，减弱了对地方政府财政风险的防范效果。从社会资本方面讲，社会资本承担的风险多，一定程度上能够刺激项目的管理效率和控制能力，但当社会资本承担的风险到达临界点后，它就不能有效控制风险。

四、国内外 PPP 制度先进经验

(一) 国外先进经验

1. 英国

作为 PPP 模式发源国，英国的 PPP 市场高度成熟发达，独特的 PFI 制度闻名于世，PPP 相关法律规范比较完善。英国作为不成文法国家，没有制定 PPP 法典，而是制定颁布各种政策性文件给予指导，如“PPP 政策和指导”（Public Private Partnership Policy and Guidance）、“采购和合同管理”（Procurement and Contract Management）等。

2. 美国

美国通过《联邦财产与行政服务法》《联邦采购优化法》《克林格——卡亨法》等相关方案、行政令和总统备忘录等构筑了完备的政府采购体系。在联邦制国家的美国，各州可以根据实际需求制定政策。2017 年，美国已有 37 个州进行了 PPP 立法，大部分州对 PPP 项目制定了专门的政府采购程序。

（二）国内先进经验

1. 浙江省：政府大力扶持引导

浙江省以省财政厅、发改委为牵头单位，积极试点探索，在基础设施建设和公共服务领域逐步推广 PPP 模式。省政府选择基础好、工作实、思路新的市县开展 PPP 试点，对推广 PPP 模式成效显著的市县进行奖励。浙江省政府为了鼓励社会资本，出资 100 亿元设立 PPP 项目基金，引导和撬动社会资本投资，省财政厅牵头组建 PPP 咨询服务机构，专门服务于 PPP 项目合作各方。

2. 安徽省：设立 PPP 引导基金

安徽省通过拓宽项目融资渠道、优化投资风险，采取政府与金融机构、社会资本共同设立 PPP 引导基金的方式破解融资难题。同时，组织金融机构和国企、民营企业等共同组建 PPP 产业联盟，签订联盟公约，共同参与 PPP 项目的投融资、建设运营，通过风险共同承担、收益共同分享，加快了 PPP 项目的成功合作。

五、推动宁夏 PPP 统一立法的若干建议

（一）宁夏 PPP 立法的总体设想和思路

1. 做好顶层设计，尽快启动立法

2017 年，根据国务院 2017 年立法工作计划，将《基础设施和公共服务项目引入社会资本条例》列入，界定政府与社会资本双方的权利义务即将有了法律依据。上半年，该条例的起草获得了实质性的进展，由国家发改委、国务院法制办、财政部共同起草的《基础设施和公共服务领域政府和社会资本合作条例（征求意见稿）》已向社会公布，征求各界意见，如果意见后成熟，有望尽快出台。宁夏作为国家内陆开放型经济试验区，作为国家空间规划（多规定合一）试点省份，应充分发挥民族地区和作为内陆开放型经济试验区可以“先行先试”的政策优势，也要尽快组织对 PPP 进行立法，制定全面的规则和标准体系，让这一立法在政府与市场合作领域发挥统领作用，形成公开透明、清晰有效的政策法规制度体系。

2. 立法必须坚持契约精神和法治原则

一是要坚持契约精神，明确政府和社会资本之间是契约关系，双方是平等的两个法律主体，要通过签订规范合理的法律合同，建立利益与风险分担机制。二是要坚持法治原则，通过法律的明确界定，化解各种不确定性和不稳定性。通过规定严格的法律程序、法律权利义务、法律责任、出现违约的救济方式等基本内容，使政府和社会资本的行为都可预期，风险和收益也都可预期。

3. 总体思路

宁夏进行 PPP 立法宜以条例的形式制定《宁夏回族自治区政府与社会资本合作条例（试行）》，由自治区人大颁布，在全区试点出台。该条例要以实现“促规范、防风险”为目标，除了要界定基本概念、基本原则、基本法律关系、法律责任外，重点突出政府和社会资本权利义务、利益保障机制、风险防范机制、退出机制、处罚机制等，要强调实体权力的配置和财政政策的制定与实施问题，它在 PPP 领域相对于其他政策法规应当具有“小宪法”的地位。

（二）宁夏 PPP 立法应聚焦的核心问题

1. 规范合作的适用范围

一般来讲，PPP 这一模式主要适用于基础设施和公共服务两大领域。国家发改委在《关于做好传统基础设施领域政府和社会资本合作有关工作的通知》中将 PPP 合作的具体领域聚焦在基础设施领域 7 个方面，具体有能源、交通、水利、环保、农业、林业、重大市政工程等。按照《自治区人民政府办公厅关于进一步推进政府和社会资本合作模式（PPP）的实施意见》，自治区将合作领域界定在投资期限长、资金量大的一些领域，这些领域囊括了基础设施和公共服务领域，具有适合采用市场化竞争机制，资金投资量较大，项目运行期限较长等特点。因此，PPP 立法的主要适用范围也主要在以上领域，我们建议，在界定 PPP 模式合作领域中，宜借鉴行政审批制度改革“三个清单”制度做法，在明确以上两大领域范围后，再通过细化建立正面或负面清单的形式，让社会对合作各界范围清晰明确，一目了然。

2. 依法明确 PPP 模式设立程序

PPP 立法要依据项目合作的程序严格规定，要求这一模式按照合理合法程序推进。具体可以分为三个阶段：一是项目订立前。在这一阶段，政府相关主管部门要对项目进行合理设计规划，从经济效益和社会效益多角度科学论证，在此基础上编制项目实施的具体方案。之后由相关部门对拟采用 PPP 项目采取物有所值的方法进行评估论证，论证后相关部门要会同行业主管部门对项目进行审核，对符合要求的予以审批。PPP 项目实施方案确定后，相关部门要按照公平竞争的方式组织社会资本方竞标，综合遴选合作方。二是项目实施中。项目订立中先要起草 PPP 项目合作合同草案，与社会资本方签署合作合同。之后项目的合作双方要专门设立专业的项目承接公司，政府与专门公司再次重新签订合作协议。合作协议的内容包括项目出资比例和方式、投资期限和具体方式、社会资本获得收益的方式和具体标准、风险责任分担机制、违约责任的处理方式、退出及项目移交机制、争议解决处理方式等。三是项目完成。项目完成后相关部门要按照一定的标准组织对项目进行验收移交，若遇到因不可抗力或违约事件导致项目提前终止时，要明确违约责任的承担方式。

3. 重视 PPP 物有所值评价

对 PPP 项目进行订立前的评估审查是确保项目实现预期收益，确定风险及效率的关键，实践中一般对项目的评估采取物有所值评价方法。根据财政部 2015 年发布的《PPP 物有所值评价指引（试行）》规定，这一评价从整个项目周期看，项目投资能获得预期收益，价格和价值基本相符，能够给公共服务提供优质和有效供给，降低传统模式下的成本。宁夏在 PPP 立法中也必须将项目的评估论证作为重点，对 PPP 项目的评价主要采取定性评价方式，主要包括全生命周期整合程度、风险识别与分配、绩效导向与鼓励创新、潜在竞争程度、政府机构能力、可融资性等六个方面综合评价。

4. 明确利益分配与风险负担机制

从收益方面讲，一是明确通过采取使用者付费方式回报，这一方式是指直接由最后使用服务和产品的用户向项目公司支付服务费用，保证负责项目建设的主体得到回报。二是“政府付费”和财政补贴的回报机制，如对运营养护费用在项目运营期内由政府方向社会资本方支付运营养护费，对社会资本的投入视情况给予财政补贴。从风险负担方面讲，原则上政府和社会资本风险共担。其中，政府方负责承担项目的政策风险、法律法规风险、行政管理风险，社会资本方负责承担项目的设计、融资风险、运营维护风险、建造、施工和商业风险，对于客观原因造成的不可抗力风险则应由政府和社会资本合理地共同承担。

5. 依法明确双方的权利与义务

（1）政府方的权利义务。一是明确管理机构。应借鉴国内外经验，设立专门的机构负责 PPP 项目，清晰地划分部门在 PPP 项目中的角色和责任，制定规范文本和合同指南，负责所有项目开发与储备、方案制订与实施，组织“物有所值”评价，确定是否采用 PPP 项目，对项目进行监管，避免各部门各自为政，制度政策不统一。二是提供政策保障。要明确土地、融资、税收、价格调整机制等方面激励和保障政策，对合作中约定好的财政支出按时足额纳入财政预算，政府相关部门在职责范围内履行合作协议中约定的承诺，最大限度地为社会资本提供便利。三是简化审批程序。加快审批进程，对实施方案中已明确的内容只作形式审查，对审批过的事项不再重复审查，加快项目规划选址、用地预审工商登记等行政审批工作。四是建立综合性评价体系。要组织第三方评估组织及机构，对项目的绩效目标实现情况、运营管理、资本使用、公共服务质量和公众满意度进行绩效评估。

（2）社会资本方的权利义务。一是享有政府支持的权利。按照约定享有政府在协议中提出进行项目支出的资金、政策等各方面的权利。二是获得利益回报权利。社会资本应有因项目完成提供公共服务获得收入的权利，按照市场变化可合理要求对服务价格进行调整。三是出资组建项目公司（SPV）。根据国际惯例，PPP 项目需要项目公司具体操作，项目公司是按照《公司法》规定成立的具有独立法人资格的主体，采取股份制形式出资，通过多种形式融资，由政府和社会资本分别参与一定股份，具体负责项目的建设、运营、维护等工作，它可享有、承担项目实施中的权利、义务。四是履行合同期间的应尽义务。社会资本或项目公司在合作期间不得从事与合作项目无关的经营活动，如按照约定提供项目建设资金，履行环境、地质、文物保护及安全生产等义务，承担相应的社会责任。五是提供优质高效的基本公共服务。通过项目的投资、建设、移交、运营、维护，保证移交完成项目的质量，确保社会获得应有的优质服务。此外，还有其他应尽义务。

6. 明确争议解决的方式

一是明确违约行为及处理。项目实施机构、社会资本或项目公司如果没有履行项目合同约定义务，必须承担违约责任，承担的方式包括停止侵害、消除影响、支付违约金、赔偿损失以及解除项目合同等。因不可抗力或违约造成合同提前中止的，政府要及时组织相关部门接管，保障项目设施后续的持续运行。二是明确争议法律适用。PPP 立法要明确当合作双方因项目的合作发生争议时，优先选择协商解决，因专业技术性问题发生争议的应提请专业技术机构提供专业意见。PPP 项目从本质上讲是民事合同，可以采用民事诉讼或仲裁的方式解决。

宁夏法律援助工作研究报告

马　娟

2017年，宁夏法律援助工作以党的十八届六中全会和十九大精神为指导，深入学习贯彻习近平总书记系列重要讲话精神和对法律援助工作的重要指示，深入贯彻落实中共中央办公厅、国务院办公厅《关于完善法律援助制度的意见》，以完善法律援助制度为重点，以提高队伍政治业务素质为抓手，以“法律援助服务精准扶贫专项活动”为主线，在扩大法律援助范围、提高法律援助质量、强化法律援助保障、加强法律援助机构队伍建设等方面，取得了明显成效，为化解矛盾纠纷，促进公平正义，服务大局，维护稳定，发挥了积极作用。

一、2017年法律援助工作基本情况

（一）围绕中心，推动法律援助制度创新落实

一是强力推动《宁夏回族自治区法律援助条例》首次修正。2017年9月28日，自治区第十一届人民代表大会常务委员会第三十三次会议表决通过了《关于修改〈宁夏回族自治区法律援助条例〉的决定》，这是该条例颁布实施11年来首次修正。修正后的《条例》共40条，增加3条，修改完善11条。二是加强刑事法律援助工作。牵头起草《全面加强刑事法律援助工

作者简介　马娟：自治区司法厅法律援助工作管理处干部。

作的规定》《关于开展法律援助值班律师工作的通知》，并已征求自治区高院、检察院、安全厅、公安厅等部门意见建议。《规定》进一步明确公、检、法、司刑事法律援助职责，推行刑事诉讼律师法律援助全覆盖。试点开展为不服司法机关生效刑事裁判、决定的经济困难申诉人提供法律援助工作。三是与宁夏律师协会印发《关于加强律师办理法律援助案件工作的通知》。进一步加强全区律师办理法律援助案件工作，提升业务技能，确保法律援助案件质量。四是编印《宁夏法律援助制度汇编》。汇总法律援助实施 20 年来相关的法律法规和政策成册，作为全区法律援助工作手册，指导各级法律援助机构和工作人员开展工作，目前初稿已完成。

（二）立足民生，进一步扩大法律援助范围

一是修订后的《宁夏回族自治区法律援助条例》将法律援助经济困难标准由最低生活保障调整到最低生活保障的 2 倍，将职工工伤认定、农民征地拆迁、生态移民纠纷等 8 种事项纳入法律援助补充事项范围。按照新标准，全区符合申请法律援助的困难人群将由 55.8 万人增加到 172 万人，覆盖人群达到全区总人口的 25%，让更多的困难群众享受到法律援助服务。二是明确扩大精准扶贫建档立卡户申请法律援助的事项范围，将全区 41.8 万尚未脱贫的贫困人口，均列为法律援助服务对象，且扩大了事项范围。三是明确将农民在征地拆迁、生态移民安置过程中移民安置办要求办理的《移民安置协议公证书》《生态移民搬迁协议公证书》等多项公证，纳入法律援助范围。2017 年，吴忠市将 2600 余户移民搬迁安置中办理的《移民安置协议公证书》《生态移民搬迁协议公证书》等公证列入该市法律援助事项范围。

（三）突出重点，确保法律援助服务精准扶贫

开展法律援助服务精准扶贫专项活动，在服务精准扶贫、服务保障民生上有所作为。一是提前超额完成目标任务。截至 2017 年 11 月 30 日，共办理各类法律援助案件 15566 件，已完成 8000 件任务量的 194.57%，其中，以案定补案件 12522 件，中央彩票公益金案件 3044 件，共为 18178 名受援人挽回或避免经济损失 29069.35 万元，群众满意率达 98%以上。二是强化咨询服务水平。全区“12348”法律服务热线共接听电话 14214 个，其中涉及民事咨询 13676 件，占总数的 96.2%；涉及刑事咨询 446 件，占总数的 3.1%；涉及行政咨询 92 件，占总数的 0.64%。共引导法律援助 302 个，引导调解 19 个，与 12345、12315、110 部门联动 21 个，处理留言 256 个，群众满意度达 98.4%。在各类民事咨询中，婚姻家庭共咨询 2345 个，占民事类 17.2%；劳动纠纷（含追索劳动报酬及劳动工伤案件）2010 个，占民事类 14.7%；合同纠纷 2075 个，占民事类 15.2%；侵权损害 609 个，占民事类 4.45%；交通事故 492 个，占民事类 3.6%。全区法律援助现场咨询人数达 44237 人次，群众满意度达 98%，社会效果较好。三是突出重点服务对象。继续做好贫困人口、农民工、妇女、残疾人、老年人、未成年人、军人军属等重点人群的法律援助服务，不断改进重点人群服务措施。

（四）强化落实，力推法律援助重点改革举措

一是召开全区完善法律援助制度推进会，开展法律援助服务精准扶贫专项活动。紧紧围绕贫困地区基础设施建设、扶贫开发、退耕还林还草、生态补偿等法律需求，有效发挥宁夏法律援助服务经济社会发展和保障民生的作用。二是启动公共法律服务体系建设。认真落实《司法部关于推进公共法律援助平台建设的意见》，加快构建宁夏城乡居民公共法律服务体系，研究制订《宁夏公共法律服务实体平台建设实施方案》《宁夏公共法律服务网络平台建设实施方案》《宁夏 12348 公共法律服务热线平台建设实施方案》，分别明确全区公共法律服务三大平台建设的目标任务、建设内容及标准、建设步骤等内容。三是加强法律援助信息化建设。对“12348”法律服务热线管理系统和宁夏法律援助案件管理系统实行升级改造，进一步完善和增强两个管理系统的可操作性和实用性。根据司法部工作要求，开展 12348 中国法网数据采集工作。四是加强法律援助值班律师工作。《关于开展法律援助值班律师工作的通知》就值班律师基本职责、运行模式、工作管理、经费保障等方面作出规定。在全区看守所全部建立法律援助工作站，覆盖率为 100%，同时，积极推进在全区各级人民法院设立法律援助工作站，截至 2017 年 10 月，宁夏在全区 27 个各级人民法院建立法律援助工作站 20 个，覆盖率为 74.07%。

（五）注重管理，加强法律援助服务保障

一是落实法律援助经费保障。2017 年，宁夏法律援助经费共拨付 1670 万元，其中，中央补助宁夏法律援助办案经费 700 万元，自治区财政拨付 970 万元。按照案件补贴标准每 2 年在原有基础上浮 20%的动态增长规定，现正积极与自治区财政厅联系，争取调整 2018 年法律援助案件补贴标准。同时，加强法律援助经费管理，开展全区法律援助经费半年督查工作，并对公职人员违规套取法律援助经费情况进行检查，切实做到专款专用。二是着力提高案件质量。每季度定期开展案件评查，通过旁听庭审、三级审核、同行评估、专家评审、电话回访等达到以质定补。目前，已完成 2017 年前三个季度对全区五市法律援助案件评查工作。认真落实法律援助典型案例选编工作，于 11 月 20 日向司法部报送宁夏法律援助典型案例 15 个。三是开展专项督查调研。对全区法律援助便民服务窗口建设和监狱、戒毒场所、看守所、各级人民法院等法律援助工作站的律师值班情况进行全面调研，精确掌握各地建站及工作开展情况，为更多的特殊群体提供法律援助服务。四是加大业务培训力度。5 月 8 日至 14 日，在山东省威海市举办 2017 年度全区法律援助中心主任业务能力提升培训班。11 月 10 日下午，举办全区 2017 年法律援助数据统计报表视频培训讲座，有力提升全区法律援助业务水平。五是突出法律援助宣传主题。2017 年，自治区司法厅与宁夏广播电视台通力合作，新闻中心法律援助专题报道全年播出 48 期，共计 96 次；都市广播《刘平说法》播出共计 262 期。截至 11 月 20 日，全区法律援助在各新闻媒体上发表宣传报道 203 篇，其中，在法制日报、宁夏日报等区内外知名报刊上刊登法律援助信息 83 篇，在宁夏新闻网等网站刊登法律援助信息 120 篇，法律援助宣传成效显著。六是加强法律援助队伍政治思想建设。深入贯彻学习党的十九大精神，提高认识，坚定信念，与时俱进，增强新形势下做好法援工作的紧迫感、责任感。

2017 年，宁夏法律援助工作虽然取得一些成绩，但仍存在一些不足：法律援助案件质量与困难群众的法律需求、司法部的要求仍存有差距；法律援助案件补贴执行标准较低，一定程度上影响律师办案积极性；法律援助宣传方式灵活多样，但宣传广度仍很有限，个别偏远山区对法律援助服务精准扶贫的知晓率较低；个别地区因地方财政原因补贴不到位，律师值班工作落实不够；公共法律服务体系建设还需再完善，法律援助便民化、均等化服务仍需再加强。

二、对加强宁夏法律援助工作的思考

2018年，我们将深入贯彻党的十九大精神，解决好广大人民群众日益增长的法律服务需求与法律援助服务资源不充分发展、不均衡发展之间的矛盾，大力推进法律援助各项工作开展。

（一）建好一支队伍

一是认真学习贯彻党的十九大精神和习近平总书记重要讲话精神，以习近平新时代中国特色社会主义思想武装头脑，加强法律援助队伍思想政治建设，确保法律援助工作紧跟党走，捍卫法律，服务人民，服务大局。二是加大教育培训力度。进一步加大对新修正《宁夏回族自治区法律援助条例》及法律援助业务知识的培训力度，针对公共法律服务三大平台建设、12348宁夏法网建设等工作的深入推进，进一步提高法律援助服务专业化水平，提升工作效率。三是壮大法律援助队伍。以推进公共法律服务建设为契机，加大政府购买服务力度，通过设立公益岗位、招聘法律专业人员、招募志愿者等形式，有效解决宁夏法律援助力量不足的问题。四是提升法律援助工作执行力。积极推进法律援助标准化建设，加强法律援助组织机构建设，规范实施服务工作，为受援人提供符合标准的援助服务。

（二）抓好三个平台

大力推进公共法律服务体系建设，将公共法律服务网络延伸至基层，把公共法律服务体系建设工作做实做细。一是宁夏公共法律服务实体平台完成，2018年基本建成县（市、区）、乡镇（街道）、村（社区）三级公共法律服务实体平台，实现一村一社区法律顾问全覆盖。二是宁夏公共法律服务网络平台于2018年底前建成，基本实现各类公共法律服务业务网上预约、网上申请、在线受理、进度查询等功能，建立健全“12348宁夏法网”管理办法。三是完善“12348”法律咨询服务热线平台功能，形成法律咨询、法律服务、纠纷调解、法治宣传、法律援助、服务投诉等综合性服务功能。到2018年底，建成全区统一部署的“12348”热线平台的业务融合、数据事例，热线平台与网络平台协调联动，为群众提供全方位法律服务。

（三）做好五项工作

一是学习贯彻新修正的《宁夏回族自治区法律援助条例》，进一步扩大援助范围。积极推动建立经济困难标准和事项范围动态调整机制，让法律援助惠及更多困难群众。突出重点服务对象，做好农民工法律援助工作，扩大军人军属援助覆盖面，推进下岗失业人员、妇女、残疾人、老年人、未成年人等特定群体的法律援助服务。二是落实律师值班和刑事法律援助全覆盖工作。大力推进看守所、法院律师值班制度，依法为刑事诉讼当事人提供法律援助，切实履行侦查、审查起诉和审判阶段法律援助工作职责。加大经费保障力度，有力确保律师值班制度的落实，促进法律援助案件的再提升。三是加大案件质量评查力度。进一步改进案件指派工作，合理指派承办律师，提高案件办理专业化水平。继续做好四次法律援助案件评查工作，通过同行评估、专家参与、异地评查等方式，有力提升全区法律援助案件质量。健全服务质量监督机制，完善投诉处理制度，力促宁夏法律援助案件质量再上新台阶。四是继续推进法律援助服务精准扶贫。按照修正后《宁夏回族自治区法律援助条例》的新标准，符合申请法律援助的困难人群将由55.8万人增加到172万人，覆盖人群达到全区总人口的25%，让更多的困难群众享受到法律援助服务。进一步发挥好法律援助在扶贫攻坚中的职能作用，继续将41.8万尚未脱贫的贫困人口，全部列为法律援助服务对象，且放宽事项范围。2018年，完成全区办理法律援助诉讼案件1万件的目标任务，让法律援助服务更多困难群众。五是继续加大法律援助宣传力度。充分利用传统媒体和新兴媒体，注重树立宣传典型，及时推广经验做法，进一步增强人民群众对法律援助的知晓度和公信力。

宁夏公安机关推进“一村（社区）一警”社区警务工作的实践

张　伟

2017 年以来，全区各级公安机关深入贯彻自治区副主席、公安厅厅长许尔锋同志关于推进“一村（社区）一警”社区警务建设的一系列重要指示、批示，认真落实全区公安局处长暨队伍建设工作会议精神，科学谋划，周密部署，强力推进，各地社区警务建设上了一个新的台阶，取得明显成效。

一、推进“一村（社区）一警”基本做法

（一）认真研究部署，强力推动实施

为贯彻中央和自治区领导关于学习侯金知同志事迹批示精神，1 月 6 日，自治区公安厅组织召开全区治安系统座谈会，号召各级公安机关及全体民警向优秀社区民警侯金知同志学习，掀起学习活动热潮。同时，公安厅紧紧围绕“警务机制怎么改、社区警务怎么做、社区民警怎么干”三个主题在全区治安部门及派出所开展社区警务工作大讨论活动，围绕不足找原因，围绕原因找问题，围绕问题找措施，进一步统一思想、凝聚力量、推动工作。公安厅通过组织开展“社区警务示范岗”创建活动，培树样本、典型引领、由点扩面、不断推进社区警务建设。2017 年一季度，公安厅在

作者简介　张伟，自治区公安厅治安总队支队长。

深入思考和总结各地试点工作经验的基础上，制定出台了《宁夏城乡社区警务工作规范》《宁夏公安机关推进“一村（社区）一警”社区警务工作考核办法》《关于深化“一村（社区）一警”社区警务建设的实施意见》《宁夏社区警务辅助人员工作指导意见》，就社区民警职责任务、警务区划分、警务室内外设置、警力配备、工作时限、勤务机制、工作方式、警力配置、社区共建、辅警管理、考核监督等方面作出规范，全面指导全区社区警务建设深入开展，受到基层普遍欢迎。宁夏社区警务信息工作平台于4月28日验收通过开始运行。6月30日，公安厅治安总队组织全区社区民警开展为期一年的以标准地址和实有人口、实有房屋、实有单位（简称“一标三实”）为主要内容的基础信息集中采集工作，着力提升社区警务信息化水平，服务各项公安工作。公安厅治安总队在全区社区民警中建立内部管理微信群，交流工作经验，调度工作情况，营造网上“民警之家”。通过持续用力，全区形成了加强社区警务建设的共识和浓厚工作氛围，“一村（社区）一警”社区警务工作成为各级公安机关“一把手工程”，各地社区警务实施办法和考核制度陆续出台，广大社区民警各种创新性工作方法和成果争相绽放，托起公安工作的坚实基础。

（二）织就社区警务网，实现警务全覆盖

公安厅总体规划与基层实践创新分层推进，把“一村（社区）一警”社区警务纳入警务机制改革统筹推动，通过划分警务区、配备社区民警、重点地区设警务室等手段，搭建起全区社区警务“供给侧”框架。

1. 自上而下做好“规定动作”

各地按照公安厅部署，根据各派出所辖区面积、人口、治安状况、地理位置、警力等要素，在530个城镇社区划分警务区312个，平均1.7个社区划为一个警务区，建设警务室173个，较上年增加了26个，占社区的32.6%；在2260个行政村划分警务区287个，平均7.9个行政村划为一个警务区，建设警务室或警务站、点467个，较上年增加了159个，占行政村的20.7%。配备城乡社区民警851人，较上年增加了104人，占派出所民警数38%，其中城镇社区民警556人，驻村民警295人。农村地区因地制宜分别采取警务室驻勤制、警务工作站民警包片制、流动警务等方式，初步实现社区警务覆盖和延伸到每个社区、村庄。

2. 自下而上创新“自选动作”

各地针对重点地区、复杂场所和突出治安问题，在规模较大的社区、治安复杂的城中村、移民安置新村等地区，因情制宜，打造出金凤区阅海万家警务室、兴庆区青山警务室、大武口区马晓明警务工作站、青铜峡紫薇警务室、原州区宋家巷警务室、沙坡头区东关警务室等173个标准化警务室。兴庆分局瓷砖巷警务室成为揳入治安乱点的钉子，通过对辖区各类违法犯罪持续高压打击到系统治理、源头治理，彻底扭转瓷砖市场、劳务市场、红花渠沿线治安混乱局面。青铜峡市利民社区家用天网警铃工程实现“一家报警、多家救助、邻里守望、群防群治”效果；同进村警务室建立“警司、警村、警寺”三位一体调解机制发挥稳定器作用；河东大峡谷警务室组建一支水上应急救援队，服务全域旅游产业发展；平罗县太沙工业园区警务室开展警企联防、联控、联调、联宣“四联”工作机制服务企业发展，彻底扭转近年来讨薪上访及盗窃案件高发局面；灵武市沙坝头村警务室社区民警韩瑞以“智慧门牌”探索建立“以房管人”的新模式，大大简化了房屋、房间、人员等信息制表的繁琐工作，提高了社区管理信息化水平；灵武市在银西高铁施工项目部建立2个警务助理站，有力服务和保障国家重点工程顺利进行。一大批标准化警务室坚持成熟一个，建设一个，避免一哄而上、形式主义，做到因情制宜、各具特色、“一室一品”，提供精准化“供给侧”服务，取得良好收效。

（三）深入推进社区平安共建，建立“1+X+N”联勤模式

按照公安厅部署要求，各地公安机关争取街道、乡镇和社区居委会支持，统筹社区资源，推动工作联动、程序对接、信息共享，做到矛盾纠纷联调、服务管理联抓、基层平安联创。2017年两会期间，灵武市崇兴镇村民杨某某因土地承包权问题突然到北京上访，因该事尚不被公安机关掌握，但是警务助理员王玉林却在第一时间得到消息，杨某某被及时从北京带回，未造成严重影响。“警力有限，民力无穷”，社区警务“1+X+N”模式，撬动各方治安防控力量，延伸了警务触角。目前，全区从事社区警务的辅警946人，纳入社区警务工作的禁毒专干、司法调解员、网格员、警务联络员、治保人员、村队长等共3.1万余人。中卫市、青铜峡市公安局把该项工作作为当地党委、政府工程全面推进，灵武市公安局“一村一警务助理”，平罗县、中宁县公安局“村警联建”等做法，构建了富于约束力的社区警务和社区综治工作一体化格局，为全区社区警务“1+X+N”模式树立了榜样。原州区开城派出所不等不靠，主动协调镇党委、政府支持，选聘119名警务联络员助推“一村（社区）一警”工作，除了在矛盾调解、先期处警、治安巡防、信息传报等事项上发挥作用外，甚至协助民警在治安卡点应急查缉工作中派上用场，相关工作被《人民公安报》等主流媒体报道推介。

推动“1+X+N”联勤模式是难点，但做好了就是“亮点”，凡是争取党委、政府支持有力、社区平安共建落实的地方，“一村（社区）一警”社区警务才能真正落地。

（四）学习侯金知同志事迹活动，深入开展“互联网＋社区警务”

2017年4月5日，利通区金积派出所捡到一名聋哑智障儿童，通过治安总队建立的全区社区民警微信群发布信息，很快由熟悉辖区情况的板桥派出所社区民警寻找到失散的家人，充分发挥了微信群交流工作的显著作用。中卫市公安局开发运用“民意通”“村警通”手机APP，可及时收集上报各类动态信息。目前，“互联网+社区警务”模式和微信群服务、管理、交流等新型警务手段在全区社区民警中得到普及，广大社区警务工作者通过新媒体沟通平台，宣传法律法规，通报辖区警情，提供咨询，答疑解惑，发布服务民生、便利群众的新举措，推进工作转型升级，大大节约了行政成本，提高了工作效率，最大限度方便和满足群众需求。截至目前，社区警务人员建立微信工作群2067个，各派出所建立微信公众号84个，微信群参与人数达31万余人，发布警务资讯、预警提示3万余条，回复用户咨询、解答疑问2.3万余次，收集意见建议3400余条，为群众提供预约服务8615人次，跨区域成功救助走失的老人儿童18名，抓获违法犯罪人员13名，及时制止8起重性精神病人肇事肇祸事件，群众满意度不断提升。广大社区民警始终把人民群众放在心中最高位置，扎根基层、服务群众，忠实履行人民警察的神圣职责，在服务实战、治安管控、群众工作等方面取得了实实在在的成效。通过各级、各类新闻媒体和微信交流群，刘谊、马晓明、梁维科、花均平、严婷婷、梁俊霞、惠渊博、魏亚娜等一批“侯金知式”的深受当地群众喜爱的“知名”社区民警相继涌现出来，通过他们的辛勤工作，把更多个性化、精细化的公共服务，把党和政府的温暖送到老百姓心坎上。

（五）“一村（社区）一警”社区警务建设取得明显效果

沙坡头区黄河花园小区有居民29400人，拆迁安置户、流动人口多，人员复杂，盗窃等案件频频发生，曾经是中卫市挂牌整治的“不安全小区”。“一村（社区）一警”建设以来，社区民警梁俊霞在争取物业和居委会支持、建立义警群防队、加强技防建设、强化警情研判和重点人员管控等方面做足功课。2017年上半年，该小区发案量同比上年下降65%，一个“不安全小区”的蜕变，成为“一村（社区）一警”主动警务理念成功实践的“缩影”。2017年以来，全区治安呈现“四个大幅下降”的良好态势，全部刑事案件发案14230起，同比下降17.3%，入室盗窃等可防性案件发案10128起，同比下降14.6%，矛盾纠纷警情37011起，同比下降11.0%，电信诈骗案件1574起，同比下降26.9%，社区警务基础防控发挥明显成效。

社区警务人员以问题为导向，认真开展治安防控，扎实推进居民小区技防物防建设和老旧小区自治物业管理，累计筹措居民小区技防资金累计达1亿多元，完成860个规范化物业小区和640个老旧小区技防建设任务，占全部规范化物业小区的73%。开展“城中村”治安乱点整治，治安复杂区域流动人口落地登记累计20.6万人。

社区警务人员充分发挥近距离接触群众优势，共排查化解矛盾纠纷36621起，涉及10.3万余人，其中防止矛盾纠纷转化为刑事案件704件，防止矛盾纠纷转化为治安案件4136件，无论从工作量还是群众习惯上讲，社区警务工作人员都已经成为社会矛盾纠纷排查调处的最重要力量。

社区警务人员进一步擦亮服务型窗口，利用定期警营开放日、警民恳谈会和调查走访、送证上门等机会，向群众开展防范宣传和警情通报，为群众提供预约服务9600余次，帮助孤寡老人、残疾人2527人次。

社区警务人员进一步擦亮服务型窗口，利用定期警营开放日、警民恳谈会和调查走访、送证上门等机会，向群众开展防范宣传和警情通报，为群众提供预约服务 2800 次，帮助孤寡老人、残疾人 1327 人次。现代信息手段和传统方式相结合，灵武市梧桐树乡老年人口居多，当地社区民警重拾“土”办法，以村民喜闻乐见的各村、队大喇叭广播的形式进行法律知识、便民服务措施和安全防范宣传，打通服务群众“最后一百米”。

二、社区警务工作存在的主要问题

（一）思想观念、重视程度不到位

对于“一村（社区）一警”社区警务建设，凡是“一把手”重视的市、县级公安机关，就会有办法、有进展、有突破，凡是“说起来重要，忙起来不要”的地方，有关工作就停滞不前。一些地方领导和民警同志认为基础工作是软指标，干的都是大家看不见摸不着的，社区民警多一个少一个关系不大，强一点弱一点也没关系，相比维稳、案件处置等硬指标，可能要把打基础、管长远的工作放一边，这是推行社区警务工作最难的地方。个别地方没有从强基固本、警务改革的高度来认识和推动，对社区警务如何抓、抓什么、抓到什么程度心中没数，研究工作不够，结合实际不够，存在形式主义现象。这既有政绩观的问题，也有立足公安改革顶层设计不够、整体统筹推动不到位的问题。

（二）基层警力不足制约社区民警专职化发展

当前，社区警力不足仍然是基层反映的突出问题，许多地方社区民警无法专职，许多地方社区民警仍陷于接处警、值班、案件办理、专项行动、维稳处突、警卫任务等各项任务，不能保证把所有精力放在社区警务工作上。各地划分了警务区，实现了社区警务全覆盖，但警力不足使社区民警管辖范围过大，管户过多，工作难以完全落实。警力不足，民警不下沉到社区，不到百姓身边，一切都是空谈。社区警务任务繁杂，一些社区民警综合素质不高，警务创新和主动意识缺乏，学习精神欠佳，接受新知识、新事物的意识不强，走访调研、情报信息搜集等不扎实，图应付、走过场的情况还一定程度存在。

（三）内外协调推动不够

抢抓机遇意识不强，争取党委、政府支持不够，与有关部门联动协作不到位，没有充分利用公安工作改革、协勤队伍管理机制不断完善等有利环境和条件，缺乏工作的创造性、主动性和系统性。社区警务实践中还存在单干、分割、“包打天下”的思维和行为方式，社区民警与网格员等社区工作者存在职责界定不清晰、工作内容重复、信息对接不到位、沟通衔接不畅等问题，社区资源共享、力量统筹、程序对接、工作联动还有待协调完善。数据壁垒严重，信息共享程度不高。公安内部警务改革、实战指挥、警力配置、奖励激励、法制规范、消防安全、视频应用、信息化建设等沉入社区警务或统筹推动工作还有待加强。

三、对推进宁夏社区警务工作的思考和建议

与当前反恐形势日益严峻、社会治安形势日趋复杂的新形势的需要，以及与全国先进地区社区警务工作相比，宁夏社区警务在软硬件等方面还有不少差距。但是经过实践探索，全区积累了一定的经验，形成了有效的社区警务模式，特别是在自治区副主席许尔锋的高度重视下，各级公安机关达成了大力推进社区警务的强烈共识，这是推动工作的宝贵动力。宁夏要发挥后发优势弯道超车，以迎头赶上全国先进水平的决心，用细心谋事、恒心成事的耐力，撸起袖子加油干，同步解决“谁来干、干什么”和“怎么长期干，怎么干得好”等问题，以改革方式持续推进符合宁夏实际和特色社区警务工作再上台阶。

（一）以综治中心建设为契机，紧紧依靠党委、政府对社区警务建设重视和支持保障

争取将社区警务工作上升到当地党委、政府工作层面，出台有关意见措施，把社区警务建设作为巩固基层政权、维护社会稳定、促进社会和谐的基础工作，纳入地方经济社会发展和深化改革的大局中统筹推进。健全社区和乡村基层综合服务管理平台实体化运行机制，统筹社区资源，推动工作联动、程序对接、信息共享，从社区警务工作的“公安+”进一步上升到“综治+”，从根本上解决基层公安机关单打独斗的局面。

（二）以现场会的形式，在全区范围内规范和推广城镇和农村两种社区警务运行模式

适时在推进“一村（社区）一警”取得显著成效的典型地区召开全区现场会，再掀社区警务建设高潮，同时全面规范和推广“一村（社区）一警”社区警务“1+X+N”联勤模式。在城区：1名民警、若干辅警（X）加网格员、禁毒专干、司法调解员、警务联络员、治保队员等相关人员（N）组成社区警务力量；在农村：全面推行“一村一警务助理”模式，由1名民警、若干辅警（X）加警务助理、村干部、治保积极分子、义务巡防员等相关人员（N）组成农村警务力量，着力解决社区警务人员“专不起来、沉不下去、干的不实”的难题，落实对治安掌控和服务群众的“最后一公里”。

（三）紧密结合公安改革和四项建设，统筹推动社区警务

社区警务具有基础性、先导性、战略性，关乎公安全局、基层政权稳固，应与县级公安机关机构改革、四项建设工作统筹结合，与警力扩增、雪亮工程等信息化建设工作统筹结合，努力实现重心下移、警力下沉、警务前置常态化。着力加强顶层设计，早日戳破公安和社会各类信息资源互通共享和深度应用的“窗户纸”。借鉴石嘴山在县分局设立基层基础工作科的做法和经验，充实社区警务指导机构和力量，专门统筹管理社区警务的工作指导、监督检查、绩效考核等工作。

（四）进一步完善科学考评激励机制

以社区警务新情况、新问题为导向，突出工作实效，完善社区警务工作考评制度，营造“干和不干不一样，干好干坏不一样”的良好氛围。建议借鉴湖北、上海等地公安厅、局做法，加大对优秀社区民警表彰奖励力度，自治区公安厅每年评选全区优秀社区民警，并给予记功奖励，市、县级公安机关每年组织开展对社区民警的评优评先工作，对爱岗敬业、忠诚奉献，积极进取、勇于创新，立足本职、一心为民的优秀社区民警进行表彰奖励。

（五）大力加强社区民警队伍建设和舆论宣传引导工作

始终坚持政治建警，加强社区民警队伍建设，推进“两学一做”学习教育常态化制度化，认真开展“不忘初心忠诚奉献保平安”主题教育实践活动。继续联合公安厅宣传处组织自治区主要新闻媒体集中开展采访宣传，找准群众期待和社区警务工作的结合点，主动策划、深入发掘一批最真实、高质量、叫得响的社区警务工作正面宣传主题，讲好“社区民警故事”，把社区警务成效、社区民警默默奉献的精神风貌和亲民爱民形象宣传出去，形成良好的舆论氛围。

创新探索家事审判方式和工作机制改革

——兴庆区人民法院家事改革的经验与反思

马　虹　赵晓颖　丁秀琴　汪　婷　金俊婷

家庭作为社会的基本细胞，是国家发展、民族进步、社会和谐的基点。有效运用司法途径解决家庭纠纷，对于促进家庭和睦、维护社会稳定具有重要意义。但家事案件兼具人身性、伦理性及财产性，人身属性既高度统一具有终身性，又相互分离具有可变性，其利益关系既统一共有，又可相互分割，传统的综合审判模式面对家事案件数量日趋上升，矛盾关系日趋尖锐的复杂局面已暴露出许多不足之处，家事审判专业化改革势在必行。

围绕如何有效处理家事审判改革，世界各国展开了不同的探索。美国作为首个提出建立家事法院的国家，以法官、社会工作人员和其他专家组成审判组织，并实行家事案件分类受理制度，对于可由受理案件部门人员处理的案件不再移送法官处理。日本在其影响下建立了统一的家事法院系统。1950 年《家事法院派出法庭设置规则》公布后，日本全国共设置了 50 多个家庭派出法庭及 1000 余名调查官，对家事案件事实进行调查。而德国在地方法院内部设立了专门的家事法庭，家事法庭内还设立了家事调解委员会，由一名家事法官和数名调解委员组成，专门以调解方式处理家

作者简介　马虹，银川市兴庆区人民法院党组成员、副院长、审判委员会委员；赵晓颖，银川市兴庆区人民法院民三庭庭长；丁秀琴，银川市兴庆区人民法院家事审判合议庭审判长；汪婷，银川市兴庆区人民法院家事审判合议庭审判员；金俊婷，银川市兴庆区人民法院民三庭法官助理。

事纠纷。

在借鉴国外先进经验的同时，以我国司法本土资源及传统婚姻家庭文化为基础，以最高人民法院改革目标及工作理念为指导。兴庆区法院作为全国试点法院在结合本院自身人员结构及案件情况，从家事审判队伍建设、理念培养、制度完善、工作方法优化等各方面不断探索，适应社会发展的新情况，设立了由法官、法官助理、书记员、人民调解员组成的家事审判合议庭，对家事纠纷案件实现集中化、专业化审理。在确保公平公正，实现司法“定纷止争”功能的基础上，充分发挥家事审判化解矛盾、修复感情的“治愈性”功能，促进家庭和睦，维护社会稳定。

一、家事审判改革的理念

倡导文明进步的婚姻家庭伦理道德观念，维护健康向上的婚姻家庭关系，积极培育和践行社会主义核心价值观，弘扬中华民族传统家庭美德，维护公序良俗。

树立家庭本位的裁判理念，对家庭财产关系的处理以有利于家庭成员共同生活的团体主义价值追求。坚持以人为本，发挥家事审判的诊断、修复、治疗作用，实现家事审判司法功能与社会功能的有机结合。

适应家事案件特点，全面保护当事人的身份利益、财产利益、人格利益、安全利益和情感利益，切实满足人民群众的司法需求。在诊断基础上，注意区分婚姻危机和婚姻死亡，积极化解婚姻危机，正确处理保护婚姻自由与维护家庭稳定的关系。

二、兴庆区法院改革实践

（一）家事审判合议庭设立概况

银川市兴庆区法院家事审判合议庭于2016年2月29日正式成立，集中受理家事纠纷案件。合议庭成立后制定了《家事案件处理流程（试行）》《家事审判合议庭成员及职责》《家事审判合议庭工作方法》，经过五个月的运行，各项工作正在逐步全面展开。

在人员设置方面，由一名审判长，一名代理审判员，两名法官助理，两名书记员，两名人民陪审员组成，成员年龄跨越“60后”到“90后”各个年龄段，有利于了解不同年龄段当事人的婚恋观、价值观，以便达到更好的沟通效果。

（二）家事审判合议庭审理案件基本情况

1. 案件数量基本稳定

婚姻家庭、继承纠纷类案件中，继承抚育费、抚养、扶养关系、离婚等纠纷案件量近年总体数量保持平稳上升态势。2015 年 1—10 月，兴庆区法院受理各类婚姻家庭、继承纠纷类案 1043 件，与 2014 年同期相比上升 14.74%，占民商事案件的 9.33%，审结 834 件，结案率为 89.29%。2016 年 1—10 月，兴庆区法院受理各类婚姻家庭、继承纠纷类案 1051 件，与上年同期相比上升 0.77 个百分点，占民商事案件的 8.46%，审结 851 件，结案率为 80.97%。

家事案件数据统计表

单位：件

	旧存	新收	结案	调解	撤诉	判决
2014 年 1—10 月	130	822	798	293	189	316
2015 年 1—10 月	137	906	834	340	205	289
2016 年 1—10 月	125	936	851	338	199	305
2017 年 1—10 月	103	923	873	316	222	335

2. 调撤率高

2014 年 1—10 月，婚姻家事案件调撤率为 60.4%，2015 年同期家事案件调撤率为 65.3%。家事合议庭成立后目前结案 934 件中，调解 521 件，撤诉 241 件，判决 172 件，调撤率 81.56%，相较于未实行专业化合议庭时调撤率增长 16.22%。不同于其他民事案件，家事案件是人身性与财产性相结合的案件类型，这种复合性，尤其是人身关系的紧密性使调解更能发挥其作用。

3. 案件类型以离婚纠纷为主，多种家事纠纷并存

结合《民事案件案由规定》，兴庆区法院家事合议庭的受案范围包含：婚姻案件及基于身份关系而产生的案件，抚养、扶养及赡养纠纷，亲子关系案件，收养关系纠纷，同居关系纠纷，继承案件纠纷，其他家事案件。

自2016年2月29至2017年10月30日，家事审判合议庭共受理家事案件1043件（不含大新法庭578件，月牙湖法庭75件）。其中，离婚纠纷883件，约占案件数的84.66%；离婚后财产纠纷32件，继承纠纷30件，赡养纠纷9件，婚约财产纠纷9件，同居关系纠纷6件，其他家事案件74件，共计160件，约占案件数的15.34%。离婚案件仍是开始审判的主要类型，同时与身份关系相联系的财产纠纷也日趋上升。

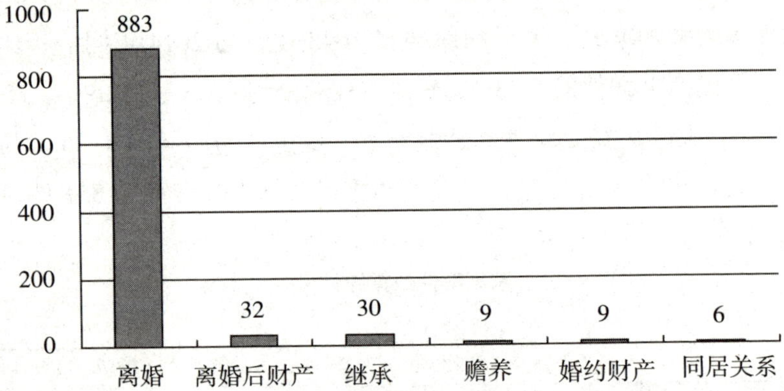

婚姻家事案件类型统计图

针对婚姻家事案件中比重最大的离婚纠纷案件进行梳理和分析，可以看出离婚案件呈以下几个特点。

第一，女性起诉离婚比例较高。在兴庆区法院家事审判合议庭受理离婚案件中，女性起诉离婚的占69%，男性起诉离婚的占31%。

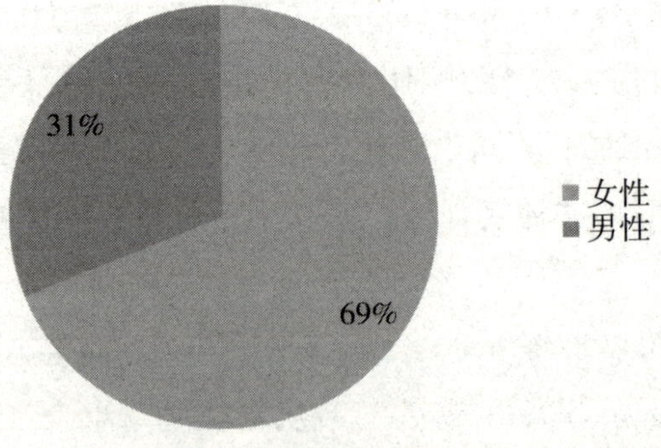

离婚案件起诉性别统计图

第二，中青年夫妻离婚率较高。20—37岁当事人离婚案件占51.8%，其中46.51%解除婚姻关系，11.62%的和好撤诉。38—57岁当事人离婚案件占41%，其中29.41%解除婚姻关系，20.5%的和好撤诉。当事人年龄在57岁以上的离婚案件占7.2%，其中4%解除婚姻关系，70%和好撤诉。

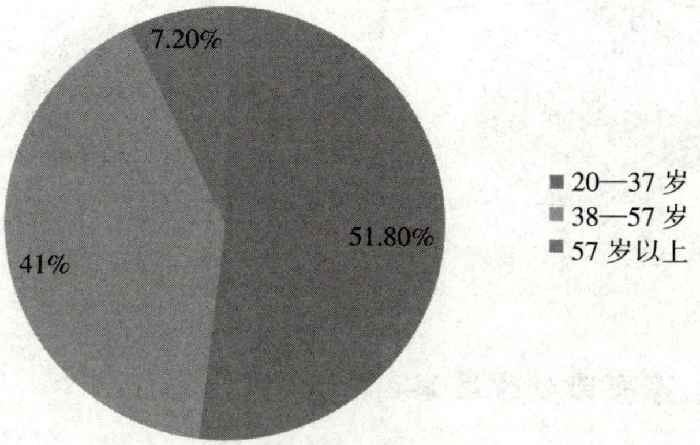

离婚案件当事人年龄分布图

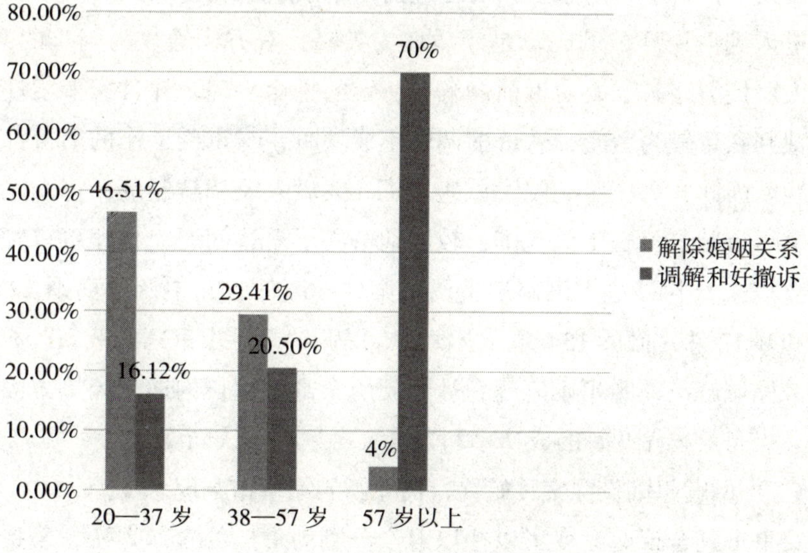

各年龄段离婚诉讼结果统计图

第三，离婚原因呈现多样化。一是因家庭琐事导致离婚，占离婚案件的61%，主要表现在经济问题、子女扶养矛盾以及父母相处矛盾等方面。二是“闪婚”造成“闪离”问题不容忽视。在20.4%的离婚案件中，当事人表示双方认识时间较短，婚前缺乏了解，婚后性格不合导致离婚。三是有14%的案件中当事人提到对方有出轨的行为，有12%的案件当事人认为对方存在家庭暴力。

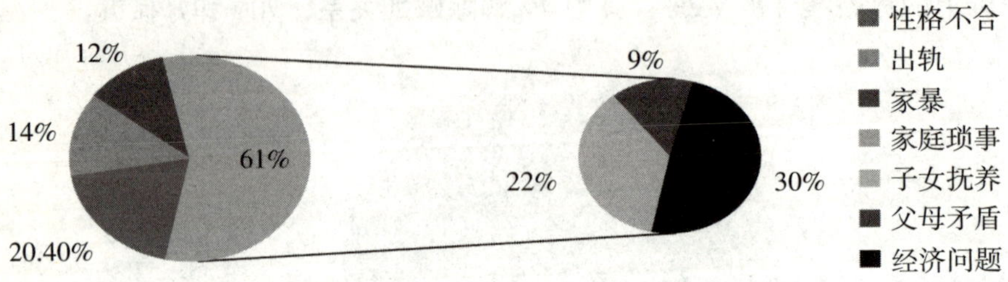

离婚原因统计图

三、家事审判改革落实情况

（一）立足于审判实践的立案后人民调解制度

实践中，当事人的家事纠纷经过前期基层组织和各级机构的层层分流后，进入到诉讼环节的，都是矛盾较为尖锐、双方沟通较为困难的案件，当事人对抗情绪较强，对诉前调解有一定的排斥心理。并且家事案件的调解与裁判联系较为紧密，若诉前调解不成功时，与审判工作的衔接容易出现问题。因此，兴庆区法院尝试建立了立案后人民调解制度，将人民调解纳入家事审判合议庭工作范围，较好地解决了上述问题。自家事审判合议庭成立以来，共移送人民调解员调解案件668件，其中调解离婚227件，调解和好12件，撤诉154件。立案后人民调解立足于审判实践，既充分发挥了人民调解员熟悉婚姻家庭、社会阅历丰富、擅长沟通交流等方面的优势，又提高了案件调解的成功率和当事人对裁判的认同度。

（二）调解原则贯穿案件始终，树立新的家事审判理念

家事审判合议庭改变了以往以财产分割为重点的工作方法，坚持“以和为贵”，引导矛盾双方和家庭成员自我反省、相互谅解、消除恩怨、修复受损亲情；采取综合多元的调解方式，将调解工作贯穿于家事审判的五大环节（立案后人民调解员调解、庭前法官助理调解、审判员庭前调解和庭审调解、双方同意的判后调解）当中。此外，兴庆区法院还从促进家庭关系和谐、加强社会管理的角度出发，关注当事人的心理状态，加强与基

层组织、政府部门和社会机构的合作，拓宽审判思路，树立新的家事审判理念。

（三）家庭财产申报制度初步建立

兴庆区法院家事审判合议庭对于家事案件中需要分割的财产试行家庭财产申报制度，通过当事人填写《家事案件当事人财产申报表》，要求双方当事人真实全面、准确申报家庭财产，明确合议庭审理案件时以申报表申报的财产为准。财产申报有利于便于家庭财产的明确化、固定化，预防一方当事人故意转移、隐匿、损毁家庭财产，同时简化审理工作流程，一定程度上减轻了法官的工作量。

（四）诉讼告知工作更加完善

家事审判合议庭在立案、送达、人民调解阶段及庭前证据交换、庭前调解阶段充分告知当事人各项诉讼权利义务以及相应的法律责任。在改革探索工作中，家事审判合议庭积极听取各界建议，制作了《离婚案件当事人权利义务告知书》《人民调解告知书》等书面告知书，使当事人能充分了解和行使自己的权利。

（五）社会联动机制逐步落实

家事审判合议庭成立后，注重社会联动机制的建立，特别是涉及家庭暴力时，社会联动机制的作用更为明显。自《中华人民共和国反家庭暴力法》实施后，兴庆区法院家事审判合议庭共收到四起人身安全保护令申请，其中两起予以支持，另两起因不符合法律规定予以驳回。家庭暴力及人身安全保护令需要法院与公安、检察、司法、民政、妇联、教育、共青团、社区等各部门、各机构协同合作，合议庭多次与上述部门、机构进行沟通，举行座谈会，共同探讨具体实施办法，制订协调方案，社会联动机制正在逐步落实。

（六）社区调查制度初步建立

1. 法官助理及调解员调查制度基本建立

法官助理及人民调解员对庭前调解及证据交换阶段发现的问题积极深入社区进行调查，了解案件矛盾的起因及事实情况。调查后将所了解的内容形成书面调查笔录向主审法官汇报。

2. 社区配合调查制度初步建立

家事审判合议庭与社区展开了积极的协调沟通工作，就社区配合调查制度进行了充分的探讨。在个别案件中已通过《家事案件情况调查表》进行社区调查，为法官的审判工作提供了重要依据。

（七）心理疏导工作有序展开

家事审判合议庭结合婚姻家事案件中当事人矛盾尖锐、情绪化严重等特点，关注当事人心理状态，安抚当事人的极端情绪，并充分利用院内建设的心理咨询室，必要时邀请心理咨询师对当事人进行心理疏导，化解当事人的心理问题。鼓励合议庭组成人员利用业余时间学习心理学知识，积极参与心理咨询师及婚姻家庭咨询师的培训课程，加强自我调节能力和沟通能力，并定期邀请心理学教授对合议庭成员进行心理咨询及冲突管理培训，提升家事审判合议庭成员的沟通能力，解决冲突能力及情绪控制能力。

四、家事审判改革实践中存在的问题

（一）亲子关系、探视权及少数民族婚姻习俗中的彩礼返还等问题依然是家事案件审理中的难点

近十年来社会风气越来越开化，两性关系有低龄化和自由化的趋势，给传统家庭伦理观念带来不小的冲击，各个年代阶段的亲子关系变得更为复杂，家事案件中涉及亲子鉴定和损害赔偿的情形越来越多；独生子女探视权的行使中引发的矛盾冲突难以调和，在二孩政策实施后，我国并未出现预想中的生育潮，因此二孩政策能否对独生子女的探视权具有一定的积极作用还未得到验证；生活习俗中彩礼的比例经常与男方家庭经济状况差距悬殊，在离婚案件中因彩礼返还引发的矛盾非常突出。以上问题依然是家事案件审理中的难点。

（二）家庭暴力的认定和人身安全保护令

人身安全保护令作为一种“新生事物”，在具体实施过程中存在以下问题。

1. 法律对家庭暴力的界定标准不易把握

《最高人民法院关于〈中华人民共和国婚姻法〉司法解释（一）》规定：

家庭暴力是指行为人以殴打、捆绑、残害、强制限制人身自由或者其他手段给其家庭成员的身体、精神等方面造成一定伤害后果的行为。而《中华人民共和国反家庭暴力法》中所称家庭暴力，是指家庭成员之间以殴打、捆绑、残害、限制人身自由以及经常性谩骂、恐吓等方式实施的身体、精神等侵害行为。根据上述法律规定，精神伤害的后果不容易把握，同时身体、精神伤害到何种程度属于家庭暴力，法律也未作出规定。

2. 家庭暴力防范和人身保护令的执行衔接机制尚未建立

家庭暴力主要发生在家庭成员的生活和工作场所，家庭暴力的防范和人身安全保护令的执行需要法院、公安、行政、医疗、社会组织等多机构联合执行，形成一个无缝连接的执行机制。但现实情况是最早接收家庭暴力信息的公安机关目前尚未与法院、社区、民政及心理咨询机构之间建立有效的联系。故家庭暴力的防范与人身安全保护令的执行迫切需要政府牵头建立各机构职责明确的衔接机制。

3. 违反人身安全保护令的刑事责任不明确

对违反人身安全保护令的被申请人进行处罚，采取的是《中华人民共和国民事诉讼法》规定的罚款、拘留等处罚措施，对情节严重构成犯罪的是否构成拒不执行法院生效裁判罪，刑法中尚无明确规定，这也使得一些加害人对保护令视若无睹。

（三）立案前人民调解仍然有存在的必要

尽管兴庆区法院采取了立案后人民调解，但在与银川市婚姻家庭心理咨询中心举行座谈时，合议庭意识到，立案前人民调解仍然有存在的必要。对准备立案的当事人，法院立案庭可以征询其意见，经双方同意后委托婚姻家庭心理咨询中心的婚姻咨询师进行诉前人民调解。这一方案是否可行，涉及咨询费由法院承担还是当事人承担，需要进一步研究。

（四）开展社会调查和心理测评干预缺乏合理的制度安排和必要的经费保障

家事审判改革的目的之一是使社会调查和心理测评干预得到常态化应用，而兴庆区法院目前的社会调查和心理测评干预都是合议庭通过联建机制与社区和心理咨询机构合作，就个案进行委托，相关机构免费提供服务，但这种做法无法推广到家事审判的所有案件。从长远看，仍然应当通过购买社会服务的方式解决家事调查和心理测评干预的问题，目前兴庆区法院仅未成年人刑事审判在财政上有一些的经费保障，家事审判方面仍然缺乏合理的制度安排和必要的经费保障。

（五）法官人身安全保障及心理调适工作不到位

家事案件的许多当事人情绪激动、性格偏执，家事法官在审理案件时，很容易成为矛盾冲突的承受者和不良情绪的宣泄对象。自合议庭成立以来，已发生多起当事人威胁、辱骂、殴打法官的事件，严重威胁到法官的人身安全，法院在对此类当事人进行处罚时，往往考虑到家事案件的特殊性，减轻或免于追究行为人的法律责任。家事法官经常处于负面情绪宣泄的压力之下，身心处于亚健康状态，而法院对法官的人身安全保护和心理调适工作不到位，严重影响了法官从事家事审判的热情和积极性。

（六）家事审判缺乏科学合理的考评机制

家事审判所承担的任务不仅是案结事了，同时还承担着修复受损亲情和治愈家庭矛盾的重担。传统的案件量考核及审限管理不能完全适用于家事案件，不能完全反映家事法官的工作情况，缺乏科学合理的考评机制，在很大程度上影响年青法官投身家事审判。

五、对解决家事审判改革实践中存在问题的对策建议

（一）细化家庭暴力认定标准，建全人身安全保护令多方衔接机制

立法应对家庭暴力的具体情形、伤情程度、加害人的过错情形予以明确，使法院认定家庭暴力更具操作性。加强法制宣传，使受害者学会用法律武器保障自身权益。针对受害人举证能力较弱情形，适当增强加害人的举证责任，法院根据具体情况加大对家庭暴力的核查力度。

（二）建立健全人身保护令执行过程中的多方衔接机制

制定与反家庭暴力法的相关实施细则，对保护令的执行主体作出明确规定，使各执行机构之间的权责明确、内容细化，避免保护令执行过程中的相互推诿，使保护令的执行更具操作性。此外，刑法中还应明确规定违反人身保护令的行为触犯的具体罪名，内容和情节形成罚款、拘留、拘役、

有期徒刑的多层次处罚体系。

（三）完善社会联动机制，丰富诉前调解方式

由政府牵头建立家事纠纷的一体化解决机制，改变以往法院与单一部门单向合作的简单模式，建立多元联动模式。与家庭纠纷调解委员会、婚姻家庭心理咨询中心、妇联等具有丰富家事调解经验的组织有效建立诉前调解转介机制，减轻法院办案压力，为当事人提供更专业有效的婚姻家庭帮助。

（四）保障法官人身安全，及时进行心理调适

就法官人身安全保障问题，可在人员配置中增加一到两名法警应对突发情况，对于宣判、调解等可能诱发矛盾的工作可在法庭进行，并全程录音录像；建立当事人接待室，防止当事人干扰法官的正常工作；同时加大对法官心理健康知识的宣传工作，提高法官对自身心理健康的重视，对不良情绪进行自我疏导或进行专业咨询，定期对法官心理健康状况进行评测，及时发现问题，进行心理调适。

（五）建立科学合理的考评机制

对家事法官进行绩效考核时，应当对审限等考核标准进行修正，在传统的考评机制上结合家事审判特点，科学合理制定考评标准，注重案件的社会效果，使得家事法官的工作能够得到充分的认可，同时通过创新考评机制激发家事法官工作热情，发挥专业化家事审判功能。

对全面打造宁夏反恐“铁桶工程”的认识与思考

吴　刚

习近平总书记在党的十九大报告中指出，“坚持总体国家安全观。统筹发展和安全，增强忧患意识，做到居安思危，是我们党治国理政的一个重大原则”。并把“严密防范和坚决打击各种渗透颠覆破坏活动、暴力恐怖活动、民族分裂活动、宗教极端活动”置于有效维护国家安全的重要内容。这是深刻阐述在新的历史条件下国家安全工作面临的重大实践问题，深刻阐明了未来一个时期国家安全工作的大政方针和行动纲领，同时开启了中国特色社会主义新时代下国家安全工作的新征程，对新时代下全力做好反恐怖工作具有很强的指导性、战略性和前瞻性。我们要牢牢把握坚持总体国家安全观的指导思想，牢固树立居安思危意识，进一步加强和改进反恐怖工作，不断深化情报导侦、完善应急机制、突出防御体系建设，全力打造反恐维稳“铁桶工程”，构筑起打击暴力犯罪、捍卫国家和社会安定的铜墙铁壁，努力开创维护国家安全和社会稳定工作的新局面，为决胜全面建成小康社会作出应有的贡献。

一、反恐“铁桶工程”的思想内涵

恐怖犯罪活动是犯罪的最高阶段，不仅严重危害公共安全和社会稳定，

作者简介　吴刚，自治区公安厅经侦总队主任科员。

形成一定规模时可直接威胁到政治安全和国家安全。当前，受国际恐怖势力的影响，国内涉恐问题和暴恐活动威胁愈发突出，且逐步向交通运输、网络、金融、信息等领域蔓延，恐怖威胁的种类和特征也在不断发展变化，日趋多元化的暴恐活动，给社会和公共安全带来了严峻的挑战。

2017年初，宁夏公安提出了打造反恐“铁桶工程”建设目标。这是贯彻“坚持总体国家安全观”的重要举措，是对当前反恐维稳形势深入研究后作出的清晰判断，也是反恐升级建设和因地制宜建设的创新实践。

“铁桶阵”在军事上是一种防守反击的战术阵法，在我国古代兵法布局中多有运用，主要用于依托属地地理优势或可控的有利条件所构筑防御外敌入侵的城防工事，使敌方无法入侵和渗透，同时具有切断内敌对外联络或防止出逃的战术作用。反恐“铁桶工程”可引义为，建立严密的反恐防御体系，扩大防御面，加强内部重点要害部门的综合管控，防止各类犯罪分子从外潜入、侵入属地内寻机作乱，进而引发暴力恐怖事件。反恐“铁桶工程”建设以《反恐怖法》为根本，以提升防范能力建设为基础工程（桶壁工事），以情报导侦和应急处置能力建设为核心工程（桶底工事），以侦破案件或切断外逃为关键（桶盖工事）的立体化系统性防御工程。全面建立反恐“铁桶工程”，从内可以保卫属地的安全稳定，净化治安环境，同时也提升了预防各类犯罪的防范水平；从外可以有效切断涉恐分子向北京、西安等方向集结、潜伏、实施恐怖犯罪的通道。既是反恐阵地的守卫战，也是以守为攻的主动仗，一举两得，对保障社会平安建设具有深远意义。

二、打造反恐“铁桶工程”的必要性

（一）宁夏面对的主要涉恐因素

1. 民族宗教因素

宁夏属民族宗教较敏感地区，一些信教群体受各种思想遗毒和内部复杂性等影响纷争不断。同时，因宗教信仰、民族生活习惯相近等因素，极易引来宗教极端、民族分裂、暴力恐怖“三股势力”分子在全区境内搭窝建点、招募成员、发展组织，为其在区内进行宗教渗透、非法宣（传）教等活动创造有利环境。同时，一些涉恐组织向境内派驻成员，并提供资金资助和扶植支持，伺机作乱或预谋犯罪等。如不主动作为、及时防范、放任自流，必会滋生涉恐犯罪的温床。近年来，宁夏公安、国安等部门相互配合，在区内先后打掉多个非法宣（传）教的涉恐团伙。但是，一些涉恐分子仍然会把宁夏作为重点躲藏、隐蔽的潜伏地和转移涉恐资金的地下通道，利用户籍管理和资金管控的漏洞，漂白身份、洗钱并转移资金后逃离国境，前往中东等国家地区接受恐怖训练和培训等。

2. 地理环境因素

宁夏境内交通发达，陆运和铁路贯穿全区，航空出入境人员吞吐量不断加大，高铁等重要交通项目正在兴建当中，一些重要民生工程和经济设施都在区内设有中转站点，容易成为恐怖袭击的目标。作为丝绸之路经济带的重要支点，宁夏既是重要的自由贸易基地，又是向西通向阿拉伯国家及沿线国家的国际大通道，向北通向蒙古国与我国东、南部地区的铁路枢纽，向东连接东部沿海港口的欧亚大陆桥通道等，如此便利的交通条件，极有可能成为恐怖分子实施恐怖犯罪的预备出发地、中转站或渗透、出逃的通道。

3. 社会矛盾因素

宁夏属内陆经济欠发达地区，受经济发展不均衡和收入差距拉大等潜在因素的影响，以及经济犯罪方式手段不断翻新，民众的法律意识和防范意识薄弱或预防不到位，引来新型经济犯罪向宁夏流入蔓延。因经济问题引发极端个人恐怖犯罪的可能性随之增多，社会矛盾突出成为滋生恐怖犯罪的一个重要方面，不容忽视。

（二）恐怖犯罪呈现出的新特点

近年来，受国际恐怖势力影响，国内恐怖犯罪有所上升，其造成的重大人员伤亡、财产损失和政治影响，远超过刑事犯罪造成的现实危害，并呈现出新特点，大大增加了反恐工作的难度。

1. 恐怖犯罪活动瞄向普通群众

2015 年 1 月 5 日，银川发生了马永平公交车纵火案，造成民众 17 人亡 33 人伤的严重后果，对宁夏的治安环境造成严重的负面影响。2017 年 10 月 1 日晚，美国拉斯维加斯发生了枪击事件，枪手向无辜群众疯狂扫射，直接造成59人亡，527人伤，震惊了世界。前者是由劳资纠纷引发的恶性犯罪案件，后者的作案动机尚未定性，但两者作案的方式都是以恐怖手段实施的，并非政治、宗教和民族问题而引发，属于典型的个人恐怖主义行为或个人极端暴力犯罪，类似犯罪在立案定性上将成为一个新课题。

2. 恐怖破坏活动瞄向高铁运输系统

2014年6月，武广铁路衡阳段发生人为蓄意破坏高铁运行事件，嫌疑人剪开高铁隔离网，在行驶高铁轨道上放置三脚架和铁墩障碍物，企图改变轨道行驶方向致使高铁列车脱轨或受损，幸好及时被发现，此事件导致多趟列车中断运行，列车延误达3个多小时，为高铁运行反恐防范敲响了警钟。

3. 恐怖破坏活动瞄向民航运输系统

2008年3月，南方航空公司从新疆乌鲁木齐飞往北京的航班上，一名19岁女子企图携带经过伪装、可致机毁人亡的破坏装置登上飞机，实施恐怖犯罪未遂，被乘务人员当场抓获。2012年6月，天津航空公司从新疆和田飞往乌鲁木齐的航班上，6名暴恐分子企图劫机，被机组人员和乘客制服。可见，民航领域的安全防范也不可掉以轻心。

国内外涉恐的案例（事件）还可以举出很多，本文只对涉恐犯罪出现的新情况和将来成为重点防范问题以案例作以引述。比如类似运用纵火、枪击、破坏交通工具或砍杀、车撞、爆炸、投毒等手段，或采取“独狼式”“自杀式”犯罪，仍是涉恐犯罪的主要手段。如果此类犯罪被作效仿或蔓延，对公共安全和社会造成的危害性、严重后果不言而喻。

三、宁夏反恐建设的发展现状

当前，恐怖犯罪活动已成为国际社会必须面对的共同问题，如何反恐也成了一项新课题。自美国“9·11”事件后，反恐成为了许多国家重要的对外对内政策，我国也随之加强了反恐的预防和应对策略。2002年，国家层面开始建立反恐怖机构，之后各省（区）市相继成立了省级反恐怖机构，现已延伸到市（地）一级。2011年10月29日，十一届人大常委会通过了《加强反恐怖工作有关问题的决定》。2015年，《刑法修正案（九）》新增了五条恐怖犯罪罪名，为推动反恐怖立法做了铺垫和预备。2016 年 1 月，我国《反恐怖主义法》正式颁布实施，反恐怖立法的顺利完成标志着我国反恐进入新的历史阶段。

宁夏是全国反恐 19 个重点省（区）之一，处于全国反恐一线，反恐建设决定着当前和未来平安宁夏建设的大局。作为反恐主力军，公安机关一直高度重视反恐工作，主动承担反恐任务，不断完善反恐工作体系。经过多年努力，宁夏的反恐能力建设经历了从无到有、从弱到强的发展历程，人员编制配备和装备建设实现了跨越性发展，尤其在装备建设达标率上已走在了西北地区的前列。反恐力量建设和应急处置能力也逐步提升，并具备了一定的实战能力，可以防范和应对一般性的恐怖犯罪或恐怖袭击。2012 年以来，宁夏公安机关首案将躲藏在银川市兴庆区，准备预谋实施犯罪的新疆阿克苏市 6·22 爆炸案主犯成功抓获，之后又多次侦办了 3·05 等一系列重要涉恐案件，反恐工作取得了阶段性成果。

四、反恐“铁桶工程”的主要策略

反恐理论体系和法律支撑目前已健全完善，遵照《反恐怖主义法》落实具体性工作和行动是当务之急。2017 年以来，经过公安、武警等部门共同努力，“铁桶工程”基础建设初见成效，在保卫党的十九大和中阿博览会等区内重大任务活动中发挥了重要作用。同时也要认识到，打造“铁桶工程”是一项艰巨复杂的任务，也是一项全方位、立体化、系统性的工程，要全面建设好还需要扎实做好以下几个方面的工作。

（一）构建由内到边的反恐防御体系

反恐防御体系即防恐、情报和应急工作互相依托的综合效应，是预防恐怖犯罪或袭击的根基所在，防御体系要建立在多部门联动的基础上，在依据反恐法的相关条款要求下，逐步深入细化工作，使之更加便于操作落实。

1. 加快等级防范标准建设

目前，全区重点防范目标单位现有 200 多个，依据《反恐怖主义法》的有关条款，宁夏应当根据目标单位的防范的重要性，可划分确定一、二、三类，建立完善的等级防范标准机制，实行分类分层级进行防控和监管。着眼在现有安全防范基础上，根据防范重点和必要性制定目标防范标准，主要按照目标单位可能遭受恐怖袭击的方式制定相对应的预警处置机制和应对处置流程，制定建立防恐机制。反恐怖防范标准是重点目标单位安全防范的最高标准，依此防范标准可提高宁夏重点目标单位防范恐怖袭击或防范治安、消防、刑事犯罪的整体防范水平，同时使防范工作更具基础性、机制化、标准化。

2. 设置重要通道卡口检查站

一是对环宁夏周边陆运重要交通枢纽或重要通道设置卡口检查站是最直接有效的防范手段，可以在敏感时节或预警期内对出入境内外人员、车辆等进行查控，防止或震慑不法分子携带作案物品进入境内伺机作乱。二是航运（机场）要在加强航空安检卡口的同时对机场的重要目标加强防范警戒。三是铁路运输站点治安点要联合站点应急力量（两警巡逻）建立相互支援的协作机制，遇有紧急情况能够及时响应。四是水运黄河宁夏段（宁夏中卫—内蒙古托克托航道）要设立临时检查站，并与行政监管部门建立协作机制，防止涉恐、不法分子潜入或外逃。同时要建立对应的等级预警机制，对查控手段、人员数量、武器装备配备等随情况紧急程度等进行升降等级预警，不同等级对应不同的预警级别。卡口检查站点还要设立人员身份证查证、人像比对、车辆识别系统，直接与辖区公安机关情报部门对接，联入“黑白名单”人员比对库，遇有情况能够及时响应。信息网络监管部门设置网关卡口或防御防火墙等，防止涉恐分子通过信息网络渠道实施网上涉恐活动。

3. 严防涉恐组织资金资助

涉恐资金是恐怖犯罪“做成事”的必要条件，反恐部门应加强与公安经侦、人民银行反洗钱等部门的联系合作，建立涉恐重点人员资金查控机制，赋予反恐部门运用资金信息查控平台的权限，并会同经侦等部门分析研判查证结果，与公安大情报系统对接，做到提前预警防控。同时，在敏感时节对来宁重点人员的资金进行先期审查，发现可疑资金立即冻结查处。同时也可以通过可疑资金查证深挖恐怖分子，做到主动出击，为涉恐案件的侦破提供前置条件。

4. 依托武警内卫部队

武警内卫部队担负着对全区重点要害和固定目标的安全保卫、守卫任务，是反恐防范的重要力量。反恐部门与武警内卫部队应保持密切联系，加强情报工作的互通、共享，强化防范、应急工作的相互支撑。在防范工作上要深入探索并建立防范体系机制，重点协调当前铁路重要站点、铁道沿线等建立联合动态巡防力量；对民航机场的指挥、通信、电力中枢等要害部门增强兵力，提高防范水平；对党政机关等重要目标的防范要突出电子监控信息与人力防范相结合的方式，实现灵敏反应、快速警戒处置；对人员密集场所、重点区域的“两警”联合武装巡逻要坚持固化，同时科学制订方案，合理配置警力兵力，使联合武装巡逻机制更加制度化、规范化。

5. 提高重要民生设施防范水平

反恐部门要与政府主管民生设施的职能部门加强协作，建立防恐防范机制，尤其对水、电、气、油等民生设施，要依据《反恐怖主义法》和企事的管理制度严格管理，要坚决落实重点要害岗位人员的政治背景审查制度，对要害岗位操作人员加强培训增强防恐防范意识；要按照重要目标单位防范标准，增加人防、技防、犬防等设施、设备的投入；对宁夏的重要桥梁、隧道、涵洞安防设置等要借鉴外省先进经验，整体谋划、设定标准，投入必要的技防设施，实现信息化管控；对毒化、辐射、民爆等危险品，要落实备案式和电子追踪化管控手段等，实现全区民生设施防范水平的整体升级。

6. 明确防恐防范责任

自治区反恐办要指导成员单位严格落实反恐工作的总体部署，明确反恐防范工作任务，督促落实防范工作主体责任制。反恐重点防范单位要自行加强建立警民联防体系，按照防范标准定期自主开展自查自改。各级反恐部门要严格按照《反恐怖主义法》的要求，依法履行监督责任，要加大暗访检查力度，对重要目标单位的防范机制、责任落实情况、要害部门岗位人员背景审查等要进行明察，对重要单位的外围防范等要进行经常性的暗访，对检查的问题要及时通报监管部门并限期整改，对违反《反恐怖主义法》的重点单位要依法处罚，坚决维护国家法律的严肃性，促使重点目标单位逐步形成法规意识，重视反恐怖工作。

（二）建设纵横交错的情报网络

反恐情报搜集要做到预知、预警、预觉，就要明确责任分工，加大情报网络建设。公安情报部门要加强对涉恐案件、维稳等情报信息的搜集和研判；军队与武警部门要重点对反恐战术情报的搜集和情报保障武力攻击的研究；国安部门侧重搜集国内外、跨区域、跨国界恐怖组织的情报搜集和研判。反恐部门要注重运用公安大数据应用平台，梳理线索、整合情报研判可靠结果，上报决策层。同时，根据形势需要，适时通报相关重点要害单位或作战单元情报信息线索，做到提前预警、提前响应。近年来，公安、国安、武警等部门都建立了纵向、独立的情报信息平台，反恐部门要整合以上部门的情报资源，建立完善本级情报信息互通共享机制，对涉恐重点人物和重点地区加强信息搜集能力和研判效率。目前，反恐情报工作还不能完全依靠技术情报，也不能完全运用公安大数据落实侦查工作，一些情报的基础工作仍需要人力来完成。公安基层派出所是搜集、挖掘情报线索的触角，如果能够完善基层基础情报搜集报送录入机制，可以提升反恐工作中主动发现能力。公安基层派出单位应设立反恐情报兼职专干，如不能设立专干，可由国保情报专干兼职，在搜集情报工作中发现有涉恐情报，为节省时间、减少环节，可直接先报上级反恐部门，备报国保部门。同时，建立反恐情报员定期培训、考核和奖励制度，不断调动反恐情报员的积极性。

（三）完善应急处置预（方）案

预案是对应急处置行动的总体思考，也是为应急处置行动争取主动和先机的关键。完善预案应结合突发性恐怖袭击的特点，健全各级各类反恐怖预案体系。要及时将现有的各种专业力量的职能调整情况和新规定体现在预案中，突出应对多种恐怖袭击预案的针对性、操作性、专业性，保证本级反恐怖预案在国家级反恐预案的框架下实现有效衔接。要统筹好应急处置力量体系建设，确保专业力量能够快速形成重拳，高效出击。要立足应对多地、多点同时发生的恐怖袭击方式，突出重点，统筹兼顾，科学部署反恐怖专业应急力量，加强现场局势控制，力求降低恐怖危害范围，实现稳妥高效地指挥处置。要加强与应急成员单位联系沟通，进一步明确指挥机构任务和编成，明确应急力量的配置和方位。为充实完善预案体系，要对出发地到达目标地的时间、路程等作出精确计算，适时更新基础调查数据等。同时，健全完善应急反恐联合指挥机制和协同联动机制（方案），进一步明确职责、理顺关系、熟悉程序，确保指挥畅通。遇有情况，能够在属地反恐部门的统一指挥下，迅速启动应急机制，保障反恐专业力量快速投送到位、处置行动能够及时高效展开。

（四）优化反恐应急指挥体系

实现应急反恐效应的最优化和反恐制胜的最大化是反恐怖应急指挥体系建设的根本原则。在反恐应急状态下，自治区（省）级反恐怖机构需要及时有效地协调各个层面的反恐怖力量和资源，就要建立和逐步完善具有适应本地实际的标准化的应急指挥体系。

1. 借鉴完善指挥层级关系

在国家现行应对恐怖事件的组织领导体制和指挥协调机构的基础上，借鉴完善符合现地实际的指挥层级关系。例如，借鉴军队指挥体系改革的成果。以前，军队军级首长机关下达的指挥作战命令到达一线的作战单元（营连），需要经师、团两级首长机关传达，程序繁琐，容易贻误战机。为适应当前信息化指挥作战模式，军队将师、团两级首长机关改为旅级作战机关，直接下辖营、连等一线作战单元，使指挥体系快捷、顺畅。反恐应急作战队应急指挥可借鉴军队，遇有恐怖袭击或犯罪事件可设立两级指挥机构，自治区级（指挥决策层）和县级（事发地指挥机构），市级指挥员必要时可进入自治区（省）级进行组织协调，或进入县级进行加强指挥。自治区反恐指挥机构，通过纵向减少层级，横向打破警种、部门和区域界限，将指挥延伸至终端（作战单元指挥员），实行点对点的扁平化指挥，进一步增强快速启动、反应灵敏、指挥高效，适应或驾驭多种、多点、多个反恐作战任务需要的指挥平台，确保遇有情况能快速高效处置。

2. 建立专家咨询组辅助决策

反恐怖工作涉及社会多个行业，需要调动各方面的力量和资源，要充分利用各行业中的专业人才资源，增加反恐怖工作的专业化和科技含量，真正掌握反恐制胜的主动权，实现克敌制胜。专家组成员可以结合自身专业特长，如情报分析、排爆、防化、防辐射、消防、法律等，提出防范和打击恐怖活动的对策或建议，同时根据现行恐怖主义的发展变化，提出一些具有预见性、前瞻性的对策或建议，并在制订反恐怖工作预案、举行反恐怖演习、加强危险物品的管控、落实重点目标防范等各方面提供技术支持，从而在平时防范工作和应急处置时发挥辅助决策作用。

（五）引入高新科技的提高信息化保障能力

在反恐任务中，实现情报信息化导侦和信息化合成作战势在必行。公安机关要依托现代科技和信息化水平引领反恐工作创新发展。要注重应用信息网络技术和尖端科技手段提高信通保障能力；加强信息化指挥平台应用建设，确保在应急状态下各种传输功能联得上、通得畅，切实保障指挥系统高效运转。反恐信通保障要围绕“动中传输”，科学利用现行通信干线网，灵活组织局部通信指挥网，坚持以无线通信为主，卫星、微波传输等多种手段相结合的方式，保证通信畅通。要对无线、有线、卫星、网络覆盖状况做到心中有数，对易遭到恐怖袭击的目标，及其周边区域通信环境要提前进行详细勘察，确保反恐行动中对通信网络的掌控。

（六）建立平战结合应急机制

反恐应急状态下，因任务繁重，需要充足的警力应对和保障，反恐形势趋于缓和时，警力剩余又是一个突出问题，建立平战结合应急机制是破解这一矛盾的现实举措。

1. 建立涉恐案件特侦队

组建打造专业精干的团队模式用于攻坚克难已成为未来新型警队的建队趋势，建立涉恐案件特侦队是提前适应这一模式的举措。涉恐案件特侦队主要由国保、刑侦、经侦、技侦、网侦、反恐等相关警种的专业侦查人员组成，平时归属各业务部门工作，遇有重大涉恐案件或重大刑事案件，立即组织启动机制开展案件侦查工作。特侦队应归属自治区级反恐指挥机构直接指挥，并赋予一定的特别侦查权限，如使用云搜权限、办案环境等给予优先保障等。特侦队的建立，有利于案件侦办过程中最大的发挥效能。

2. 建立自治区级反恐最小作战单元应急队

针对反恐遂行任务的特殊性，在各市建立反恐应急队的基础上，建立一支忠实可靠的最小作战单元反恐应急队，以便于应对多点多次涉恐事件的应急处置，在应对一般性恐怖袭击时，也可成为增援力量和预备队。区级最小作战单位应急队主要由公安特警、武警特战、防爆破、防毒化、网控特勤等的相关专业人员组成，规模在 20 人以内，队员可根据专业特长设置小组编成，应急状态下能够快速合成，形成整体作战单元，并加强队员相关专业装备器材的配备使用，保证在反恐应急状态下或遂行多个任务时发挥预备和加强效能。

3. 建立反恐维稳预备力量

首先要建立等级预警机制（预案），根据预警等级限定警力、装备和指挥机构的规模，选拔年轻、精干的警员，配备相应的单警装备，通过严格训练、专业技能培训等训练出符合应急状态下处置要求的应急队员。应急队员平时在所属部门正常工作，遇有情况，立即进入反恐预警等级战备，按照等级战备规定要求携装备集结，成为反恐应急、突发事件处置的预备力量。

（七）依靠群众群防群治

恐怖主义的主张、观念是恐怖活动滋生的思想基础和得以蔓延的催化剂。加强反恐宣传教育力度，使反恐意识深入人心，赢得民众支持，是反恐“铁桶工程”的重要建设内容。

1. 强化对民众的宣传教育

反恐部门要牵头与政府新闻、宣传、文化等部门密切配合，把国家反恐政策法规等通过教育宣传等方式深入到社区、农村，进一步延伸反恐工作的触角，织密群防网络体系，夯实基础工作，整体全面提升全社会共同反恐防恐的能力。

2. 鼓励群众积极举报重要涉恐线索

群众举报重要涉恐线索是拓展情报收集、开展案件侦查的重要渠道。要采取有效方法，健全措施（保障举报人人身安全、为其身份保密等），完善奖励机制，发动和鼓励群众积极举报涉恐可疑人员和线索，让恐怖犯罪分子无处躲藏。

3. 强化责任意识和担当精神

当前，一些重点防范单位和行政监管部门负责人还存在反恐意识观念淡薄，一些地方的反恐工作处于懈怠、应付状态。要进一步依法依规落实反恐主体责任和倒查责任制，强化相关人员的责任和担当意识，形成齐抓共管的强大合力，勠力建设反恐“铁桶工程”，为平安宁夏建设作出更大的贡献。

农村土地“三权分置”保障机制研究

高卫国

农村土地三权分置是指农村土地所有权、承包权与经营权的分离。随着农村土地“三权分置”在全国推开，法律纠纷不断出现，人民法院受理该方面的案件数量不断攀升。最高人民法院院长周强在向十二届全国人大第五次会议作的工作报告中指出，2016 年全国各级地方法院审理有关涉农村土地“三权分置”改革相关案件 31.8 万件，但由于农地的“三权分置”作为一项新的制度，相关法律和配套机制不够明晰、完善，在司法实践中也产生许多问题。

一、农村土地“三权分置”内涵

（一）“三权分置”的重要意义

1. 有利于农村经济的发展

土地产权归属在“三权分置”制度模式的构建下，得以更明晰，也更能进一步地使农村集体产权权利主体的准确性和明晰性加以提升、实现。农村集体产权的进一步清晰，农村经济体的活力就会发展壮大，激活农村各类组织的内在潜能，有利于农民享有的各种合法权利的有效保护。“三权分置”满足了广大进城从事第二三产业的农民想要保有农村土地承包经

作者简介　高卫国，银川市中级人民法院民二庭副庭长。

营权，增加财产性收入的愿望，也满足了在农村继续务农的农民家庭和下乡的农业资本实现农地集中化经营的需求，有利于加快农村城镇化和现代化的速度，是我国改革在农村突破的又一项作用重大的制度创新。

2. 丰富了双层经营体制的内涵

“三权分置”通过使农业土地的集体所有权、农户承包权和土地经营权三者的分离，实现了对农村土地产权的明晰化细分。从“两权分离”到“三权分置”，深刻体现了我国农村基本土地所有制制度的内涵发展活力。在农业土地集体所有制和农村家庭联产承包土地经营制度保持稳定、长期不变的基础前提下，农民以家庭户为单位承包的土地，农民家庭可以选择自己经营，也可以由其他主体经营，集体土地承包权属于农民家庭的权利状态并不因为承包土地经营权的流转而改变。三权分置使集体所有权、承包权在保持稳定的情形下，同时又使土地要素能够流动起来，所以说它使农村基本经营制度保持了新的持久的活力。

3. 开辟了中国特色新型农业现代化的新路径

实行“三权分置”，把更多的土地经营权利给予其他参与农业经营的主体，有利于使土地经营权的结构得到更好的配置，使其在更大范围内得以实现，全面提升土地生产效率、人力劳动效率、资源转化率。这为更快改变农业发展方式，发挥现代化的农业生产中较大规模经营在其中的带领作用，为中国特色新型农业现代化能够走出一条高效、安全、节约、友好的道路开辟一条前所未有的路径。实现农村集体经济组织、农民家庭、经营户对土地权利的分享，有利于促进社会主体的分工分业，让流出农户增加财产性收入，实现规模经营和规模效应，是充满智慧的制度安排和理论创新。

（二）“三权分置”的内涵

1. 农户承包权与土地经营权的分离

“三权分置”的关键之处在于将土地承包经营权设置为农户对土地承包权和土地经营权。农户土地承包权与土地经营权分开设置，并不意味着在现实操作中，两者必然要分开设置。两者的分离只是发生在农户不愿意经营土地而将其流转给其他农业经营主体的情形下。土地承包权与土地经营权分离设置后，土地承包权并不因此而不复存在。当被进行流转的土地经营权期限届满或其他消灭事项出现时，土地承包经营权复归承包农户。

2. 重构农村土地产权结构

“三权分置”的本质就是要重新建构集体所有制下的农村土地集体所有权、农户承包权和土地经营权的“三元产权结构”。使农村土地产权结构包括产权主体、形态及其权能、物权等方面，都能具有归属明晰、权责分明、保护到位、流转自由的明显特点。能够依据相关的法律、法规建设必要的农业配套设施包括生产设施和附属设施，对生产经营进行自主组织开展，并自主交易或加工产品并获得所有收益；有权依据相关法律法规就所拥有的承包土地通过多种方式流转并获得相关收益。

3. 确立农村土地制度改革的基本方向

“落实集体所有权、稳定农户承包权、放活土地经营权”，这是中央文件多次强调的深化农村土地制度改革的基本方向，也是推进“三权分置”的基本方向。落实集体所有权的关键在于落实享有集体所有权的所属主体及其所享有的集体所有权的具体权能所包含的内容；不改变现有的土地承包关系的关键是保持农户承包权的长久不变，以及不改变农民承包户的土地生产预期经营收益；放活土地经营权是在不损害集体公共利益的前提下，享有土地承包权的农户自愿将农村土地的实际经营权流转给他人利用。

二、宁夏农村土地“三权分置”管理制度

平罗县是国家确定的试点县，目前，该县已经出台了有关“三权”分治的相关政策文件，下面就土地承包权、经营权方面的政策做一简要介绍。

（一）关于引导农村土地经营权有序流转方面的政策

平罗县人民政府指导土地经营权流转的基本原则主要有三项：一是要坚决保持农村土地的集体所有制不变，二是土地流转必须要依据法律规定并保证主体的自愿性，三是土地经营要保证适度规模。承包农地的农民如果要流转所承包的集体土地必须经流转地村委会同意，原则上土地流转必须达到5年以上。委托流转协议由村委会与农户签订，经营者与村委会签订的是土地出租合同。根据个人意愿办理流转经营权证书，经营农作物必

须全部参加农业保险。探索以承包的土地入股组建土地股份合作制式经营，培育家庭农场，由双方协商确定土地流转费。截至目前，家庭农场共流转土地 200~500 亩，专业大户流转 100~200 亩，农产品加工企业和专业合作社流转 200~1000 亩，股份合作社流转 200~400 亩。严禁假借土地流转的名义，从事非农业建设，严格禁止破坏、圈占，污染闲置耕地和损坏农田基础设施，严禁非农业化耕地。关于资本进入土地租赁市场的准入资质、保证金标准、准入程序、土地租赁缴费期限及租赁面积等，平罗县人民政府于 2016 年制定了《工商资本租赁土地从事农业生产经营准入监管暂行办法》进行了明确规定。

（二）关于土地承包经营权、流转经营权等抵押贷款的规定

平罗县关于农村产权抵押贷款方面的相关办法规定，土地承包经营权、流转经营权、农村林权、设施农业用地使用权等权利可以抵押贷款。贷款条件具体为。

1. 主体资格条件

具有农村产权证书，60 周岁以下，且无违法违规行为。

2. 形式条件

抵押产权所在村委会出具的同意抵押贷款书面材料，与抵押权人签订抵押合同，等等。抵押权需在县乡产权流转交易服务机构办理抵押登记。

3. 行为条件

贷款 10 万元以上的应当办理意外人身伤害保险，以流转经营权贷款的必须缴清当年流转费。

4. 贷款额度

土地承包经营权及大片荒地承包经营权抵押贷款额度不得超过 30 万元，流转经营权抵押贷款额度最高不得超过 50 万元。

5. 期限条件

农村产权抵押贷款期限一般就在一年以内，最长不超过两年。

6. 权利实现条件

借款人到期如果不能履行还款义务时，则由金融机构对被抵押的土地权能通过流转、变现和诉讼等方式进行处理。

三、“三权分置”保障机制中存在的问题

农村土地“三权分置”制度改革，给农村生产力的发展注入新的活力，新的制度创新需要及时跟进，破解在实践层面面临的诸多理论、政策、法律难题。

（一）承包权与经营权属性及权能确定问题

关于承包权的属性这一问题，学术界存在两种观点：一种观点认为承包权是成员权的一种，是成员获得承包土地的资格，还不是一种实实在在的财产权；另一种观点认为在“三权分置”和农地流转情况下，承包权仍属于物权，并且与农地未流转条件下的原土地承包经营权一样，是集体成员基于特定身份而享有的权利。关于经营权的属性有两种截然不同之观点：一种观点认为土地经营权是债权，不是物权；另一种观点针锋相对，认为土地经营权是物权，其脱胎于承包权的土地经营权，以土地承包经营权为标的，是用益物权。承包权和经营权权属定位的矛盾和困难，必然涉及经营权与承包权的关系及经营权如何流转、是否可以抵押等问题。“三权分置”制度设计下的承包权是一种物权，就需要对承包权单独确权颁证并且可以流转和抵押，但与承包权只有集体经济组织成员才有资格获得会发生冲突。土地经营权是债权，经营权难以对抗承包权，就可能造成经营权不稳定、短期行为，同时难以抵押；土地经营权以物权抵押，与已有的土地承包权、用益物权权利重叠，土地承包权和经营权存在同一块土地上，与一物只能一个物权的原则向悖。

（二）“三权分置”法律缺失和政策两难困惑问题

“三权分置”制度设计在理论上有了探索，制度设计也在政策层面确定并逐步落实，但由政策落实到法律层面路径障碍依然存在，政策落实与法律规制尚有距离。针对承包权、经营权的性质、权利、流转、抵押、保护等相关规定在《物权法》《农村土地承包法》《担保法》《土地管理法》等法律法规中缺乏相应解释和体现，法律规范缺失，上位法律空白，使得经营权实现仅仅停留在地方性法规、规章以及政策文件层面。经营权流转抵押相关权利之实现缺乏相应法律规制，不可避免面临法律依据困惑。

我国长期以来基于“两权分离”而形成的农业政策体系，在“三权分置”制度设计下，必然导致原有政策的失衡，如粮食直补、农资综合补贴等政策，在实践中普遍落实于承包农户，按照土地面积的多少直接补贴承包农户。而“三权分置”制度设计下，由于土地流转，针对同一土地，政策补贴就必然面临承包户与实际经营者两个主体，接受补贴政策主体不明确，目前的政策体系已经不能适应实际需要，容易造成实际耕种土地的劳动者却享受不到政策补贴的现象，从而导致相关政策发挥不了应有的激励作用。如何平衡实际经营主体与承包户的利益，加快创新政策体系，适应于新产权制度，成为一个突出问题。

（三）配套机制不健全与权能受限问题

土地承包权与经营权实现分离的桥梁环节是农地流转，有效的配套机制可以保障农地流动顺利进行。但颇多配套问题依然制约流转：一是不健全的流转机制。就土地承包经营权而言，虽已流转多年，仍存在社会化服务体系不健全等诸多问题，纠纷时有发生。“三权分置”制度下，土地承包权与经营权分离现象越来越多，流转越来越频繁，现有体系能否继续有效运行，是否亟待完善，能否发挥应有承载功能，尚需思考。二是经营权确权不及时。目前主要是对土地承包权进行确权登记，经营权确权滞后，容易导致市场交易和流转中出现权属不清、权责模糊问题。三是经营权抵押体系尚有不足之处。土地经营权可抵押融资的额度一般依据土地经营权的价值多少决定，然而，由于现实中各项配套体系尚未健全，土地经营权价值评估体系尚未建立，实践中土地经营权价值评估十分不易。

（四）土地经营权流转抵押可能出现经济风险问题

“三权分置”下，只要有耕种农地的意愿并且能够遵守土地农业用途即可通过土地流转方式依法取得土地经营权，成为农地经营权人，可以是集体经济组织内部的成员，也可以是集体经济组织以外的单位或个人，可以不是农民身份的城市人、工商资本、外来人员等。取得土地经营权后，可以依法以土地经营权抵押贷款。但随着工商资本进入流转土地流转市场，如果监管程序跟不上，不可避免地面临土地投机、骗贷、套利等行为，易造成农地非农化、非粮化乃至囤地不开发现象，难以保证农地农业用途。

特别是土地经营权抵押后，如果遇到实现抵押权的情形，抵押权人和承包户的权利发生冲突时，哪一方的权利优先保护，尚没有明确的规定。

四、完善农村土地“三权分置”保障机制的建议

（一）合理界定承包权和经营权权能，实现承包权与经营权主体利益平衡

承包权与经营权分离是“三权分置”制度设计的最大特色，但分置之后的承包权和经营权权能界定为许多学者所担心，会不会出现经营权吞噬所有权与承包权？承包权会不会边缘化？所有的这些复杂的权利义务关系如何才能做到妥善处理？正如前文所阐述的那样，农村集体土地由作为本集体经济组织成员的农户承包，不论经营权如何流转，集体土地承包权都属于农村家庭。任何组织和个人都不能取代农户的土地承包地位，都不能非法剥夺和限制农户的土地承包权。承包权在确保集体经济组织成员地位和社会保障方面的作用要更突出更明显。“三权分置”框架设计下，赋予承包权更积极职能，如，流转对价请求权、征收补偿权、流转土地使用监督权、再转包权、继承权、有偿退出权等。“三权分置”框架设计下，充分发挥和激活经营权市场化作用，盘活农村经济发展和农村土地更大效用，应赋予经营权人承包土地间接占有、农作物处置收益、享受相关政策补贴、征收时地上物补偿、承包方同意下再流转与抵押担保权等权利。

（二）适时修改相关法律，加强政策协调

打通政策落实与法律规制路径通道，实现法律层面承包权与经营权功能规制和保障；承包权与经营权作为新的权利种类，对其取得、权利内容、行使权利的条件、权利丧失和保护等进行明文规定。特别建议制定《土地经营权法》，专门规范经营权性质和权能，经营权确权方式和登记，土地经营者范围和条件以及权利义务，经营权流转方式，经营权的价值评估、抵押及处置，经营权的监管和管理，等等。对于工商资本获得土地经营权的资格、条件、流转土地的面积和规模、土地经营的用途、再次流转的最低期限和最高期限等作出专门规定。

调整政策系统，及时制定和完善相关农业补助及土地征收等政策。农

业补助项目要依据实际需要分别处理，明确补助到位，确保补助政策激励作用发挥。与土地经营直接相关的综合补贴项目，必须补贴于实际经营者。关于土地征收补偿政策，征收土地本身，造成承包权丧失的，补偿项目必须落实到承包权主体；由于地上附着物被征收，造成经营主体的经营权益受到损害，必须给经营者予以补偿。落实和大力推进城乡统筹一体化政策，完善农村社会保障体系，替代土地的基本生活保障功能，提高农民流转土地的意愿，促进土地经营权在更大范围内流转和抵押融资。

（三）建构配套机制，落实经营权的抵押权能

尊重市场经济原则，实现土地抵押融资功能，让土地经营权真正作为交易财产进入市场按照市场价格自由转让，要做好必要的配套机制建设。一是完善不动产统一登记制度，推进经营权确权工作。统一名称，颁发统一证书，确定土地经营主体、经营土地范围、期限等重要信息内容。二是建立土地产权流转交易平台和价值评估机制。发挥政府引导作用和强调服务农村经济发展的公益性，政府给予一定支持，积极推动农村产权交易平台建设和试点，建立专业的土地经营评估机构，根据土地流转类型、租金缴纳方法、流转市场等情况，通过专业手段进行可靠计量评估测算。三是建立土地经营抵押权的处置机制。土地经营权抵押，出现符合法律规定情形，必须处置抵押权，应确立以地上附着物的收益权为抵押权人利益受尝第一序位，处置土地经营权的期限不能超过土地流转年限，但不能涉及土地承包权和土地所有权。

（四）加强经营权流转监管，构建风险防范机制

土地经营权流转和允许土地经营权抵押，必须防止出现风险，加强规范和监管必为应有之义。一是流转程序监管。加强土地承包经营权的确权颁证登记，规范土地经营权流转程序，严格土地经营权的流转价格、期限、规模、用途监管和程序监管，堵住风险隐患。二是对工商资本监管。工商资本进入土地流转，必须加强事中事后监管，要有完备的机制保障，租赁土地上限要有严格的红线加以控制，分级进行检查考核，做好备案，要有风险保障金提交到位，坚决制止工商资本流转土地后闲置土地，恶意囤积土地和擅自改变土地用途影响农业生产，情节严重的必须要追究法律责任。

三是流转价格监管。一方面要充分运用宏观调控手段，使流转价格合理化；另一方面要对融资资格严格把关，谨防利用土地经营权投机套利。四是建立多种类型的抵押担保模式。使贷款风险得以分散，发挥多种类型的土地经营权所具有的对流转风险的分散弥补功能，大力发展政府支持组建的担保主体，使土地产权交易平台的担保功能充分发挥，设立经营权抵押担保风险基金。

宁夏政府购买社区矫正社会工作服务路径初探

李 菁

社区矫正是将管制、缓刑、假释、暂予监外执行的罪犯置于社区内，由专门的国家机关在相关团体、社会组织和社会志愿者的协助下，在判决、裁定或决定确定的期限内，矫正其犯罪心理和行为恶习，促进其顺利回归社会的刑罚执行活动。目前，全国社区服刑人员达70万人，仅靠社区矫正机构工作人员很难全面落实社区矫正管理、教育、帮扶三大任务，社会力量的广泛参与已是社区矫正工作的迫切需要和内在要求，也是社区矫正工作的显著特征，更是落实社区矫正工作任务的必然途径。2012年，最高人民法院、最高人民检察院、公安部、司法部联合印发的《社区矫正实施办法》规定，县级司法行政机关社区矫正机构对社区矫正人员进行监督管理和教育帮助。社会工作者和志愿者在社区矫正机构的组织指导下参与社区矫正工作。由此可以明确，社区矫正工作依靠的力量主要为三支队伍，即社区矫正执法管理队伍、社会工作者和志愿者。本文拟就通过政府购买社会工作服务建立社区矫正社会工作者队伍进行实践性探讨。

党的十八大强调，要加强和创新社会管理，改进政府提供公共服务方式；党的十九大明确，要打造共建共治共享的社会治理格局，加强社会治

作者简介 李菁，自治区司法厅社区矫正局主任科员，自治区司法厅公职律师办公室公职律师。

理制度建设，完善党委领导、政府负责、社会协同、公众参与、法治保障的社会治理体制，提高社会治理社会化、法治化、智能化、专业化水平。本届政府对进一步转变政府职能、改善公共服务作出重大部署，明确要求在公共服务领域更多利用社会力量，加大政府购买服务力度。2013 年，国务院办公厅印发了《关于政府向社会力量购买服务的指导意见》（国办发〔2013〕96 号），明确了“政府向社会力量购买服务，就是通过发挥市场机制作用，把政府直接向社会公众提供的一部分公共服务事项按照一定的方式和程序交由具备条件的社会力量承担，并由政府根据服务数量和质量向其支付费用”，提出了“到 2020 年，在全国基本建立比较完善的政府向社会力量购买服务制度，形成与经济社会发展相适应、高效合理的公共服务资源配置体系和供给体系，公共服务水平和质量显著提高”的目标。

为了进一步健全社会力量参与社区矫正工作的制度，司法部联合中央综治办、教育部、民政部、财政部、人力资源和社会保障部于 2014 年联合出台了《关于组织社会力量参与社区矫正工作的意见》（司发〔2014〕14 号）（以下简称“14 号文件”），系统阐述了社会力量参与社区矫正工作的必要性，明确了通过政府购买社区矫正社会工作服务的方式，促进和引导社会组织参与社区矫正工作，提高教育矫正质量，促进社区服刑人员更好地融入社会，预防和减少重新犯罪，维护社会和谐稳定。北京、上海、广东等多个省（区）先行先试，取得了良好的社会效果。

一、政府购买社区矫正社会工作服务前期探索及现状

（一）制度建设

2014 年以来，自治区相关部门先后制定出台了《自治区民政厅　财政厅关于印发〈宁夏回族自治区政府购买社会工作服务实施办法〉的通知》（宁民发〔2014〕67 号）、《自治区财政厅印发宁夏回族自治区关于政府向社会力量购买服务暂行办法的通知》（宁财（综）发〔2014〕483 号）和《自治区财政厅关于做好政府购买服务指导性目录编制管理工作的通知》（宁财（综）发〔2016〕404 号）等多个规范性文件，明确将社区矫正社会工作者纳入政府购买服务的范围。然而，宁夏作为地处西部的内陆省区，

受经济、社会、文化等客观因素制约，政府购买社会工作服务整体进展缓慢，尚处于初步探索阶段，社会力量参与不足已明显成为社区矫正工作发展的短板。

为了尽快适应社区矫正工作的发展需要，2015年，自治区党委办公厅、政府办公厅印发了《关于全面推进社区矫正工作的意见》（宁党办〔2015〕15号）（以下简称“15号文件”），提出了“加强矫正机构和队伍建设”的工作目标，明确了“采取政府购买服务方式，按社区矫正社会工作者与社区服刑人员1:10的比例配备社会工作者”和“加强专群结合的社区矫正工作队伍建设”的工作任务。2016年，在充分调研论证的基础上，自治区司法厅、民政厅、财政厅、人力资源和社会保障厅联合下发了《关于通过政府购买社会工作服务建立社区矫正社会工作者队伍的意见》（宁司发（2016）45号）（以下简称“45号文件”），确定了以“打包服务”的形式购买社区矫正社会工作服务，并用3—5年在全区建立社区矫正专职工作者队伍的总体工作思路。明确了政府购买社区矫正社会工作服务的基础原则、各部门的任务职责及工作要求，明确了政府购买社区矫正社会工作服务的目的，将协助社会调查评估、收集矫正信息、纠正行为偏差、疏导心理情绪、评估矫正需求、开展教育学习、组织社区服务、引导就业就学等非执法性事项纳入社会工作服务内容，实现社区矫正刑罚执行与社会工作者教育帮扶的适度分离。

截至2017年11月底，宁夏累计接收社区服刑人员19040人，累计解除14662人，在册社区服刑人员4378人，全区共有309名社会工作者通过政府购买服务的方式参与社区矫正工作（社区矫正公益性岗位117人，人民调解员参与社区矫正工作的有180人，社工机构派驻社工12人）。按15号文件规定社区矫正工作者与社区服刑人员1:10的比例测算，目前全区需配备社区矫正社会工作者约440名，缺口尚有130余个。

（二）实践探索

1. 主要做法

各地推动政府购买社区矫正社会工作服务，加强社区矫正社会工作者队伍建设的做法主要有三种。

一是通过人社部门招聘公益性岗位人员充实社区矫正队伍。如银川市各县（区）、中卫市沙坡头区，吴忠市同心县。

二是通过政府购买服务聘用专职人民调解员赋予其一定的社区矫正辅助工作职责。如平罗县、红寺堡区、青铜峡市、盐池县、西吉县、彭阳县、泾源县。

三是实施民政厅福利彩票公益金社区矫正社会工作服务项目。2016 年底，自治区民政厅安排彩票公益金购买社区矫正社会工作服务项目资金 60 万元，在兴庆区、大武口区、同心县、沙坡头区开展政府购买社区矫正社会工作服务项目试点，每个项目投入资金 15 万元。截至 2017 年 5 月，项目全部落地实施，期限一年，共引入 12 名专业社工，填补了宁夏政府购买专业社区矫正社会工作服务的空白。2017 年，自治区民政厅扩大了彩票公益金项目实施范围，提高了资金投入，在兴庆区、平罗县、盐池县、同心县、原州区、海原县等 6 个县（区）投入项目资金 120 万元，平均每个项目 20 万元，持续购买社区矫正社会工作服务。

2. 银川市试点情况

见于银川市社会工作资源相对集中的条件优势，45 号文件明确规定政府购买社区矫正社会工作服务在银川市进行试点。

一是 2017 年银川市司法局联合市民政局、财政局、人社局制订了《政府购买司法行政社会工作服务实施方案》（银司发〔2017〕10 号），细化了政府购买社区矫正社会工作的事项，确定在兴庆区开展银川市政府购买社会工作服务试点。

二是 2016 年开始，银川市司法局先后投入 53 万元用于政府购买社区矫正服务，与宁夏中科博爱心理咨询公司签订社区服刑人员心理矫治服务合同，先后开展心理矫正服务 65 期，向全市 1604 名社区服刑人员开展了心理健康知识讲座并建立心理矫正档案，有针对性地对重点人员进行心理辅导，对 905 名不同犯罪类型的社区服刑人员进行团体辅导；同时，聘用 9 名社区矫正专职工作者分配到县（区）协助开展社区矫正工作，聘用人员 2017 年月工资由原先的 1500 元提高到 2000 元，五险及误餐补助等由县（区）司法局承担。

三是兴庆区积极实施民政厅福彩公益金社区矫正社会工作服务项目，该项目承接方为宁夏明德社会工作研究与发展中心，覆盖解放西街司法所和胜利街司法所。目前，已通过个案帮扶、志愿服务、道德讲堂、国学讲堂等形式组织开展社区服刑人员教育矫正工作，取得了良好效果。

二、政府购买社区矫正社会工作服务问题与瓶颈

（一）政府购买社区矫正社会工作服务，思想认识不到位

社区矫正制度是我国宽严相济刑事政策的重要体现，对于完善我国刑罚执行体系具有重大意义，随着“轻刑快判”等配套司法制度的建立，今后社区服刑人员数量将呈现逐年上升的趋势。通过政府购买社区矫正社会工作服务项目的形式，将刑罚执行以外的“柔性”社会化帮教工作交由专业的社会工作机构，由社会工作者向社区服刑人员提供疏导心理情绪、纠正行为偏差、修复社会关系、恢复和发展社会功能、引导就业就学等与自身发展密切相关的专业社会工作服务，不但有利于确保社区服刑人员思想稳定，正常工作生活，提高社区矫正质量，预防和减少重新犯罪，维护社会稳定，而且一定程度上减少了基层工作量，社区矫正执法人员将会有更多的精力专注于社区矫正执法活动。

从我国社区矫正制度功能来看，社区矫正工作具有刑罚执行和社会工作的双重属性，决定了在工作中“刚性监管”和“柔性帮教”需相辅相成，不可偏废，既要注重执法规范化建设，也需提高社会化帮教的水平；既要建立专业的社区矫正执法队伍，也要建立专业的社区矫正社会工作者队伍；既要强调社区矫正机关和社会工作机构密切配合的关系，也应当明确相对独立的工作范围。

从基层需求来看，由于县（区）社区矫正工作力量薄弱，基层执法人员面对工作中产生大量的程序性、事务性工作力不从心，通过政府购买社会工作服务的渠道补充相当数量的人员从事如档案整理、资料传送、报表统计、信息系统录入等辅助性工作的意愿较为强烈。

从教育矫正效果来看，一方面，县（区）采取招聘公益性岗位、兼职人民调解员、吸纳西部计划志愿者和三支一扶大学生、临时聘用工作人员、

提供实习或见实岗位等多种措施补充人员，不断加强工作力量；另一方面，全区社区服刑人员再犯罪率高于全国平均水平，其中针对社区服刑人员高质量、个性化帮教服务不到位是主要原因之一，单一地补充社区矫正工作辅助人员对于提高社区服刑人员改造质量并没有明显效果。

从解决实际问题的角度来看，基层面临的工作任务繁重、人员少的困境，与政府购买社区矫正社会工作服务推进缓慢属于两个不同性质的现实困难，需分步解决。前者属于加强司法行政机关自身队伍建设的问题，后者属于通过专业社会力量实现社区服刑人员自我发展需要，化解和消除社会不稳定因素的问题。

（二）政府购买社区矫正服务资源欠缺、投入不足、非专业力量作用发挥有限

政府购买社会工作服务是一项系统性的社会工程，需要有明确的政策主导、完善的制度设计、持续的资金保障、充足的社会工作资源和职能部门的协同发力。目前，制约宁夏全面推进政府购买社区矫正社会工作服务的基础性条件有以下两点。一是政府充足且持续的财政投入。2016 年，全区政府购买社会工作服务投入 786 万元，其中，中央拨款 90 万元、地方支出 696 万元。2016 年，民政部门投入 60 万元用于政府购买社区矫正社会工作，2015—2017 年，银川市先后投入 53 万元用于招聘社会工作者和购买社区服刑人员心理矫正服务。2017 年，贺兰县将社会工作者工资单独列入财政预算。按照民政厅《关于进一步规范专业社会工作服务项目健康发展的通知》（宁民字〔2016〕105 号）中对专业社工工资水平 36000 元/人/年（含五险一金）的测算，若全区配备 440 名社矫正社会工作者，仅工资每年约 1584 万元，与实际需求相比政府购买社区矫正服务投入明显不足。二是专业社会工作服务资源短缺。全区现有 29 家能够提供社会工作服务的机构中没有专业的社区矫正服务机构，920 名持证社工中约 85%左右属于机关事业及群团单位内部人员，不直接向社会提供社会工作服务，且存在着资源分布上的不均衡，专业社会工作机构区直 11 个、银川市 6 个、石嘴山市 2 个、吴忠市 3 个、固原市 2 个、中卫市 5 个；持证社工银川市 627 人、石嘴山市 98 人、吴忠市 59 人、固原市 72 人、中卫市 64 人。

通过政府购买社区矫正社会工作服务的方式，建立社区矫正专职社会工作者队伍，这既是当前全区社区矫正工作一个重大的现实课题，也是一项艰巨的长期任务，短期之内在宁夏全面推行政府购买社区矫正社会工作服务具有客观的制约因素。部分县区虽以招聘公益性岗位或聘用人民调解员参与社区矫正的方式落实14号文件和45号文件精神，但公益性岗位人员以过渡性就业的大学毕业生为主，且服务期限一般为两年，工资待遇偏低，基本维持在当地最低工资标准水平（个别县（区）司法局额外补贴300—500元），存在着服务周期短，人员流动性大的问题；专职人民调解员主业是在基层人民调解委员会化解矛盾纠纷，实际在司法所开展着除社区矫正工作外的多项工作，社区矫正工作属于兼职性质，无法确保工作开展的质量。现有公岗人员和人民调解员中没有社会学、社会工作、心理学等专业背景的人员，不具备开展社会工作的专业水平和能力，实际工作中以仍以社区矫正辅助性工作为主，一定程度上缓解了基层司法所工作压力，但并未真正开展与社区服刑人员社会工作服务，与政府购买社会工作服务的初衷相悖。

（三）引入专业社会工作力量，起步困难重重

宁夏通过政府购买社会工作服务的方式引入社会工作力量参与社区矫正工作，目前正在试点起步阶段。调研中发现，兴庆区等4个县（区）的民政彩票公益金社区矫正社会工作项目落地以来，出现了一些新问题，制约着项目的有效运行。一是项目属于民政厅投放县（区）民政局执行的项目，项目服务合同（协议）的签订及管理权限属于民政部门，项目实施前民政部门、项目承接方未充分与司法行政部门沟通，未充分评估社区服刑人员需求。二是在全区没有专门的社区矫正社会工作服务机构的情况下，项目承接方开展社区矫正社会工作服务也属首次，项目的设计和研究与实际工作需求有差距，社工机构针对社区服刑人员开展工作经验欠缺。三是社区服刑人员对社会工作认知度较低，对社工机构的介入其矫正环节反应较为强烈，不愿让司法行政机关以外的社会人员知晓其罪犯身份，普遍存在着较强的抵触情绪。四是个别县（区）司法局对项目的重视程度不够，不能正确理解和对待项目的运行模式，对项目运行准备不够充分，不能积极协调解决社工机构面临的问题。

(四) 政府购买社区矫正服务工作制度还不够完善

在政府购买服务现有的政策制度下，逐步形成协调有力、联动有效的管理体制和规范高效的工作机制是关键。自治区财政厅、民政厅、人力资源和社会保障厅、司法厅等部门制定出台的政策及文件虽然确定了政府购买社区矫正社会工作服务的基本框架，但还存在着经费保障标准和方式不够明确，社区矫正社会工作服务的内容有待进一步细化，横向的部门职责和纵向的地方职责还不够明晰等问题。

三、政府购买社区矫正社会工作服务解决路径

(一) 提高思想认识，转变工作思路

政府购买社会工作服务，是各级地方政府的职责，是顺应政府职能转变，转换社会公共服务供给方式的重要内容，需要政策、制度、人才、资金等全面配套保障。我国政府购买社区矫正社会服务已有十多年的实践历程，部分地区在持续实践和探索中形成了自己的特色和模式，但总体来看，尚处于摸索阶段①。宁夏政府购买社区矫正社会工作服务目前处于小范围试点阶段，有必要组织相关职能部门及市、县司法局主要领导赴广东、上海等政府购买服务工作经验相对发达的省、市考察学习，充分考察政府购买社区矫正工作的运作模式、工作内容、社会效益等，借鉴先进省、市成功经验。转变对政府购买社区矫正社会工作服务就是增加工作人员的片面认识，在今后的工作中以有针对性地开展社区服刑人员社会化帮扶为着眼点，通过政府购买服务项目，有效整合社会化帮教资源，提高社区矫正质量，预防和减少重新犯罪。

(二) 加强顶层设计，优化制度保障

进一步完善政府购买社区矫正社会工作服务相关制度，以自治区社区矫正工作协调小组名义印发《政府购买社区矫正社会工作服务实施方案》，

---

①苗泳，邢玲:《完善政府购买社区矫正社会服务制度的思考》,《中国司法》,2017 年第 4 期,第 83 页。

明确部门职责，细化工作措施，使45号文件更具操作性，以“打包服务”的模式推进政府购买社区矫正社会工作，确保有条件的市、县（区）引入专业的社会工作力量，开展社区矫正社会工作服务。一要协调民政部门争取扩大福利彩票公益金社区矫正社会工作项目实施范围。二要协调财政部门采取自治区、市、县（区）分级保障的模式，将政府购买社区矫正社会工作服务经费按社区矫正社会工作者与社区服刑人员1∶10的比例测算予以专项保障。三要积极协调编办、人社、团委等部门，通过公开招考的形式加强基层执法力量，通过提高公益性岗位、三支一扶、西部计划志愿者向司法行政部门分配名额的方式，向基层补充社区矫正工作力量，缓解人员不足的困境。

（三）培育本地资源，注重因地制宜

一是各地、各部门要精心培育社区矫正社会工作服务机构，培养社会工作专门人才，为政府购买社区矫正社会工作服务提供充足的人力资源保障。结合实际制定符合本地工作发展的政策措施，科学界定购买社区矫正社会工作服务的范围，因地制宜地开展工作，实现政府购买社区矫正社会工作服务本土化，建立留得住、能管用的社区矫正社会工作者队伍。二是司法行政部门要及时与民政部门沟通解决彩票公益金社区矫正社会工作服务项目实施过程中存在的问题，以开放、包容、合作、共赢的心态积极帮助社工机构，在办公场所、工作设施等问题上给予必要的支持，降低其日常运行成本，保证项目的顺利实施。三是在银川市所有县（区）全面推开政府购买社区矫正社会工作服务的试点。以点带面，示范引领，为全区开展社区矫正社会工作服务积累宝贵经验。

试点地区监察体制改革相关问题述评

张国君

监察体制改革试点是事关全局的重大政治改革，试点一年以来运行良好，取得了初步的成效，标志着党秉持依法治国、全面从严治党的基本方略推动我国政治改革进入新阶段。同时，也应当看到改革意味着打破旧机制创建新制度，难免会涉及诸如合宪性、权能配置、制度衔接等顶层设计方面的重大问题，需要我们进一步分析论证，以便为宁夏即将推开的监察体制改革提供参考和借鉴，也为后续修改相关的法律法规提供充分的理论依据。

一、国家监察体制改革试点评述

（一）合理确定目标任务，廓清监察职能定位

中共中央《关于在北京市、山西省、浙江省开展国家监察体制改革试点方案》（以下简称《方案》）指出，“深化国家监察体制改革的目标，是建立党统一领导下的国家反腐败工作机构。实施组织和制度创新，整合反腐败资源力量，扩大监察范围，丰富监察手段，实现对行使公权力的公职人员监察全面覆盖，建立集中统一、权威高效的监察体系，履行反腐败职责，深入推进党风廉洁建设和反腐败斗争，构建不敢腐、不能腐、不想腐

作者简介　张国君，宁夏社会科学院科研处实习研究员。

的有效机制。”可以看出，这次监察体制改革的目标任务具有多双重性，其中“建立党统一领导下的国家反腐败工作机构”是最直接的目标任务。而“深入推进党风廉洁建设和反腐败斗争，构建不敢腐、不能腐、不想腐的有效机制”则是实效性目标。对于建立党统一领导下的国家反腐败工作机构这个目标，三省市在《方案》公布之后的一个月内，依据全国人大常委会的决定，相继召开人大会议，选举产生了各自的省级监察委员会主任，并在随后的人大常委会中选举产生了监察委员会其他成员，完成了省一级监察委员会的组建工作。2017 年 4 月 27 日，试点地区全面完成省、市、县监察委员会组建和转隶工作，其中北京转隶 768 人，山西转隶 1884 人，浙江转隶 1645 人，标志着试点地区“建立党统一领导下的国家反腐败工作机构”的目标任务基本完成。

按照《方案》“建立健全监察委员会组织架构，明确监察委员会职能职责”的要求，监察委员会主任应由人民代表大会选举产生。程序上国家监察委员会主任由党中央提名，全国人大选举产生；地方监察委员会主任由上级监察委员会提名，同级人民代表大会选举产生。新组建的国家监察委员会，不仅仅是将检察院的一部分科室人员合并充实到纪检监察机关，且从地位性质来看，是由行政监察上升为国家监察，其职能涵盖党纪检查、廉政调查和反腐侦查等方面，具体包含预防腐败的调查权、审计权、警示权、建议权，对腐败违法违规的调查权、处分权，对腐败犯罪的侦查权、预审权等。自 2017 年 1—8 月，北京市、山西省、浙江省分别运用“四种形态”处理 6546 人、27239 人、24085 人，分别给予政务处分 284 人、1180 人、951 人，三省（市）检察机关共受理监察委员会移送案件 219 件 281 人，提起公诉 76 件 85 人。这种相互独立、相互衔接和相互配合的监察权力配置模式，与相对应的腐败衍生、腐败违法到腐败犯罪的渐次关联性特征高度契合，形成了“把纪律挺在前面”，反腐执法同步跟进，违法违规调查与刑事犯罪侦查、反腐执法一体推进的治理形态，极大地提高惩治和预防腐败违法犯罪的法治效能和强大威慑，为构建“不敢腐、不能腐和不想腐”的有效机制提供有力的组织保障。

（二）健全工作机制，规范制度建设

按照《方案》要求，试点地区纪委、监委共同设立内设机构，在力量配备上向监督执纪一线倾斜。北京市纪委机关原有23个内设机构，在市检察院划转10个机构后，市纪委、市监委机关撤并重组为29个内设机构，其中纪检监察室17个，8个室是执纪监督部门，负责联系地区和部门的日常监督工作，8个室是执纪审查部门，负责对违纪违法行为进行初步核实和立案审查，1个室负责追逃追赃和防逃工作。各纪检监察室、干部监督室、信访室等部门发现或受理的相关问题线索，都要移送到案件监督管理室，由其按程序办理，并负责对这些问题线索进行集中管理、动态更新、定期汇总核对。与此同时，山西省、浙江省纪委、监察委也分别设置了相类似的21个、25个内设机构，执纪监督部门分别为8个、7个，执纪审查部门分别为3个、6个。通过以上科学设置执纪监督、执纪审查、案件管理、案件审理、干部监督等内设部门，合理配置部门职能，确保了内部流程运转顺畅，实现了机构的重组和职能、人员的全面融合。

为认真履行赋予监委会的监督、调查、处置职责，严格规范权力行使，探索运用调查手段，确保惩治腐败力度不减。在实践基础上，试点地区认真梳理总结有效做法和管用实招，探索出台了监察权有效运行的多部制度规范，为推进监察制度改革试点提供制度保障。其中，北京市制定《北京市纪检监察机关监督执纪工作规则（试行）》《调查措施使用规范》《监督执纪工作常用文书》《北京市纪委市监察委机关执纪监督工作暂行办法》等相关文件，构建了以试点实施方案为核心，涵盖组织决策、执纪执法、纪法衔接、监督制约4个方面的制度体系。山西省制定了《山西省纪委监察委机关审查措施使用规范》等文件，浙江省制定了《浙江省监察留置措施操作指南》等文件。规范了监察委员会12项措施的审批流程，为行使监督、调查、处置职能提供了依据。

（三）扩大监察范围，明确监察对象

为有效解决先前行政监察范围过窄、反腐败力量分散、力度不足的弊端，实现对本地区行使公权力的公职人员监察全覆盖，试点地区将监察对象扩展到试点方案确定的六大类，即：第一，《公务员法》所规定的国家公职人员；第二，由法律授权，或者由政府委托来行使公共事务职权的公务人员；第三，国有企业的管理人员；第四，公办的教育、科研、文化、医疗、体育事业单位的管理人员；第五，群众自治组织中的管理人员；第六，其他依法行使公共职务的人员。各地并在此基础上做了深化探索，如山西省将原由公安机关管辖的国有公司、企业、事业单位人员行贿受贿、失职渎职以及村民委员会等基层组织人员贪污贿赂、职务侵占等罪名调整为监委管辖；浙江省将“国家机关、事业单位、国有企业委派到其他单位从事公务的人员”纳入监察范围。据不完全统计，改革后，北京市监察对象由 21 万人增加到 99.7 万人，山西省、浙江省的监察对象分别达到 131.5 万人、70.1 万人。

在各级监委全部组建的基础上，三省（市）根据本地实际和工作需要，将派驻纪检组更名为派驻纪检监察组，授予部分监察职能，实现监察职能的横向延伸。改革后，北京市、山西省、浙江省纪委、监委派驻纪检监察机构分别为 40 个、35 个、35 个。探索授予乡镇纪检干部必要的监察权限，推动国家监察向基层延伸。山西省选择朔州市平鲁区、临汾市安泽县，通过县级监委赋予乡镇纪检干部监察员的职责和权限，协助乡镇党委开展监察工作，拓宽了纪检监察涉及的地域和范围。

（四）全要素试用调查措施，实现与司法程序的衔接贯通

为了解决新设留置措施适用中规范性不够、操作性不强的难题，三省（市）监察委通过细化审批权限、工作流程和方式方法，设定留置期间的讯问时间、时长，探索留置折抵刑期算法、异地留置流程管理，完善留置案件调查与审理工作对接机制。经过一年的试点，三省（市）监察委在调查职务违法犯罪过程中充分运用 12 项调查措施和技术调查、限制出境等措施，保持了对惩治腐败的高压态势。2017 年 1—8 月，北京市、山西省、浙江省分别适用政务处分 284 人、1180 人和 951 人。三省（市）已累计开具各类调查措施文书 53448 份，采取技术调查措施 16 批次，限制出境 179 批次 633 人。把纪委原“两规”场所、公安机关看守所作为留置场所，三省（市）共留置 183 人，其中北京市留置 43 人、山西省留置 42 人、浙江省留置 98 人。

试点三省（市）两级纪委、监委部门加强与公安机关、检察机关、审判机关的沟通协作，在案件的查办过程中，既审查违纪问题，又调查违法犯罪问题，对监督对象既涉嫌违纪又涉嫌违法的案件，执纪审查和执法调查同时启动、同步进行，严把事实关、程序关和法律适用关，提高证据标准，使证据直接运用于司法审判，既实现了监察程序与司法程序有序对接，又达到了监察机关与司法执法机关相互制衡的作用，解决了长期以来纪律与法律衔接不畅的问题。三省（市）还在强化监察机关与检察机关制约制衡方面积极实践，规定监察机关调查终结的职务犯罪案件由检察机关依法采取强制措施、提起公诉，检察机关有权退回监察委员会补充调查、自行补充侦查或作出不起诉决定。在留置措施执行方面，确立了由监察委决定采取留置措施、公安机关具体负责管理的工作机制，有效地提升了案件的处置质量和效率。2017 年 1—8 月，三省（市）检察机关共受理监察委移送案件 219 件 281 人，已提起公诉 76 件 85 人，法院审结 20 件 23 人；检察机关办理监察机关移送审查批捕、审查起诉平均用时仅 2.7 天、22.4 天，少于法律规定的 14 天、45 天。

（五）公布《国家监察法》草案，健全完善法律保障

进行监察体制改革改革，先行试点是保证改革取得成功的关键环节。一般来说，试点是指在全面开展某一工作前，先在一处或者多处先作试行，如果成效显著可成为未来修法和推行的依据，如果效果不好，就停下来，采用其他方式。依照改革惯例，在试点地区可以暂时突破法律限制，暂停或者中止实施某些法律的条款。根据 2016 年 12 月 25 日十二届全国人大常委会第 25 次会议通过的《决定》，试点期间，刑事诉讼法、检察院组织法、人大及地方人民政府组织法的部分条款在试点地区处于暂停适用或者调整适用阶段。一旦试点结束后，被暂停的法律要恢复效力。

“凡属重大改革都要于法有据”，这是处理改革和法治的关系上必须遵循的基本原则，在三省（市）进行监察体制改革亦应坚持这一客观规律。为避免出现法律真空或者法律冲突现象，亟须制定修改相关法律法规，使现行适用的法律能与试点工作相契合。从目前公布的时间安排来看，在 2018 年 3 月成立国家监察委员会之前，必须制定一部《国家监察法》，为试点工作提供坚实的法律保障，推动“重大改革”顺利进行。由于监察体制改革涉及构建新的体系和机制问题，因此，制定新《国家监察法》不只是对《行政监察法》的简单修改，还关涉不少宪法和法律问题，需要在立法当中予以考虑。《国家监察法》作为基本法律，需规定监察机关的产生方式、工作机制、监察范围、职责、权限、程序、监督、法律责任等内容。2017年6月，十二届全国人大常委会第28次会议审议《中华人民共和国监察法（草案）》，并面向社会征求意见，标志着《国家监察法》的颁布进入倒计时阶段，国家监察体制的改革逐步迈上法治化的轨道。但从长远来看，由于此次改革涉及体制机制的转换和权力的重新组合和分配，亟须从法律层面予以界定和调整，故修改《地方各级人民代表大会和地方各级人民政府组织法》《人民法院组织法》《人民检察院组织法》《刑事诉讼法》《公务员法》等法律法规也应进入人大立法规划。

二、监察体制改革的几个法律问题

这次监察体制改革既关系到宪法层面国家机构的重构，又关涉到制度之间的对接和贯通，对整个国家政权体制和治理体系有重大影响。由此也在法学界引发了诸多争议，焦点集中于国家监察委员会的性质、职权配置、权力监督、运行机制与其他国家机关的关系、监察员的选任、法律的修改等方面。

（一）监察委员会的宪法设计

我国现行《宪法》总纲部分以及第三章“国家机构”确立了国家机构的基本体系，即由人大选举产生“一府两院”的基本格局。《宪法》第三章还分节规定了中央国家机构设置：全国人大、国家主席、国务院、中央军事委员会等。而目前改革《方案》是将监察委员会定位为国家监察机构，是国家监察职能的专责机关。由县级以上各级人民代表大会产生，负责本行政区域内的监察工作，由主任、副主任、委员组成，主任由各级人民代表大会选举产生，监察委员会的每届任期与本级人民代表大会的任期相同。县级以上地方各级监察委员会对本级人民代表大会及其常务委员会和上级监察委员会负责，并接受监督。上级监察委员会领导下级监察委员会的工作。这种机构配置及运行方式，从权力的分配角度来说，的确发生了宪制性变动，使国家监察权独立于立法权、行政权、司法权，形成“一府一委两院”的体制模式。因此，建议在《宪法》总纲部分增加对国家监察委员会产生方式、权力配置的规定，如将总纲第三条第三款改为“国家行政机关、审判机关、检察机关、监察委员会都有人民代表大会产生，对它负责，受它监督”；在第三章“国家结构”第八节部分增加人民监察委员会一节，具体规定监察委员会的性质、级别、组织设置、任期、原则、与人大和各级监察委员会的关系等。

（二）监察委员会的监督机制

任何公权力都有滥用的可能性。新设监察委员会是由不同权力构成的综合性机关，具有部分侦查权，属于司法权的范畴；纪委与监察委员会合署办公，使党权与行政权、部分司法权结合在一起，使权力行使更“强势”；监察委员会主任由纪委书记担任，副主任由副书记兼任，实质上采用党政合一体制；监察的公权力范围近乎全覆盖。因此，建立集中高效的监督制约机制对于防止权力滥用、维护社会公平与正义有重大意义。

在目前的宪法体制下，可以通过以下两种途径实现对国家监察权的监督制约。一是通过充分发挥利用现有的制度资源，加强对监察委员会权力的控制。如人大监督、检察机关监督、审判机关监督、民主党派监督等。人大可以采取听取工作报告、质询、就特定问题成立调查委员会等形式实现对监察委员会工作监督；检察机关通过对监察委员会移送的职务犯罪是否起诉行使监督权，同时行使各类职务犯罪的批捕权等；法院则通过对监察委员移送的职务犯罪案件行使审判权防止滥用职权行为的发生。二是根据试点的经验与实际需要，通过创设相应的国家机构和组织完善对监察委员会的监督功能。如有的学者提出，在人大及其常务委员会各设立内部的“监察监督委员会”，建立被监察者权利保障机制，以实现对公民基本权利的救济和对监察机关权力的制约等。另外，在全国人大常委会设立类似于民族、法制内务司法委员会性质的全国人大监察监督委员会，通过听取和审议监察委员会的专项工作报告、规范性文件的备案审查、执法检查等形式，以实现全国人大及其常委会对监察委员会归口监督管理。

对于各级人民代表大会监督监察委员会的形式，应否采取报告的形式？法学界对于与此类似的法院应否向人大汇报工作的争议一直没有停息。1982 年宪法第一百二十八条只规定法院应当对人大负责，并没有要求向人大汇报工作，但是《人民法院组织法》第十七条、《全国人民代表大会议事规则》第三十条、《全国人民代表大会常务委员会议事规则》第二十二条明确规定：人民法院应该对人大负责并向其汇报工作。表面来看，法院向人大汇报工作的做法似乎有法律依据，但是普通法修改宪法的“违宪”之嫌一直不绝于耳。不过，从 1982 年宪法实施以来法院向人大汇报工作的这种宪法惯例一直沿袭至今，并作为人大监督法院工作切实有效的方式被社会各界所接受。因此，在未来《监察委员会组织法》的立法中，建议将“监察委员会应该对人大负责并向其汇报工作”写入其中，以便各级人大及其常委会对监察委员充分行使监督权。

（三）监察委员会的职能配置及运行机制

监察委员会具有监督、调查、处置三项基本职权。其中，监督权是基础性权能，调查、处置权是主导性权能，是监督权运行的刚性支撑和重要保障。调查权分为依据行政法规查证核实违规违法问题的一般性调查和对涉嫌犯罪问题进行强制性调查的特殊性调查。处置权根据违法问题严重性不同，处理手段上分四个档次：给予监察处分（如警告、记过、记大过、降级、免职、开除公职等）、建议、问责、移送起诉。监督权既包括对国家工作人员的批评教育和组织处理，也包括依托监督、调查、处分的情况及发现的问题，采取建议、宣传、教育等多种手段，预防违法问题的发生。三种权力彼此独立又相互衔接，保证了监察机关的正常运转。

目前从调查权的运行情况来看，《方案》赋予监察人员谈话、讯问、询问、查询、冻结、调取、查封、扣押、搜查、勘验检查、鉴定、留置等 12 项措施。如果仅仅适用这些措施并不能达到全面查处违法违纪的目的，还需要创新工作方法，如创新运用函询约谈、问责追责、网络曝光、巡视审计、纪律审查、两个责任等措施，利用个人有关事项报告、诚信体系等数据库平台，信息舆情跟踪、搜集等方法，让法律赋予的每项措施都能充分发挥效用。对于《方案》创设的留置措施，《监察法（草案）》规定由监察机关领导人集体研究决定，报上一级监察机关批准，最长时间不得超过三个月，并可以折抵刑期，只规定对调取、查封、扣押等重要取证工作全程录音录像，但未规定采取留置措施时必须全程进行录音录像，不免会留下非法取证的隐患。留置措施和传统意义上的“双规”“双指”有本质的区别，必须纳入法治化的轨道，形成比较严密的规则体系，从实体和程序规则上加以有效约束。如，采取此类措施必须履行严格的审批程序，被监察人员被采取留置措施后律师可以会见，留置场所应当对全部取证过程全程进行录音录像，否则会出现权力异化或者滥用。

《方案》赋予监察机关监督、调查、处置职责，但没有预防职责，也是一大缺憾。监督、调查、处置大都是“后端”处理程序，没有有效预防措施，会增加这些职能履行的成本。而采取评估、教育、宣传等预防措施，会有效防范和降低腐败风险。监督执纪问责是纪委的主责主业，检察院转隶过来的预防职务犯罪部门应发挥原预防腐败局的预防职能，从源头上防范腐败和违纪案件的发生，有助于遏制目前腐败案件高发的态势。建议在《监察法》的审议时，增加监察委员会的预防功能，充分发挥其前端治理的先发优势，使监察机制的职能配置更为合理，运行更加高效顺畅。

（四）监督员的选任、等级、资格制度

2017 年 6 月公布的《中华人民共和国监察法（草案）》第十一条规定：国家实行监察官等级制度，制定监察官等级设置、评定和晋升办法。故对于监察员的选任条件、资格、任职条件也是目前争议的热点问题。2015 年 12 月 20 日，中共中央办公厅、国务院办公厅印发《关于完善国家统一法律职业资格制度的意见》规定担任法官、检察官，从事律师、公证员职业必须参加司法考试。同时进一步明确：涉及公民、法人权利义务的保护和克减、具有准司法性质的法律从业人员纳入法律职业资格的考试范围内。由于监察委员会作为特定领域法律的监督和执行机关，与法、检是平行关系，且从事执法监督工作，应具备法官、检察官、律师和公务员相同的职业要求，监察委员会工作人员取得法律职业资格证书应是其基本的任职条件之一。国外对监察官的任职条件要求很高，如南非、菲律宾规定监察官需从事法官或律师 10 年以上。在我国，监察委员会开展反腐败和执法监督工作时，会涉及多门类的法律，这对监察员提出了更高的要求，至少应当与法官、监察官、律师等专业群体具有同等的职业素养，才有利于监察执纪工作的开展。

鉴于此次监察体制改革中，将检察机关的反贪、渎职、预防部门整体转隶到监察委员会，这些从事侦防工作转隶人员在检察机关以具有司法考试资格证为条件，进入监察委员会后自然会成为查处腐败的重要力量，从某种程度来说，整合反腐败力量，开展法治反腐，本身就对打击腐败提出了更高的要求，故与反腐败的要求相适应，取得法律职业资格证书应成为监察官任职的基本条件。建议在未来《监察官法》立法中，制定类似于法官、监察官任职条件、任免、等级、奖励、申诉控告监察官制度，既有利于监察队伍的成长壮大，又能保障广大监察员的合法权益。

培育守法“四力”，创新宁夏“七五”普法工作

李春劳　李鹏彦　李　勇

近年来，宁夏全面贯彻党的十八大和十八届系列全会精神，深入学习贯彻习近平总书记系列重要讲话精神，紧紧围绕全面推进依法治国重大战略部署，坚持以推动全民守法为目标，创新普法载体，丰富普法内容，在培育守法践行力、附着力、内动力、感召力上下功夫，广大干部依法办事的能力和水平明显提高，全区公民的尊法守法意识明显增强，普法工作在法治宁夏建设中充分发挥了基础性作用，成效显著。

一、主题活动提升守法践行力

普法工作主动服务大局，必须在维护社会稳定、解决突出法治问题上精准发力，充分发挥其基础性、先导性作用。

（一）围绕推动社区民主法治建设，组织开展深化“法律进社区”主题实践活动

通过在社区建立法治宣传咨询平台、建设法治学校、举行“以案说法”讲座、播放法治电影、组织法治文艺演出、开展问卷调查“六个一”等活动，提升社区法治建设水平。

作者简介　李春劳，自治区司法厅副厅长；李鹏彦，司法厅法制宣传处副处长；李勇，司法厅法制宣传处干部。

（二）围绕提高国家工作人员运用法治思维和法治方式解决问题能力，组织开展了“法律进机关，依法办实事”主题实践活动

通过举办提高全区领导干部法治思维和法治方式座谈会、专题讲座，组织各级机关开展“两观看、一讨论”活动，即观看“领导干部法治思维和法治方式”系列讲座，反映我国法治发展史的大型纪录片《大理寺》，开展公务员运用法治思维依法办事的专题讨论，提高干部法律素养。

（三）围绕“国家宪法日”的设立，组织开展了“法治宁夏·2015 宪法塞上行”主题实践活动

在领导干部和公职人员中开展征文和法律知识竞赛活动，在村（居）民中开展百名干部讲宪法、千名志愿者送宪法入村（社区）、宪法读本入万户的“百千万”活动，在青少年中开展“宪法在我心中”法治手抄报大赛等系列学习宣传活动，推动全区真诚信仰宪法、自觉运用宪法。

（四）汲取“1·05”公交车纵火案教训，在全区开展了“依法维护权益，合法表达诉求”主题实践活动

以解决公民维权思维不理智、维权知识不掌握、维权方式不恰当、维权程序不规范、维权渠道不畅通等问题为导向，明确各类普法主体的责任，细化普法教育内容和工作要求。同时，有针对性地开展“文明宁夏安全出行”“财政法规政策宣传周”等主题实践宣传周活动，配合各种主题实践活动，先后编辑出版了《权依法使》《法在心中》《农村政策法规汇编》《公民维权手册》等普法工具书，增强公民守法用法观念，构筑护法守法防线。

二、“法律八进”增强守法附着力

立足少数民族地区社会发展大局，将“法律六进”拓展为“法律八进”，增加了“法律进社会组织和宗教场所”，并统筹谋划，一体推进，增强了普法对象尊法学法守法用法的自觉性和主动性。

（一）建立“法律八进”建设标准

为了提升“法律八进”成效，在系统总结“法律六进”工作的基础上，将过去普法方向性原则性的要求，进行细化分类，规范为建设标准，《宁夏回族自治区“法律八进”建设标准》对每一进都明确了进什么、谁来进、怎么进、达到什么效果、不进怎么办等具体内容，使“进”的主体更加明确、任务更加具体、机制更加完善，以机制的健全倒逼“法律八进”制度化、规范化、常态化推进。

（二）开展示范点创建

科学制定“法律八进”考评指导标准，精心部署“法律八进”示范点创建，以创建带动“法律八进”建设质量的整体提升。由各市、县（市、区）普法办在全面调查摸底的基础上，按照自下而上、逐级申报的程序，从机关、单位、学校、企业、乡村、社区、社会组织、宗教场所中，择优分别遴选出区、市、县（区）“法律八进”创建示范点，确保每“进”在各县（市、区）都学有示范、赶有典型。

（三）着力提升“法律八进”实效

在机关单位，通过党委（党组）中心组学法、法治讲座、各级党校及行政学院主题班、网上学法等方式，定期开展法律知识培训和研讨等形式提升干部职工法律素质。在乡村社区，广泛开展“送法进社区、下乡、入户”活动，建立“两委干部”和“法律明白人”培训机制，先后举办培训4200多场次，培育“法律明白人”40余万人。在中小学，深入开展“关爱成长，法律护航”等主题活动，通过宪法晨读、模拟法庭、法治手抄报大赛、法律知识竞赛等形式，以及开展法治名师培训等，切实加强青少年法治教育，预防和减少青少年犯罪。在企业，先后开展“诚信守法示范企业”“守合同重信用企业”等创建活动，提高企业信用水平，提升企业管理人员的法律素质，促进企业依法经营、依法管理、依法参与市场竞争。在社会组织，通过建立健全学法制度、组织开展法律培训、建立法律顾问制度等，把社会组织运行纳入法治轨道。在宗教场所，持续开展社会主义核心价值观教育，通过各种形式将法治文化融入少数民族文化，聘请回族宗教界人士担任义务普法宣传员和义务调解员，开展法治宣传、矛盾纠纷化解、特殊人群帮扶，法律效果和社会效果凸显。

三、法治文化厚植守法内动力

法治宣传教育要沁人心脾、融入社会，就必须要营造良好的法治文化氛围，努力使法治文化进入学习、进入工作、影响生活、影响思维。近年来，我们始终把法治文化建设作为法治宣传教育固本强基工作来抓。

（一）健全法治文化建设机制

在总结“六五”普法法治文化建设经验的基础上，研究出台了《关于进一步加强社会主义法治文化建设的实施意见》，进一步明确了法治文化建设的目标任务，建立完善了社会参与和考核评价机制，细化了县（市、区）、乡镇、村居法治文化建设的具体措施，鼓励和支持法治文化精品创作，明确法治文化各项工作牵头单位责任，提升了全区法治文化建设发展水平。

（二）加强法治文化基地建设

制定了《法治文化基地建设指导标准》及管理办法，实现了建、管、用的规范统一。落实“谁执法谁普法”责任制，创新基地建设方式，按照部门联动、资源整合、共同参与的工作要求，各地有重点的建设不同类型的法治文化基地。如，隆德县渝河普法园建设，在跨度为3.5公里县城渝河段，按照“谁执法谁普法”责任制分工，29个普法责任主体单位分区域建设与各自普法内容相关的灯箱、橱窗、显示屏、石凳、文化墙等，使普法园成为一道亮丽的法治元素丰富的风景线。十八大以来，全区累计投入资金2801.77万元，建成法治史馆、公园、长廊、广场以及农村社区法治文化中心、青少年法治教育基地、农村法治大院等各类法治文化基地126个，市、县（市、区）实现了全覆盖。

（三）广泛开展群众性文化活动

各地积极举办法治书画、法治漫画、法治动漫、法治摄影等作品征集、评选、展示活动；组织法治文艺演出团体创作和编排具有地方特色的法治文艺节目，深入乡村、社区、学校、企业、农贸市场等基层单位开展巡回演出活动。

（四）创新法治文化传播方式

充分发挥媒体普法功能，在区、市、县三级电视、广播、报刊上开办法治视线、律师维权、普法基层行、领导干部学法、大家说法等不同类型的法治宣传栏目、专栏110多个。各地各部门利用门户网站、微博、微信、QQ群和服务热线等平台开展微电影、动漫等法治文化作品传播，法治文化的渗透力不断深化，公民的守法意识、法治信仰在潜移默化中不断增强。

四、“守法好公民”彰显守法感召力

为提升法治宣传教育的渗透力、感染力、影响力，2014年以来，在全区组织开展了“守法好公民”评选表彰活动，以“评、赞、学、做”守法好公民引领法治风尚，传播法治精神，彰显守法正气，筑牢守法初心。

（一）坚持“三个把握”评守法人

在“守法好公民”的评选中，评什么人、用什么标准评、怎么评是三个关键点。评选中，首先把握推荐对象事迹的先进性，“守法好公民”必须具有自觉践行法治理念、遵纪守法、依法表达利益诉求的示范效应。同时根据不同职业类型，先进标准又有所侧重，例如，商贸公司的经理、医药公司的董事长，要看其是否依法诚信经营，自觉维护员工权益；食品厂、农村合作社负责人等，要看其是否依法组织生产。其次，把握广泛性，必须根植广大群众。评选中，要求守法好公民必须从基层干部群众中推荐产生，尽可能多的代表社会的各个行业、各个层次、各个方面。最后，把握程序性。评选表彰按照“属地推荐、自下而上、层层评选”的要求进行，最后由自治区依法治区领导小组予以表彰。

（二）搭建“三个平台”赞守法人

按照“有行、有声、有故事、有互动”的要求，对“守法好公民”进行全方位、立体化、持续性地宣传赞扬。搭建声像平台，集中展示守法人魅力；搭建微信平台，提高对守法人的认可度；搭建纸媒平台，讲述守法人感人故事。先后在《法制日报》《宁夏日报》《宁夏法治报》开设“评、赞、学、做守法好公民”专版专栏，利用《宁夏画报》大篇幅刊登宁夏“守法好公民”工作和生活集锦，用镜头和文字讲述宁夏“守法好公民”的故事。

(三) 推进"三项活动"学守法人

学守法人，是做守法人的基础。通过"近学、远学、深入学"三项活动，将学守法人引向了广泛和深入。开展学习身边"守法好公民"活动，自治区党委宣传部等部门下发《向"守法好公民"学习的通知》，指导各地各部门通过开展形式多样的学习活动，强化了"近学"；举办区、市、县（区）三级"守法好公民"事迹巡回报告会，全区各地先后举办"守法好公民"巡回报告会45场次，带动了"远学"；开展"守法"主题法治文艺创作、法治文艺节目汇演，开展面向全国的"守法好公民"主题歌曲征集活动，收集歌曲歌词作品40多件，涌现出法治微电影《诺言》、说法系列栏目剧《阳光法治大舞台》等一批群众喜爱的作品，促进了"深学"。

(四) 实施"三项工程"做守法人

以争做"守法好公民"为导向，组织各地各部门深入推进干部学法用法、青少年和农民普法三项工程，在全社会形成了"以学促做、以评验做"的浓厚氛围。三届区级表彰的235名守法好公民，覆盖区直部门、五市直属部门、各县（市、区），年龄最大82岁，年龄最小11岁，其中，干部职工占13%、学生占3.4%、城乡居民占26.3%。"守法好公民"活动，得到了自治区党委、政府的高度重视，每届颁奖都要受到自治区主要领导、"四套班子"分管领导亲自接见，并称赞"守法好公民"活动在尊崇法律、遵守法律和法治实践中发挥了模范带头作用，是宁夏法治宣传教育的新品牌。2018年我们将"守法好公民"更名为"百名法治模范"评选，并增加了"十大法治人物"和"十大法治新闻"评选，以期对"法治宁夏"建设作出新贡献。

调研篇

DIAOYAN PIAN

宁夏青少年违法犯罪问题调查研究

自治区团委课题组

2016年10月在自治区党委领导的关心和支持下，自治区政法委牵头，自治区团委具体负责，成立专项课题组，就"宁夏预防青少年违法犯罪问题"开展了为期一年全面而深入的调查研究。本文即为此次调查研究成果的主要内容。本课题调查研究采用定量研究与定性研究相结合的方式。定量方法主要采取抽样问卷调查法，从全区2015年登记在案的犯罪青少年中，采用计算机随机抽选的方法，抽取样本1200名，发放调查问卷1200份，回收问卷1000份，经过清理获得有效填答问卷906份；然后采用SSPS19版统计软件进行数据的统计处理，为定量研究提供真实丰富的数据信息。定性研究方法主要采取典型案例访谈法和实地走访调查法，在调查对象中选择典型案例，进行深度访谈和全面了解，共挑选犯罪青少年典型个人及家庭进行入户访谈，获得一手访谈资料；同时，课题组走访了多所学校，多个街道社区，与在校学生和基层工作人员进行交流和座谈，为定

作者简介 课题组组长：张廉，宁夏社会科学院院长，教授；课题组成员：何银玲，宁夏党校教授；周晓军，宁夏党校法学部主任，教授；薛芳，宁夏警官职业学院副院长，教授；杨静，自治区团委权益部副部长；余志明，宁夏社会科学院社会学法学研究所助理研究员；徐如明，宁夏党校咨询部讲师；张平，宁夏党校法学部讲师；张虹彩，宁夏社会科学院法学社会学研究所实习研究员；刘畅，宁夏警官职业学院讲师；李丽，宁夏警官职业学院讲师。

性分析提供了丰富的信息资料；最后，通过课题组专家运用法学、犯罪学、社会学、心理学、教育学理论对上述定量信息和定性资料进行深度分析研究和概括总结，得出本次调查研究的最终结论和对策建议。

一、近年来宁夏青少年违法犯罪的总量、比率及趋势

近年来，在自治区党委、政府、人大和政协的重视和关心下，在各级预防青少年违法犯罪专项组和各成员单位的共同努力下，对青少年违法犯罪实行专项综合治理，宁夏预防青少年违法犯罪工作取得了扎实成效。从2010—2016年连续7年的统计数据看，无论是公安系统的涉罪人数及比例，还是法院系统的犯罪人数及比例，宁夏青少年犯罪的总数和比例都呈现下降趋势，说明经过近几年的社会治安综合治理和预防青少年违法犯罪专项整治工作，宁夏已经基本遏制青少年犯罪率增长的势头，犯罪总人数逐年减少，犯罪率逐年下降。但是，数据也反映出青少年犯罪总量依然偏高，而且仍然潜伏着上升的势头。

（一）宁夏青少年涉罪人数和比例

据自治区公安厅统计数据，自2010—2016年，宁夏涉嫌违法犯罪（未判刑）总人数及其中青少年的人数和比例如下图所示。

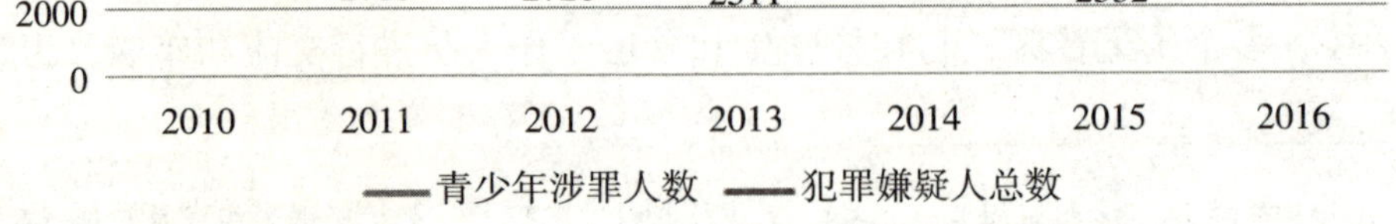

宁夏公安系统2010—2016年青少年涉罪人数统计图

（二）宁夏青少年犯罪人数和比例

据自治区高级人民法院的统计数据，自2010—2016年，宁夏青少年犯罪人数（已判刑）总量及占全区犯罪总人数比例如下图所示。

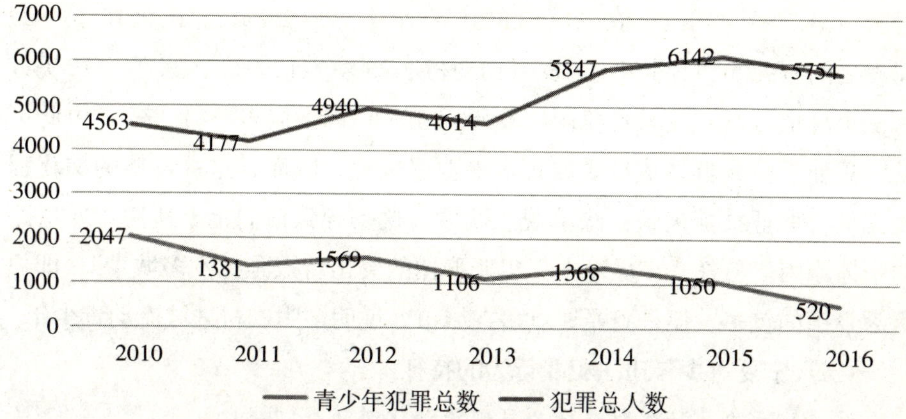

宁夏法院系统 2010—2016 年青少年犯罪人数统计图

（三）宁夏青少年涉罪和犯罪比例及变化趋势

2010—2016 年，宁夏青少年涉罪比率和犯罪比率及下降趋势如下图所示。

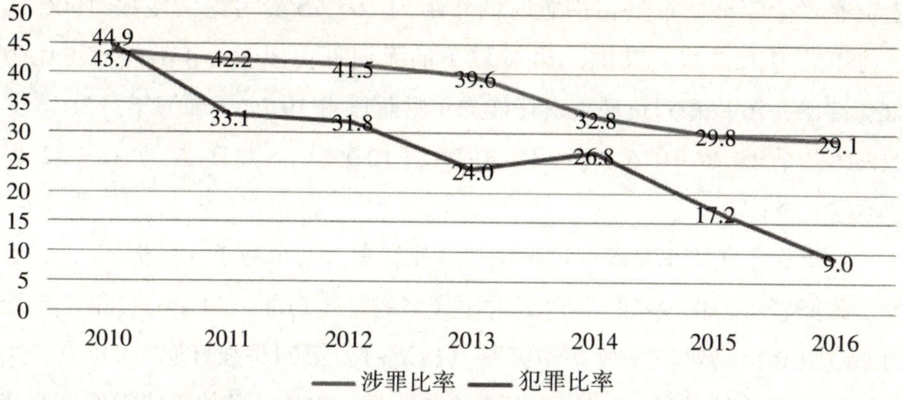

宁夏青少年 2010—2016 年涉罪和犯罪比率统计图（%）

二、宁夏青少年违法犯罪群体基本特征

（一）违法犯罪青少年群体的结构特征

本次抽样调查数据显示，宁夏青少年违法犯罪人员以男性居多（93.3%），户籍以本地为主（92.6%），且以农村乡镇居多（71.7%）；民族以汉族（53.5%）和回族（44.7%）居多；身份以进城农民与城市无业人员

居多（51.7%），其次为农民（13.3%）和学生（13.2%）；年龄处在16—25周岁之间（92.5%），其中17岁（10.9%）、23岁（12.1%）、24岁（12.9%）为三个峰值年龄；受教育年限以9年（初中）以下居多（81.3%）。由此可见，犯罪青少年群体成员受教育水平普遍较短，因而，这一群体的文化程度偏低，职业技能欠缺，法治观念淡薄，这是导致他们走上违法犯罪道路的个体原因。另外，宁夏青少年犯罪群体的突出特点是“乡多城少”，即户籍为乡镇的较多，但是犯罪地点多在城市，说明多为农村进城流动青少年。

（二）宁夏青少年违法犯罪行为的特征

1. 青少年发生违法犯罪行为呈现低龄化趋势

本次调查数据显示，宁夏青少年第一次违法犯罪行为发生的年龄：绝大多数在14—24岁（94.6%），平均年龄为18.1岁，其中，14岁以下的无刑事责任能力年龄阶段占9.4%；15—16岁相对刑事责任年龄阶段占22.8%；18岁以下的未成年人占57.5%；25岁以下的青少年占99.3%；违法犯罪青少年被采取处罚措施时的年龄为16—25岁占绝大多数（90%），平均年龄为18.7岁，其中，14岁以下的无刑事责任能力年龄阶段占比为2.6%，15—16岁相对负刑事责任能力年龄阶段占19.7%，峰值年龄为16岁（15.1%）、17岁（16.2%）和20岁（12.9%），大多数为16—22岁（80.9%）。

2. 青少年违法犯罪类型以传统型犯罪类型为主但趋于多样化

数据显示，青少年犯罪类型占比最多的是盗窃罪（34.4%），第二是抢劫罪（31.2%），第三是故意伤害罪（18.7%），第四是强奸罪（8.9%），第五是贩卖毒品罪（4.5%），第六是故意杀人罪（3%），其他犯罪类型还有聚众斗殴罪、介绍卖淫罪、交通肇事罪、强迫卖淫罪、绑架罪、猥亵儿童罪、职务侵占罪等，涉及犯罪类型十几种；特别是新的犯罪类型在青少年犯罪中有了不同程度地出现，说明宁夏青少年犯罪的类型与当前经济社会发展程度以及信息网络时代发展的现实存在着关联性。

3. 部分青少年违法犯罪人员改造困难，重新犯罪问题较为突出

数据显示，有16.8%的犯罪青少年在刑满释放后又重新犯罪，其中比例最高的是第二次占11.7%，次数最多的是五次占0.2%。

4. 青少年犯罪的团伙性特征明显

在导致犯罪的社会原因中，有39.1%的访者选择“受同伴行为的影响”排第三位。

5. 宁夏青少年违法犯罪心理的突发性、盲目性和模仿性

一是体现在消极性格特征方面，他们中具有“容易冲动发怒”性格的最多（22.6%），其次是“容易与人发生争执”（17.0%），再次是“容易往坏的方面想”（16.5%），以及“容易害怕”（13.1%）和“容易灰心丧气”（11.0%），这些消极性格特征是导致青少年违法犯罪的重要内在原因。二是在犯罪动机上，调查数据显示，青少年犯罪的动机中占比第一的为“一时冲动”（47.3%），第二为“哥们义气”（15.1%），第三为“生活所迫”（11.4%），第四为“寻求刺激”（9.8%），具有冲动、突发、刺激、盲目、从众的特征。三是在导致青少年违法犯罪的深层心理上，第一是“虚荣心强、攀比心理”（45.5%），第二是“好奇心理”（37.3%），第三是“狭隘逆反心理”（15.5%），第四是“性心理的扭曲、追求刺激”（0.6%），第五是“哥们义气的消极盲从”和“道德、守法观念的不健全”（6.3%），第六是“盲目追求高消费心理”（2.0%）。四是在青少年违法犯罪的主观恶性方面，最多是出于“疏忽大意”的情况（46.4%），其次为“间接故意”的情况（19.1%），第三是“过于自信”的情况（17.7%），第四是“直接故意”的情况（9.1%），第五是“防卫过当”的情况占3%；可以看出，大多数青少年违法犯罪的主观恶性程度较低，因此他们都对自己的犯罪行为表示非常后悔和悲哀（80.0%），即悔罪心理强烈，这为改造和挽救他们提供了机会和基础。

三、导致宁夏青少年违法犯罪原因的分析

青少年违法犯罪是一个特殊复杂的社会问题，导致这一问题产生的原因也是复杂、多样和多变的，可以说是不良的主、客观因素相互作用的结果；是家庭教育和监管失灵、学校教育和监管失败、社会教育和监管缺失导致的共同结果，是一种社会“综合征”。

（一）社会转型期发展的不平衡性是导致青少年违法犯罪问题凸显的深刻社会背景

现阶段我国社会正处在急剧而深刻的社会转型的过程中，旧的社会结构关系和规范体系以及价值观念体系已被打破，新的社会结构、社会规范和社会秩序还在建立和形成的过程中，社会发展出现不平衡、不协调的问题，整个社会的控制力减弱，整合程度降低，各种矛盾集中凸显。处在这样的社会环境之中的青少年因其心理、性格、价值观等尚不成熟，自我控制能力较低，一旦失去外在社会监控或控制薄弱，极易导致他们行为出轨甚至违法犯罪。

（二）家庭结构和功能的缺损而造成家庭教育失灵是导致青少年违法犯罪的首要因素

家庭作为人们从一出生就生活于其中的血缘群体，是实现人的社会化的最初场所，担负着重要的生育、养育和教育功能，对青少年的成长的作用极为重要，而家庭结构破裂或缺失导致家庭功能弱化，使未成年人难以获得完整幸福的家庭生活；家庭教育功能缺失造成子女教养缺乏，品性欠佳；家庭教育方法不当，导致子女性格不良，或逆反抵触或过度依赖，自私任性；家庭关系不和谐导致子女缺乏安定温暖的家庭生活而身心受挫，难以正常学习和成长。

（三）学校教育存在方向的偏差和教育及管理方式的不当致使部分学生的学习教育受挫是导致青少年违法犯罪的重要原因

第一，学校教育长期存在“重智轻德”的发展偏差，致使学生难以获得全面发展。第二，学校对于学生的思想道德教育长期弱化，使学生难以形成正确的世界观、价值观和人生观，难以形成鉴别和抵制不良文化的能力，反而容易产生对主流文化的排斥，对不良亚文化的认同，导致行为偏差。第三，学校心理健康教育也较为欠缺，导致青少年因心理失衡和疾患等问题而发生犯罪行为。第四，学校法治教育严重欠缺，导致青少年普遍存在法治意识淡漠、法治思维空白、法律素养低下、遵法守法能力十分欠缺。第五，学校对学生的管理简单划一，缺乏对问题学生的有效指导和约束，甚至将其排挤出学校，使他们成为社会闲散青少年，极易走上违法犯罪道路。

（四）社会环境的监管和建设与青少年成长的社会环境需求不适应也是诱发青少年违法犯罪的重要原因

一是网络空间的不良信息是导致青少年违法犯罪的重要原因，网络不良信息的泛滥导致青少年伦理道德观念的错乱，诱发青少年不健康心理乃至犯罪心理的形成；未成年人网络沉迷问题，危害青少年群体的身心健康、性格发育及学业的完成，也是导致青少年不良行为发展为犯罪的重要原因。二是社区环境中的不良因素也是导致青少年犯罪的重要因素，部分社区基层组织不健全，履职不到位，特别是预防青少年犯罪工作体系缺乏，预防工作薄弱甚至空白，因而导致辖区内青少年犯罪率较高；另外，在家庭教育失灵和学校教育失败的情况下，缺乏有效的部门联动和社会力量介入机制，尤其是社区在动员社会组织、公益机构、有关部门开展联合观护工作的意识和能力不足。三是社会力量参与预防青少年违法犯罪工作严重不足，专业社会工作机构和人员参与青少年服务项目缺乏政策和资金支持，力量薄弱，专业水平也较低。

（五）法律保障不够是导致青少年违法犯罪的重要原因

一是《教育法》和《义务教育法》未得到全面贯彻实施，对未成年人的受教育权利保障不够，导致少数青少年因辍学、失学而走上犯罪道路。二是《未成年人保护法》贯彻实施还不到位，致使少数未成年人因保护不力、权益受损而走上违法犯罪道路，特别是有关部门对网吧、酒吧等青少年聚集场所监管不够；学校对在校青少年吸烟、饮酒等不良行为重视监管不够，矫正不力。

（六）预防青少年犯罪的工作机构和协调机制不顺畅

一是宁夏综合治理体系中还没有形成统一制定、执行和检测青少年政策和管理青少年工作的机构。二是一些地方没有将未成年人保护工作列为政府的重要议事日程，甚至缺乏专门工作机构和专项工作经费，使得未成年人保护工作缺乏持久性。三是有关部门一些预防工作在方式方法上采取“运动战”，而缺乏稳定的制度、成文的规则进行“常规式”治理，及精细化管理，因而不利于提高预防青少年违法犯罪工作的成效。

四、对进一步做好预防青少年违法犯罪工作的对策建议

（一）建构完善“党委领导、政府负责、社团承接、社会参与”的预防青少年违法犯罪体系和工作格局

在社会发展的新形势下，预防青少年的犯罪工作也需要有新的理念和措施，应从全方位、多角度来进行，包括社会预防和青少年人自我防范、对不良行为的预防与矫治和对青少年重新犯罪的预防等，是一个极具整体性和系统性的过程。因此，要建构“党委领导、政府负责、社团承接、社会参与”的预防青少年违法犯罪的工作格局，以及以家庭预防为基础、以学校预防为主体、以社会预防为辅助、以法治预防为保证的，覆盖在青少年生活、学习、工作各个环节的，且各部分能够无缝对接、有机衔接的严密预防工作体系。这一过程需要在党委和政府的领导和协调下，家庭、学校、司法、社会等方面齐心协力、齐抓共管、互相配合、紧密衔接，从而形成预防青少年犯罪的社会合力，进一步做好预防青少年犯罪这项重要工作。

（二）重视家庭文明建设，为青少年健康成长提供良好家庭环境

第一，要重视家庭功能和家庭文明建设，将家庭建设作为党委和政府重要职责提上议事日程，全面部署家庭建设工作，积极开展家庭建设，以稳固家庭结构，改善家庭关系，强化家庭功能，明确家长家庭教育主体责任，培育良好家风，增加家庭关爱。从而，为广大少年儿童创造一个安定幸福的家庭生活环境，极力避免因家庭教育失灵而导致的青少年违法犯罪。第二，依托学校教育资源，在全区各级各类学校及托幼机构开办家长学校，提升家长能力，培养合格父母，加强学校与家长的联系和合作。第三，依托城乡社区公共服务设施、市民学校、城乡社区教育机构、儿童之家、青少年宫、儿童活动中心等，普遍建立家长学校或家庭教育指导服务中心或站点；逐步建立健全适应城乡发展、满足家长和未成年人需求的普惠性家庭教育指导服务体系，促进家庭教育工作深入开展。第四，要依托司法机构、社区基层组织、妇联等群众组织及专业社会工作机构，督促家长履行对子女的监护和教育职责，及时发现并纠正监护缺失和监护不当的问题，

特别要预防制止家庭暴力，保护未成年人的安全和权益；对于故意不履行父母职责，不承担养育和监护子女义务的家长，要开展批评教育，必要时要追究其法律责任，严重时要进行必要的法律制裁。

（三）深入推进教育体制改革，继续纠正教育目标和方式的偏差

第一，继续深化教育体制改革，纠正学校教育指导思想和发展方向上“应试教育”的偏差，对青少年进行全面系统的文化知识、思想道德、法治及身心健康等方面的教育，努力将他们培养成为全面发展的合格社会成员。第二，在全面素质教育中，重点加强学校的法治教育，帮助青少年树立法治观念和规则意识；教育主管部门应将法治教育作为必修课纳入大中小学的教学计划和课程体系中，并在中考、高考内容中进行测试，以增强学校开展法治教育的强制性和自觉性。从而将学生培养为尊法、学法、知法、守法的良好公民。第三，重视加强对青少年的心理健康教育，学校应针对青春期学生的心理活动特点，开设心理健康课程，向学生传授基本的心理健康知识，认识和了解自己的内心世界，学会调适自己的心理状态，适度控制自己的情绪波动，培养学生具备健康阳光的心灵和积极向上的精神气质；特别要关注农村和乡镇中小学校学生的心理健康问题，开设心理健康教育和心理治疗干预，以解决留守儿童和青少年因孤独和无助而产生的心理问题，帮助他们打造阳光的内心世界，树立开朗乐观的人生态度。第四，加强学校管理，建设安全有序的校园环境，减少学生与社会不良人员接触的机会。对于校园欺凌和暴力现象采取必要的教育和惩戒措施，防止其演变为违法犯罪事件；要重点加强乡镇和县城学校的校园安全工作，以保证农村离家住校学生的安全和健康，弥补当前校园安全建设的薄弱环节。第五，学校应加强对学生不良行为的监控、矫正和帮助，并将其作为学校教育的重要内容；即便是对成绩较差、品性不良的所谓“双差生”也不能丧失教育的信心，随意将其开除或劝退，要尊重他们的受教育权，采用各种方法进行挽救和矫正，极力阻止学生因学业中断或教育失败而过早流落社会，滑向犯罪的深渊。

（四）加强基层社区预防青少年犯罪工作体系建设

第一，以社区党团组织，妇联等群众组织和街道、居委会工作人员为主体，同时动员社区公益组织、社会组织、志愿者团体及社区居民共同参与此项工作，实行群防群治，建立关护青少年的社会力量，构筑一个严密的防范青少年犯罪的网络，夯实预防青少年违法犯罪工作的基础。第二，建构社区、学校、家庭互联互动的预防青少年犯罪的机制，堵住对青少年监管和教育的漏洞。第三，社区组织对辖区内的闲散青少年、具有一般不良行为的青少年、流动青少年等重点群体要建档跟踪，重点监护，掌握其思想及行为动态，与学校、家长共同做好重点青少年的监护和品行教育。第四，加强社区基层团组织建设，充分发挥团组织对青少年的吸引力、凝聚力和带动力，同时加强社区青少年活动场所的规划建设，为青少年提供健康文明的业余活动和休闲场所。第五，积极开展社区法治宣传教育，净化社区治安环境，定期排查和清除影响青少年健康成长的不良因素和安全隐患，杜绝“黄赌毒”，为青少年打造安全文明的社区生活环境。

（五）打造良好的社会文化网络环境，为青少年文明上网、合理用网创造条件

第一，文化和新闻出版部门要加强对文化市场的监管，采取一系列有效措施，净化文化环境，防止具有“黄赌毒”内容和暴力色彩突出的低劣文化产品流入市场危害青少年的精神健康；要严把影视节目审查关口，有效遏制广播电视节目中的庸俗、低俗、媚俗之风，严格控制不适合未成年人的广播影视节目在大众传媒黄金时段播出，控制以未成年人为对象的选秀类节目的制作和转播。同时，积极宣传健康文明的文化价值观念，倡导真善美的情感和人物，摈弃假恶丑的社会现象，为青少年树立科学正确的价值观念提供参照和导向；探索建立由公众、学校、家长等联合的媒体监督机制，举报和查禁有害内容，并对责任人进行处罚。第二，自治区网信办等行业管理部门要加强对互联网的文化建设和监督管理，营造网络正能量，弘扬网上主旋律，引导形成积极向上、文明进步的网络舆论氛围；要引导网络文化企业开发有益于青少年身心健康和智力发育的网络音乐、网络文学、网络游戏、网络动漫等网络文化产品；研究设定科学的网络游戏产品技术标准，严格规定色情非色情、暴力非暴力的界限，并严格限制色情暴力游戏产品的流通；实施网络游戏防沉迷系统，开展实名验证工作，打造晴朗文明的网络空间，为青少年文明上网、合理用网创造条件；将网络作为青少年认知世界、学习知识、开阔眼界、结交友谊、创新创业等有益活动的工具和平台。

宁夏道路交通安全管理现状调研及对策建议

吴铁军

近年来，随着全区经济社会的快速发展，国家对基础设施投入加大，公路通车里程成倍增长，全区已实现县县通高速、村村通公路。随着道路交通迅速发展，人民群众期待更加安全畅通的道路交通安全的环境，对道路交通安全管理工作提出了更高要求。本文旨在推动宁夏道路交通安全管理法治化进程，并以此为契机不断改进和加强全区道路交通安全管理工作。

一、宁夏道路交通发展及安全风险分析

（一）道路交通发展分析

1. 机动车保有量、驾驶人数量和道路通车里程保持快速增长

截至 2017 年 11 月底，全区机动车保有量 181.4 万辆，驾驶人数量 207.5 万，公路通车总里程约为 3.45 万公里，其中高速公路 1609 公里。公路隧道 21 处，其中，六盘山隧道全长 9.5 公里。与 2012 年底相比，全区机动车保有量、驾驶人数量、道路通车里程、高速公路分别增长 84.7%、55.4%、51.1%、46.5%。近 5 年来，重型货车保有量增幅明显，增加了 3848 辆。

作者简介 吴铁军，自治区公安厅交通管理局副局长。

2. 经济回暖刺激交通需求增长明显，公路货运量、旅游出行量快速增长

进入2017年以来，国家经济开始回暖，人均可支配收入涨幅加速，居民消费能力提高促进了公路货运和旅游出行需求增长，也带动了相应行业营运车辆出行量的持续增加。公路货运的快递快运、电商物流、冷链物流等生活消费性物流保持快速增长。全区2016年国内旅游接待2149.55万人次，预计2017年旅游接待量将突破3000万人次。

3. 受道路施工和普通公路收费站撤销影响，国省道交通混行、流量大

2017年，因福银高速公路和京藏高速公路宁夏段部分路面维修和道路拓宽进行大面积封闭施工，加之国省道28个收费站全部撤销，109国道、101省道、211省道交通流量剧增，达到饱和状态，大货车、大客车、小轿车、农用车、摩托车和非机动车、行人混行，发生交通事故风险加大。

（二）道路交通安全管理工作措施

近年来，自治区党委、政府高度重视道路交通安全工作，自治区公安、交通运输、安监等部门注重法制引领、标本兼治、综合治理，进一步夯实了道路交通安全基础，主要采取了以下管理措施。

1. 完善法律法规，加大依法治理力度

“十二五”以来，全国人大常委会先后修订了《道路交通安全法》《安全生产法》《刑法修正案（八）》和《刑法修正案（九）》，将醉酒驾驶、客运车辆和校车严重超员超速、非法运输危化品等严重道路交通违法行为纳入刑法规范范围，对交强险、校车、危化品条例等行政法规也进行了修订。自治区人大常委会于2013年7月修订了《宁夏回族自治区道路交通安全条例》，进一步明确各部门职责任务，统一执法标准。自治区人大常委会于2016年组织对《道路交通安全法》和《宁夏道路交通安全条例》执法情况检查，2017年组织开展电动车立法管理调研和《宁夏道路交通安全条例》立法评估活动。

2. 推进协同共治，形成齐抓共管合力

自治区人民政府于2011年出台了《自治区人民政府关于进一步加强和改进道路交通安全管理工作的意见》，于2012年出台了《自治区人民政府办公厅关于进一步加强和改进道路交通安全管理工作责任分工的通知》，明

确地方各级政府主体职责和部门职责分工。建立了由自治区安监局牵头，公安、交通运输、教育、农牧等部门为成员单位的联席工作机制，不定期召开交通安全管理专题会议，研究解决突出问题。公安、交通运输、安监等部门连续开展“道路客运安全年”和“道路运输平安年”活动。

3. 抓好源头管理，集中消除安全隐患

公安、交通运输、安监等部门加强“五类重点车辆”监管，着力推进逾期未报废、逾期未检验和违法未处理“清零”行动；严查“两客一危”企业动态监管情况，督促企业和司乘人员落实安全带提示责任；加强货运装载源头的重点监管，开展联合执法，坚决在装载源头和重点路段查纠超限超载车辆。推行公路安全生命防护工程，集中排查道路交通安全隐患，重点加强隧道、桥梁、临水临崖和新修改建道路的隐患排查，区、市、县三级政府挂牌督办，切实推动隐患消除。

4. 强化路面管控，严查交通违法行为

依托交警执法站、公路超限检测站和交管站、劝导站，牢牢守住主干公路关键节点，严查“两客一危”、校车和大货车，定期开展集中整治严查超员、超速、超载、无证驾驶、疲劳驾驶、农用车载人等严重交通违法行为；深化公安交管集成指挥平台，利用缉查布控系统，加大视频网上巡查，强化实战应用，对逾期未报废、逾期未审验、假牌套牌等重点车辆实施精准拦截查处。通过宣传引导、现场查处、监控抓拍、曝光警示等措施，在银川市、石嘴山市开展机动车礼让斑马线活动，针对影响城市交通秩序的重点、难点问题，常态化严查酒驾、违反信号灯、乱用远光灯、随意变道等交通违法行为，全力消除致乱、致堵、致祸隐患。

5. 加强宣传教育，提升安全文明意识

多部门联合实施“文明交通行动计划”，广泛开展道路交通安全宣传教育活动。定期通过召开新闻通气会、发布新闻通稿、组织随警采访等方式对终身禁驾人员、多次违法车辆、存在隐患企业等予以曝光；结合案例对重点运输企业、重点驾驶人员进行安全警示教育，通过微信、短信等方式点对点进行警示提示，充分应用微博微信、今日头条、网易新闻等平台，形成交通安全宣传新媒体矩阵，深入开展“六进”宣传和122全国交通安全日主题宣传活动，加大交通违法危害性和交通安全知识普及力度。

6. 加强交通应急管理，加大疏导保畅力度

加强与气象部门联系，对雨、雪、雾等恶劣天气和重要节点大交通流进行预警提示，建立公安交管、公路路政、养护、收费等部门联勤联动机制，提前储备防滑沙、融雪剂等救援物资，提前配备铲雪除冰、清障救援设备，加强应急救援演练，提高快速处置能力。多部门联合制订《宁夏回族自治区高速公路应急救援工作预案》，明确各部门职责分工，细化应急救援工作流程。邀请专家对银川、固原交通进行会诊把脉，指导提升城市通行水平。深入排查整改城市堵点乱点，优化交通信号控制、交通标志、交通标线等交通组织，提高通行效率；合理分配路权，规范共享单车管理，紧盯共享汽车发展，倡导公交绿色出行。银川市出台《停车场管理办法》，进一步加强静态交通管理，规划建设立体和地下停车场，着力破解停车难问题。

（三）道路交通安全形势分析

1. 从道路交通事故总体情况看

截至 2017 年 11 月底，全区共发生适用一般程序处理的道路交通事故 1398 起，死亡 311 人，受伤 1536 人。与 2016 年同期相比，分别下降 8.15%、11.9%、9.7%。近年来，道路交通事故四项指数一直呈下降趋势，全区道路交通形势整体平稳。但是交通事故总数（包括轻微交通事故）逐年增加，截至 2017 年 11 月底，全区共发生道路交通事故 5.4 万余起，与 2016 年同期相比，增加 5.5%。

2. 从死亡三人以上交通事故看

截至 2017 年 11 月底，全区共发生死亡三人以上道路交通事故 11 起，造成 42 人死亡，比 2016 年同期相比，增加 22.22%和 27.27%。从涉及车型看，11 起事故中，9 起涉及大货车；从事故原因看，超速是肇事主要原因，其次是强超强会、违规掉头、酒后驾驶、未保持安全车距；从发生道路看，主要发生在高速公路、国省主干道路。大型客车肇事明显得到遏制，重型货车肇事明显增多。虽然全区连续五年未发生 10 人以上重特大道路交通事故，但是，重大事故风险仍然严峻。

（四）道路交通事故暴露出的问题

1. 交通安全意识淡薄，交通违法行为依然普遍

据统计，2017 年 1—11 月，全区因未按规定让行、逆行、超速、无证驾驶等交通违法行为导致交通事故占总事故起数的 35.17%。2017 年的海原“1·17”死亡 5 人交通事故、永宁“7·13”死亡 3 人交通事故均为肇事大货车严重超载，货车驾驶人、车主追求经济利益所致。中宁“6·4”死亡 3 人交通事故、青银高速“1·17”死亡 3 人交通事故均为驾驶人漠视交通安全，违反交通法规危险驾驶。

2. 企业安全主体责任不落实，营运车辆管理不到位

2017 年 1—11 月，全区死亡三人以上道路交通事故大部分涉及营运车辆。大部分肇事货车为个人挂靠运输企业经营，运输企业只收取管理费用，未落实安全主体责任，未加强驾驶人和管理人员培训教育和对运输资格和车辆安全状况进行审查。例如，吴忠的宁鲁石化危货品运输企业只在宁夏注册登记，车辆在全国范围营运，日常安全培训教育和安全监督管理不到位。

3. 高速公路、隧道重大交通事故风险上升

全区高速公路通车里程 1699 多公里，为交通通行主动脉；现有公路隧道 21 个，其中有 20 个在高速公路，青兰高速公路六盘山隧道长 9.5 公里。全国高速公路重大事故占比始终处于高位，2011—2016 年平均占比 25%左右，部分省份高速公路隧道重大事故都造成了极其严重的后果。宁夏高速公路虽未发生造成严重后果的隧道交通事故，但是隧道交通事故时有发生，宁夏高速公路重大事故风险仍然很高。

4. 农村地区交通安全管理薄弱

随着宁夏经济社会的快速发展，农民收入水平迅速提高，出行需求也随之增加，机动车保有量也快速增长。但是农村地区交通参与者安全意识没有随着经济社会的发生得到很大提升，交通安全意识淡薄；农村道路等级较低，交通安全设施缺乏，尤其是山区道路和国省道沿线更是隐患突出。受警力缺乏等因素限制，农村地区长期处于失控漏管状态。“十二五”期间，农村地区发生道路交通事故共造成 560 人死亡，2661 人受伤。农村地区的道路交通安全形势十分严峻，农村交通安全管理不容忽视。

二、道路交通安全管理存在问题分析

（一）政府牵头、社会协同共治合力不够，协同机制尚未良好构建

自治区负责统筹全区的道路交通事故预防工作的预防道路交通事故领导小组，在2013年清理临时议事机构时予以清理。道路交通安全管理工作仅靠主要部门主动联系和协调相关部门落实道路交通管理职责，其他相关部门没有明确的工作载体作为支撑，无法监督考核，道路交通管理工作部门职责发挥不明显，尚未形成合力。

（二）交通参与者的安全意识、守法意识、文明意识提升缓慢，道路交通规则意识尚待养成

交通参与者的交通安全文明意识与现代快速的汽车化进程和汽车文化的积淀、汽车文明的养成尚不匹配，全社会交通安全观念、交通文明意识明显滞后，不规范的驾驶行为和不文明交通陋习常见多发，文明礼让理念亟须强化。无证驾驶、酒后驾驶、超速超员、疲劳驾驶、随意变更车道、接打电话、违法停车、占用应急车道等道路交通违法突出。仅2017年1—11月，全区查处超速、酒驾、无证、超员、超载等严重交通违法45.2万余起。自行车、电动自行车、老年代步车不按规定的方向、车道行驶，不遵守信号灯指挥等现象普遍存在。

（三）营运车辆管理问题依然突出，道路运输企业安全主体责任落实不到位

挂靠经营现象依然突出，道路运输企业存在缺位问题，营运车辆动态监控作用未发挥，存在站外停车揽客行为，企业未通过动态监控装置行使监管职能。用车单位片面追求经济利益，忽视安全责任，纵容超载行为。旅行社不履行审核职责，放任不具备旅游运营资质车辆从事旅游包车服务。危险品运输车、旅游客车等重点车辆安全状况差、事故风险高。拖拉机源头管理跟不上，农用车上路经营过程中，违法超载、违法载人、不检验、不购买交强险等违法现象突出，潜在的交通安全隐患较大。

（四）道路安全设施基础薄弱，农村地区低等级公路交通安全形势依然严峻

道路安全防护设施跟不上公路建设速度，新建道路安全防护设施不足，施工道路隐患多，与当前经济社会的快速发展不相适应。道路安全设施与道路建设同时设计、同时施工、同时验收的“三同步”制度落实不到位，许多新建道路，建成就通车，极易引发道路交通事故。农村地区机动车和驾驶人数量迅速增长，与交通安全保障体系不健全的矛盾日益突出。农民交通安全意识薄弱，车辆安全技术状况普遍较差，客运发展相对滞后，管理力量薄弱，失控漏管严重。

（五）管控措施落实不到位，路面执法管理与事故预防重点脱节

路面执法管理中查处较多的违法行为与事故预防工作联系不紧密，存在路面执法管理与事故预防重点脱节的问题。截至 2017 年 11 月底，全区公安交管部门共查处道路交通违法 350 余万起，其中不按规定停车、违反禁令标志指示、违反禁志标线指示，分别占总数的 10.18%、3.44%、15.07%。而引发交通事故的违法行为主要是未按规定让行、无证驾驶、超速行驶、酒后驾驶、逆向行驶，合计占引发事故交通违法总数的 12.59%，除超速查处量较大外，其他违法行为的查处量占比都很小，远远低于该违法行为的肇事比例。

三、对加强道路交通安全管理工作的对策建议

（一）推动社会协同共治，完善立体防控体系

1. 建立交通安全管理责任机制

积极推动自治区人大常委会修订完善《宁夏回族自治区道路交通安全条例》，将各级人民政府和相关部门交通管理职责法定化。推动各级人民政府成立由公安、交通运输、安监、教育、农牧、质监、住建等部门组成的道路交通安全管理委员会，负责统筹道路交通安全管理工作，加强部门协作配合，研究解决相关问题。

2. 推进道路安全隐患排查治理

深入推进各级人民政府实施公路安全生命防护工程，公安、安监、交

通运输等部门要全面强化隧道、桥梁、临水临崖危险路段和事故多发路段隐患排查，实施新建改建道路同时设计、同时施工、同时验收的“三同步”制度，建立道路交通安全隐患排查和区、市、县三级挂牌督办制度，确保隐患得到治理。

3. 推动企业落实安全主体责任

加强客货运输企业安全监管，建立客货运驾驶人从业资格信息、交通违法信息、交通事故信息共享机制。运用曝光、约谈、问责等手段，督促企业落实安全主体责任，加强车辆24小时动态监管。深入推进重型货车、挂车、危化品运输车等重点运输车辆源头隐患“清零”。对群死群伤和本地其他典型交通事故进行深度调查，严肃追究企业相关管理人员责任，倒逼企业落实安全主体责任。

4. 促进相关团体加强自治

用好保险行业协会、保险公司力量，发挥保险行业在提高公众安全意识、与政府部门信息共享、发现甄别风险、突发事件应急处置等方面的作用。用好企业力量，争取企业支持安全公益事业，发挥企业的技术、资源、人才优势。充分发挥雷锋车队等交通安全志愿者的作用，加强文明交通志愿者队伍建设，壮大文明交通公益宣传力量。

（二）突出重点管控，完善立体打击体系

1. 紧抓重点交通违法查处

加强道路交通违法情况研判，根据交通违法情况、交通事故分析和季节性、规律性特点，研究制定专项整治工作措施。公安交管部门定期组织开展酒驾、毒驾和货车超载等突出问题的专项治理行动和集中整治统一行动，严查酒后驾驶、超速超员、超载超限、无证驾驶、假牌假证等重点交通违法行为，保持高压态势，形成震慑力。

2. 紧抓重点车辆管控

始终狠抓公路大客车、营转非大客车、旅游大客车、危化品运输车、校车等“五类重点车辆”和大货车管理不放松，采取常态化管控和专项治理相结合，督促企业整改与路面执法检查相结合，利用缉查布控系统开展“五类重点车辆”和大货车逾期未报废、逾期未检验、违法未处理“清零”

行动，坚决消除隐患车辆“存量”。

3. 紧抓重点驾驶人管理

加强对公路客运、旅游客运、危险化学品运输和校车等重点驾驶人宣传警示教育，督促运输企业落实安全教育培训制度，强化重点驾驶人的文明驾驶、安全行车意识。建立企业内部惩戒机制，对重点驾驶人违反交通法律法规的行为加大内部处理力度，建立行业黑名单制度，对严重违法驾驶人实行退出机制，行业内不得聘用。推动建立驾驶人交通安全诚信体系，将诚信体系与社会征信系统挂钩，加大失信联合惩戒力度。

4. 紧抓重点区域管理

推动自治区出台加强农村交通安全管理工作意见，进一步完善农村交通基础设施，着力推进农村交通管理“两站两员”建设，加强农村交通安全管理。加强高速公路系统性治理，加大省际执法检查站执法力度，进一步加强公路客车、旅游客车和危化品车辆凌晨禁行规定，严查超速、疲劳驾驶、逆行、掉头、违停、占用应急车道等严重违法行为。加大城市主干道路和学校、医院、车站、商圈周围的交通综合治理，严查老年代步车、电动自行车等致祸致乱行为。

（三）加强科技建设，完善立体保畅体系

1. 建立城市交通综合治理

积极推动形成党委领导、政府主导、部门协同、社会共治的城市交通管理格局，不断提升城市交通综合治理水平。统筹规划、建设、管理三大环节，推动城市交通从“末端管理”向“前端治理”延伸。定期组织对城市交通进行大排查、大梳理、大评估，摸清实际情况、发展态势、突出问题，找准症结、理清思路、提出对策。积极改善交通出行结构，优先发展公共交通，引导绿色低碳出行，公平、合理、科学分配路权，均衡交通参与者出行利益，均衡交通资源使用，保障非机动车、行人通行空间和安全。

2. 加快智能交通建设应用

强化科技信息应用，以智慧交通建设提升交通管理“软实力”，提高城市交通治理现代化水平。顺应信息化发展潮流，把现代科技运用作为交通管理的大战略、大引擎，不断提升城市交通管理智能化、信息化、专业化水平。建设完善交通感知系统、交通智能控制系统和执法管理系统，实现交通运行自动感知、交通控制自动调整，提高交通管理的自动化水平。加强信息共享融合，进一步整合城市规划、道路设施、交通运输、车辆管理信息资源，建设城市“交通大脑”，打破“信息孤岛”，解构城市交通的运行规律和特点，用数据决策和管理，实现城市交通精准治理。

3. 着力破解停车难等问题

统筹动静态交通管理，按照“配建停车场为主、社会停车场为辅、路侧停车场为补充”的原则，提请政府增加停车供给。按照“停车付费”的原则，实施差异化停车收费政策，抑制停车需求。盘活现有停车资源，协调推动开放单位内部停车场，共享停车资源。充分考虑居住区周边停车刚性需求，采取错时停车等措施，灵活设置路边停车位。联合城管、住建等部门治理挪用停车设施、私自圈地停车、乱停乱放问题，严防静态交通混乱导致动态交通拥堵。

4. 研究治理突出问题

积极研究城市交通新情况，破解电动自行车、老年代步车、摩托车、工程运输车等车辆管理中存在的难题，推动人大立法，争取出台相关规定，对电动自行车禁售及执法处罚标准等作出明确、详细规定。对网约车、共享单车、共享汽车和无人驾驶等新产品、新业态，下好先手棋、打好主动仗，及早提请政府出台地方法规，及早进行规范管理，不能任由其盲目无序发展。同时发动媒体，善于利用舆论的力量，引起全社会的共同关注。

5. 加强交通应急管理

开展交通安全应急管理调研工作，积极推动自治区出台交通安全应急管理办法，建立由政府主导、部门联动、企业配合的应急联动机制，明确各级响应机制要求；配备应急救援力量和设备，加强培训和应急演练；建立危险化学品事故应急处置专家库，提供24小时专业咨询服务；严防处置不当引发的严重后果。建立雨、雪、雾等恶劣天气和节假日大交通流的交通安全管理预警研判机制，加强公安、交通运输等部门的应急联动，果断采取管理措施，严防多车相撞重特大道路交通事故。

（四）加强意识提升，完善立体宣教体系

1. 建立长效宣教机制

实施“交通安全文明行动计划”，将交通安全公益宣传纳入树立社会主义核心价值观和社会道德行为规范的整体公益宣传规划。推动政府将农村群众交通安全素养纳入文明镇村建设指标，强化农村文明交通理念。将学生群体的道路交通安全教育纳入素质教育范畴，联合教育部门编写道路交通安全教育读本和课件。积极调动社会力量广泛参与交通安全宣传，推动全社会针砭交通陋习，积极倡导文明出行。

2. 强化传统宣传教育

争取建设交通安全宣传教育基地，深入推进驾驶人违法记分满分教育和审验教育“两个教育”工作。深入开展交通安全宣传进社区、进农村、进学校、进企业、进单位活动，以“122”全国交通安全日、安全文明驾驶人评选、礼让斑马线等大型交通宣传活动为抓手开展文明交通大宣传，讲好交通安全故事，用好典型事故案例，凝聚安全文明出行的社会共识。

3. 巩固媒体宣传阵地

充分运用主流媒体、新兴媒体两大舆论场，加强全社会的交通安全宣传教育。不断做大、做强交通安全宣传团队，提高交通安全宣传的策划、组织能力，提升宣传信息的感染力和说服力，抢占舆情高地。深入开展交通安全公益宣传进影院、进公交、进电梯、进广场、进出租车等活动，在公共场所反复播放交通安全公益宣传片，不断向群众灌输交通安全意识，提高交通安全文明意识。

4. 加强安全警示提示

持续加大终身禁驾、严重违法等重点人员、重点车辆、重点企业的曝光力度。结合典型交通事故案例，通过短信平台、“双微”平台、广播电台等媒体定期对客货运输企业驾驶人、管理人点对点进行宣传警示教育。督促运输企业落实安全教育培训制度，强化重点驾驶人的文明驾驶、安全行车意识。结合季节性恶劣天气和重大节假日大交通流等特点，提前开展预警，做好针对性宣传提示。

宁夏重信重访上升原因调查分析与对策建议

保建国

党的十九大报告提出："加强预防和化解社会矛盾机制建设，正确处理人民内部矛盾"，从宁夏信访工作实践来看，重信重访对当前的社会治理和经济社会发展造成一定的负面影响。因此，研究宁夏重信重访的特点，发现其规律，进行综合治理，对推动信访工作良性发展具有重要意义。

一、重信重访的基本特征

重信重访，是指信访人两次以上反映同一问题的上访行为，是上访群众"不达目的不罢休"的心理表现。由于目前处于矛盾多发的社会转型期，许多信访问题复杂且涉及面广，一时又难以解决，导致信访人不断重复上访，重信重访数量呈上升趋势。截至 2017 年 10 月，宁夏县级以上信访部门受理的来信来访近三分之一是重信重访，而自治区信访局受理的信访量中，重复信访上升最为明显，同比增长 174%。据自治区信访局统计，2017 年 10 月份群众来访中，重复访批次、人次达到来访量的 56%和 75%，同批次和人次分别上升 120%和 164%。10 月份重复信访同比增长了 146%。从近年来宁夏重信重访问题来看，主要表现为以下特点。

作者简介 保建国，自治区信访局原副巡视员。

（一）重信重访触及利益深，大多涉及人的生命、生存、财产等利益底线，且时间跨度较大，多是信访积案

重信重访折射出的信访事项，常常与信访人自身利益或某一群体的整体利益尤其是经济利益紧密挂钩。由于这些问题直接触及深层次利益，在上访人生活中都是“头等大事”，绝大部分重信重访人员都有不少的信访经历。从重信重访反映的问题看，主要集中在以下六个方面：一是城镇房屋拆迁问题。主要反映野蛮拆迁、拆迁补偿不合理以及拆迁安置不到位、合同不兑现、房屋质量差等问题。二是三农问题。主要是农民反映负担过重、村干部腐败、选举不公、暴力征地、补偿不足、农资造假以及农田灌溉等问题。三是劳动和社会保障问题。主要涉及劳资纠纷、人事争议、退伍安置、养老医疗、社区服务等事关百姓生存与发展的各类诉求。四是腐败问题。主要反映政府官员贪污受贿、以权谋私、权钱交易、损公肥私、生活奢华、作风不实等严重损害百姓利益的问题。五是涉法涉诉类问题，其中反映司法机关判决不公、执行困难的问题最为严重。还有反映公安机关出警不快、立案不实、效率不高、侦查不力等问题。要求检察机关强化监督、强力反腐的投诉相对较少。六是金融融资类问题。主要反映近年来非法集资、房地产中介公司合同诈骗等问题。

（二）重信重访事项大多与法律、政策、历史遗留问题相关，化解难度大

重信重访涉及的信访问题，多数时间跨度较长。从构成上看，有的与法律问题相关。由于有些案件存在认定事实不清、证据不足、程序违法、判决文书表述不当等问题，使得当事人的权益受到一定损害，造成当事人对裁判结果不满而上访。有的与政府出台的公共政策相关，由于一些涉及群众切身利益的法规或政策不完善、不配套，或者缺乏连贯性和科学性导致群众不满。有的是历史遗留问题，我国改革开放初期，一些政府行为“摸石头过河”，缺少相应的配套法律政策，引发大量社会矛盾。经过多年化解和相关政策出台，此类信访问题出现下降趋势。但是，在处理这类历史遗留问题时，容易出现“按下葫芦起来瓢”的现象。

（三）重信重访群众多有不良情绪，行为更加激烈

重信重访人群普遍自我评价较低，长期认为被社会不公正对待、被社会忽视，所以，普遍存在比较严重的愤怒、敌意、忧虑、怀疑、烦躁和不安情绪。重信重访人与普通公众在认知和情绪方面的差异，导致其行为倾向也较普通公众更为激烈。信访人进行信访活动时，又在一定程度上加剧了上述不良情绪。这种悲观、消极和负面的心理状态如果不能及时化解，必然会随着信访过程的延伸而不断积蓄，有可能引发对抗性的矛盾冲突。

（四）重复上访的对抗性越来越强

有些上访人多年就同一问题重复多次上访，上访的行为也更加偏激。上访中绝食、静坐、示威、下跪、哭诉、打横幅、呼口号、穿状衣等时有发生，拦车堵路、以爆炸或自杀相要挟等情况经常出现。围堵国家党政司法机关、冲击接待场所、谩骂甚至殴打接待工作人员的事件屡屡发生。越级上访、集体上访屡见不鲜。有的甚至扬言自残、自杀，给党委、政府施压，上访人的对抗性越来越强。

（五）上访人主体身份多元化

以弱势群体为主重信重访的群体来自社会的各行各业，遍布于全国各个地方。他们中既有农民，也有工人和知识分子；既有在职人员，也有自由职业者和无业人员；既有利益真正受损的人群，也有受人蛊惑、胁迫参与的“非利益群体”。对在京信访人员的调查结果显示，他们多由来自基层的农民、下岗职工、退休工人等组成，而农民又占信访主体的七成左右。他们绝大多数年龄大、收入低、经济状况差。在文化素质方面，文盲或半文盲所占比例较大，缺乏法律知识，导致其上访行为脱离理性轨道。

（六）重信重访时间长，次数多，处理难

重信重访大多都有较长的时间跨度，短的数天、数十天，长的有几年、十几年，其中上访时间最长的达30多年。大部分重信重访人员都有数十次信访经历。在上访中，一般期望值高，条件苛刻，要求必须由党政一把手出面，当场解决问题或明确答复解决问题的时间。另外，重信重访的问题一般涉及面较广，头绪较多，成因复杂，有些老问题又演变成新问题，新旧问题交织在一起，处理难度比较大，如果处置不好，很可能在社会上产生较大的负面影响。

（七）重信重访中异常上访突出

由于上访人长年累月不间断地重复信访，经济状况较好的家庭从富裕变为贫困，而原本贫困的家庭则更是雪上加霜。一次次信访失败的打击使信访者由希望到失望，由失望到绝望，他们的精神状况和心理状态的转变，使得信访人在信访过程中出现不理智的行为。有些人为达到个人目的，以各种手段对各级党政机关和司法部门施加压力，使正常信访工作和办公秩序受到影响。

二、重信重访问题上升原因分析

一般来说，“信”和“访”有一定的内在联系，群众写信就是来访的预兆和前奏，若不及时处理，事态就会扩大，来信便变成来访，联名信便可能变成集体上访或越级访，信访问题就可能变得更为复杂。重信重访总量居高不下并持续攀升，表明信访人对其信访问题的答复存在异议，重信重访上升的原因主要包括如下。

（一）忽视信访问题的初信初访环节，矛盾纠纷没有及时解决在当地，解决在基层，化解在萌芽状态

信访事项在初信初访时，接访人员或敷衍了事，能推就推；或含糊其辞，态度暧昧；或缺乏耐心，不理不睬，导致上访人情绪激化，造成小事拖大，大事拖炸。

（二）有些承办部门对解决信访问题不够重视

许多信访老户反映的问题当初并不复杂，但在初期解决阶段，由于承办人责任意识不强或处理方式简单，有关政策和法律规定解释不清楚，使简单问题复杂化，导致当事人不满，从而形成重信重访。有的信访问题涉及多个部门，由于责任主体不明确，互相推诿、敷衍搪塞，使问题久拖不决，造成越级重信重访。

（三）基层政府就地处理信访问题的能力不强

有些领导和工作人员虽然有责任心和服务意识，但受人力、财力、物力或政策等客观因素的制约，对于解决群众反映的问题心有余而力不足，使得承诺难以兑现。尤其在解决问题过程中，不能大胆处理各种矛盾，很多事情需要请示汇报，久而久之，在群众中就产生一种“基层没用，上级有用，上上级更有用”的误解，群众信访越过基层组织和基层政府，直接向上一级政府或领导要求办理，越级信访随之增多，信访老户也越来越多，负面影响也越来越大。

（四）有些部门对解决信访问题工作不扎实细致

越级上访的问题多数发生在基层，有的当地已复查或复核过，但是当事人对结果不服，反复上访，上级部门按照“属地管理”和“谁主管谁负责”的原则，信访件转回当地处理。而当地认为已有结论，承办人不细致审查材料，不认真倾听诉求，草率地认为老上访户反映的问题没有道理，导致信访问题来回空转。

（五）一些历史遗留问题，时间跨度大

这类问题按当时的政策处理是合理的，但是随着时间的推移，情况发生了变化，缺少政策支持，客观上难以处理。当事人坚持以现行政策纠正过去的做法，满足不了信访人的要求。加之，有些接访人员又缺乏耐心的解释，思想工作跟不上，态度生硬，三言两语打发上访人，导致上访人情绪激化，思想疙瘩解不开，甚至越结越大，于是不断重信重访。

（六）政策法规不完善

由于一些涉及群众切身利益的法规或政策（如征地补偿、拆迁安置、职工下岗、退休人员待遇等）不完善、不配套，或者缺乏连贯性和科学性，仅靠某个部门或某个地方来解决的可能性很小，致使政策无法执行或不能达到预期目标；有些问题是体制改革和利益格局调整引发的，原来由政府解决的问题现在按市场经济的规则运行，部分人员难以适应，从而不断重复信访。

（七）涉法涉诉问题解决时间较长，难度较大

在涉法涉诉信访事项中，当事人对判决、裁定结果不接受，案结事未了。在申诉、要求立案再审无果或被驳回的情况下，便不停地上访。此外，由于救济制度不健全，对一些生活确有困难，而且信访问题也难以解决的当事人，怎样给予救济帮助，没有相应政策。加之，如到法院上诉，还要付诉讼费，且程序多，等待审理、判决时间较长，于是上访人就到党委、人大、政府信访部门坚持缠访、闹访。

（八）信访人要求过高

有些信访问题已多次复查、复核，信访三级甚至四级程序已经终结，而且处理意见是公正的、合理合法的。有的甚至考虑到稳定上访人的因素，让其息访罢诉，放宽政策范围规定答应上访人的一些要求。但由于信访人要求过高，即使再放宽政策，也无法满足上访人的要求。一是信访者对受理机关的处理不服，认为不公，没有达到反映问题的目的。二是有些信访者思想狭隘，性格孤僻，解决问题要求过高，超越政策界限，致使问题长期得不到解决。三是信访者对受理机关不信任，怕受到关系网的干扰，时间久了会出现变故，因而就紧锣密鼓式地有意给受理机关施加压力。四是个别信访者动机不纯，将道听途说的东西拼凑一起，甚至无中生有，捏造事实，抱着试试看或搞不倒也要搞臭的侥幸心理，一次不行就多次重复、越级信访。

（九）部分行政机关处理方式存在偏差

行政机关作为信访终结的引导者、推动者，扮演着极其重要的角色。实践中，由于思想上忽视，导致一些行政机关行政行为存在偏差，不利于信访终结。一是认识上“不够准”。因有处理、复查、复核三级程序，部分基层单位不同程度存在“甩包袱”思想，轻视本级工作责任，有时甚至一句“不服找上级”，就随意打发信访人，将矛盾上交。二是业务上“不够精”。对于专业性强、涉猎范围广的信访复查复核工作，大部分受理机关为本级或上级人民政府，具体由信访局内部复查复核工作小组代表政府执行，对于专业要求较高的问题，显得力不从心。三是作风上“不够实”。由于主观疏忽大意，在信访受理、办理、答复、送达、信息录入等环节存在办理不够精准、程序不够规范等问题，这些看似“小”问题，很可能演变成影响整个终结程序的“大”麻烦。一些干部对群众缺乏深厚感情，对解决信访事项缺乏责任担当，面对上访群众态度冷漠，作风粗暴，推诿扯皮，激化矛盾，引发重访闹访，不利问题化解、程序终结。

（十）信访管理方式存在弊端

由于信访管理方式在借助法治力量、运用法治工具方面还存在不足，习惯于靠红头文件、靠领导权威，过度依赖行政手段，过度使用行政力量，简单地依靠排名通报、数量考核、约谈问责等行政方式。这些方式往往被信访群众顺势操作，向基层政府施压，催生了重信重访问题。

（十一）社会力量参与不到位

解决重信重访这一难题离不开社会力量的支持，离不开和谐有序的社会环境支持。但当前信访工作社会化程度不高，社会疏导教育工作滞后，也是导致重信重访上升的原因。

三、治理重信重访问题的思考与对策

党的十九大报告要求“增强群众工作本领，创新群众工作体制机制和方式方法”“善于结合实际创造性推动工作，善于运用互联网技术和信息化手段开展工作”，当前在矛盾纠纷排查化解工作中，一个重要任务就是要认真解决好群众重复来信上访，特别是重复集体上访和上访老户反映的问题，最大限度减少越级和重复上访，特别是赴区到京重复集体上访。

（一）确保提高重信重访事项的办理质量

群众重复上访特别是重复集体上访和上访老户信访事项产生的原因较为复杂，对此要下大力气进行调查研究，摸清情况，具体分析。特别是在调查过程中，要认真听取上访人的意见，防止走过场。对群众反映的应该解决而又能够解决的问题，依照有关法律法规和政策，切实加以解决。限于目前的政策和条件，一时解决不了的，要做好解疑释惑工作，取得上访人的理解，并积极创造条件，争取使问题尽早得到解决。对属于工作不到位或处理欠妥的，有关部门要勇于承担责任，实事求是地予以解决；对坚持过高和无理要求的，要做好耐心细致地说服教育工作，劝其息诉罢访；对于无理取闹、寻衅滋事的，要依法予以严肃处理。对跨地区、跨部门的问题，主要责任单位要主动与有关单位进行联系，共同协商解决问题。对涉法涉诉信访案件，要积极引导上访群众通过司法程序解决。总之，对群众重复上访问题的处理，要坚持实事求是的原则，以法律为准绳，以政策为依据，区别不同情况作出妥善处理，经得起历史的检验。

（二）明确对重信重访事项的办理责任

实行包案制，责任到人（单位），一级抓一级，一级对一级负责，层层抓落实，决不能互相推诿、扯皮。

（三）严格把握重信重访事项的政策界限

保持政策和工作的连续性，防止诱发新的矛盾和问题，避免“按下葫芦浮起瓢”，使一些息诉罢访的人重新上访。

（四）加大重信重访事项的督查督办力度

信访工作部门要在抓好协调上狠下功夫，对涉及两个以上地方或部门的信访事项，主动牵头，加强协调，促使信访督办工作向“督转并重、以督促办、抓好落实”的务实做法转变，促进重信重访从根本上发生变化，促使重信重访人早些息访罢诉。

（五）健全信访工作制度、规范工作程序，为破解重信重访难题提供保障

要从信访工作制度本身入手，抓源头、抓过程、抓成效、抓跟踪、抓督查、抓落实、抓责任。一是健全信息报告制度。加强信访信息反馈，及时沟通有关情况。二是健全信访跟踪督办制度。对那些不重视、不及时、不负责的基层单位，进行督办，促进信访问题的解决。三是建立署实名双向承诺制度，信访人做到在双向承诺办理期限内，不多头信访、重复信访、越级信访和无理缠访。受理机关承诺限期办结，并向举报人回复结果。双向承诺以契约的形式对受理机关和信访举报者进行双向规范、双向监督、双向制约。四是健全责任追究制度。信访件办理机关凡因工作不到位、措施不得力、问题查不清、处理不彻底等引起重信重访的，要严肃追究承办机关和相关工作人员责任。

（六）加强基层信访工作，为破解重信重访难题夯实基础

基层是解决群众信访问题，减少群众越级访、集体访、重复访的关键。一是加强信访工作网络建设。建立基层信访联络员、信息员队伍，并将信访接待室延伸到村一级。二是深化农村基层党风廉政建设。抓好《农村基层党员干部廉洁自律若干规定》《村级集体资产管理暂行办法》《村级民主管理监督工作意见》等监督制度的贯彻落实，从源头上减少重信重访的发生。三是开展矛盾纠纷排查化解工作，重点在企业改制、土地征用、房屋拆迁、教育乱收费和食品药品监管等领域，就容易引发矛盾的热点问题进行定期或专项排查，将排查出来的信访问题，逐一建立台账、逐一化解。四是进一步推进领导接待日制度和干部下访制度，以此畅通反映问题与解决问题的“双向渠道”，使初信初访问题能就地、就近、及时得到解决。

宁夏传销犯罪情况调研分析与对策研究
——以银川市为例

徐　荣　魏宏宇

宁夏近年来传销案件频发，且集中在银川市范围内。基于此，笔者力求通过实地调研，以比较2011年至2017年6月30日期间银川市检察机关案件受理数据的变化为切入点，介绍银川市传销案件的现状，对打击传销犯罪[①]过程中存在的问题进行梳理、分析，并提出对策及建议，从而有效打击传销犯罪。

一、银川市检察机关受理传销案件的基本情况及特点

2011年至2017年6月30日，银川市检察机关共受理传销案件78件147人，其中2017年上半年办理10件26人，2016年办理13件23人，2015年办理10件9人，2014年办理8件16人，2013年办理14件20人，2012年办理17件23人，2011年办理7件20人。公安机关撤案4件11人，无不起诉，起诉66件115人。

（一）案件受理呈现阶段性特征，发展状况呈从无到有、先上升后减少的趋势

银川市检察机关受理公安机关移送审查起诉的传销案件，在2011年前

作者简介　徐荣，宁夏社会科学院办公室实习研究员；魏宏宇，银川市人民检察院公诉处处长。

①传销犯罪是指组织、领导传销活动罪。

所有案件的总量是以个位数计算，但自 2011 年到 2017 年 6 月 30 日共计受理 78 件 147 人，其中 2011 年开始在贺兰县和金凤区出现传销案件，2012 年和 2013 年呈爆发式增长，分别较 2011 年增长 1.42 倍和 1 倍；2014 年至 2016 年平均每年办理数有所下降，平均每年办理 10 件 16 人；2017 年传销案件有抬头之势，截至 2017 年上半年已受理传销案件 10 件，但局部出现下降趋势，如贺兰县在全区同类案件上升的大环境下有所下降，2017 年上半年仅受理 1 件传销案件。

（二）贺兰县为重灾区，分布由点状向片状蔓延

银川市检察机关自 2011 年至 2017 年上半年受理的案件中，贺兰县人民检察院受理 62 件 111 人，占比近 80%，在该时间段银川市其他地区的检察机关总计受理 16 件 36 人。贺兰县无疑为传销案件的重灾区，传销案件从贺兰县出现后，随着打击力度、宣传力度的不断加大，贺兰县传销案件有明显的下降趋势。但传销人员也在不断地拓展发展空间，案件逐步向银川市其他区县蔓延，2011 年至 2016 年传销案件主要集中在贺兰县和金凤区，2017 年以来全市三区两县均出现了传销案件。

（三）地域优势为诱骗下线参与传销提供“硬件”保障

银川市系宁夏回族自治区首府，地处西部偏远省份，但近年来城市建设进程快、房地产开发以及相关基础设施建设不断完善，相对于发达城市，环境适宜、人口较少等因素，成为传销团伙的组织者、领导者劝说下线人员加入时的有力由头。2011 年 1 月开通的太中银铁路、2011 年 10 月开通的银川至郑州航班也被传销者宣传为国家为发展所谓项目而开通。包括银川市附近的旅游景点、奥特莱斯进驻、某广场的建设规划都成为传销成员带领“下线”参观、说教的“参照物”。比如，贺兰县的银河路欣兰广场在传销组织中被赋予了别样的“意义”，在介绍该广场时就将广场说成是该组织的一个平台，广场后面的一路之隔的几个执法部门，说成平台是受到暗中保护的；而广场对面有个农业银行，也被隐喻为让农民朋友们翻身，诸如此类。传销组织会发挥无限的想象力，把人们从“梦想”拉到“现实”，再从现实出发，让你认为自己的美梦是真的。

（四）传销活动的“名目”比较单一，以地区为单位划分为不同体系，并向跨体系发展

由于地理位置和城市建设的原因，传销重灾区贺兰县传销的名目集中于“西部大开发，资本运作”“绿化工程”两项内容。这样以西部、绿化、城市建设完善等看得见的真实情况，并以“国家秘密工程”，将一些建筑、人物雕像设计到传销模式当中去时，加之传销成员的“现身说法”，不断地灌输暴富神话，真真假假，虚虚实实，才能不断地发展新成员加入。其他地区往往以各种项目和金融产品的旗号，以引诱投资的形式，进行诱骗。传销人员拉下线的主要手段就是让亲戚朋友参加，这些人先天的关系就具有地域性，因此传销体系一般会以地域名称或者传销头目划分。在不断发展过程中，单一的体系发展受限，传销组织的“大头目”就联合起来有组织的统一调配资源，比如统一安排佩戴“黄金标志”①，召集各体系传销成员的上百人的大型会议，统一调配人员收取“投资款”，按比例提成后，返还给各体系头目。这样的做法既可以以“有组织的行为”麻痹下线，又可以通过这种真正的“管理者”不与下线人员直接接触的做法，让下线成员无法明确指认谁是组织者，从而有效规避打击。

（五）参与人以外地人为主，涉及省份范围广，人员以无固定收入群体居多

传销案件的犯罪涉案人员本地区和外省人员均有，但外来人员居多，河南、山东、江苏、贵州、上海等地人员占比较大。传销参与人员遍布全国多个省份，人数众多，有的全家加入传销组织，具有跨地域性。在银川市办理的案件传销人员以无固定职业者、农民等低收入群众较多，他们因所受的教育程度不高，缺乏专业致富手段和信息，而又想摆脱命运；一部分为择业学生，一时找不到工作，又想快速致富；还有一部分人属于投机心理重，希望走捷径致富。如，“参加传销，就可以坐在家里点钱”“今天睡地板，明天当老板，成功就在眼前”，这些听似天方夜谭的神话，却使

①黄金标志是传销内部的一种身份的象征，即发展人数达到一定数量后，由上线人员出资或带领去购买手镯、项链等黄金饰品，佩戴后标志着成为传销组织内部的高级经理。

得这些人盲目追求，甘受诱惑和欺骗，失去正常的理性判断。这也使得传销组织在短时间内大量发展下线人员，聚集数额庞大的资金，尤其是手机等电子通信、转账的普及，传播速度不断加快。

（六）传销方式从传统方式向传统与网络传销相结合发展

2015 年之前银川市办理的组织、领导传销活动以传统的方式为主，多是通过封闭场所、洗脑课程等方向进行传销，近两年来传销方式向传统、网络相结合的传销方式转化，如通过网络平台注册会员的方式发展下线，或是虚构金融理财产品通过网络进行推广。例如，2017 年宁夏警方开始查处全国风靡的“善心汇”网络传销，宁夏新闻网 2017 年 8 月 1 日以“宁夏警方刑拘 16 名‘善心汇’传销组织涉案人员”为标题进行了报道。此种网络传销，借助开发的“众扶互生大系统”网络平台，打着慈善的幌子进行发展“会员”，收取所谓的会费，通过网络造势、“善心汇”手机 APP、微信群授课及线下人员之间的相互宣传，进行不间断地发展“会员”，较之传统“面对面式”传销，传播方式发生了变化，传销的对象范围更广，由主要欺骗熟人向广大陌生人转化，发展速度迅猛。例如，西夏区人民检察院批准逮捕的吴某，从 2016 年 6、7 月份注册为善心汇会员后截至案发，吴某所发展的会员层级已达 12 级，会员账号总数达到 7080 个。

二、打击传销犯罪过程中存在的问题

从组织、领导传销犯罪活动案件产生的 2011 年开始，各级公、检、法部门，不管是从顶层的重视，还是从基层的打击力度不断加强。在打击犯罪案件中也取得了一定的成绩，但是传销犯罪从其根本上来讲尚未达到全面控制。

（一）传销参与者被“封闭”，不仅对“投资”盲目自信，而且对传销犯罪的违法性和危害性认识不足

传销具有组织上的封闭性，以银川市传销犯罪为例，参与传销组织的成员外地人居多，在被上线人员以“投资”为名骗至银川市范围内后，少与当地人接触。传销组织内部的管理二十条①，要求不与当地老百姓长谈，不影响当地人生活。对于组织开大会、“串老乡”等传销组织的内部宣传活动，以及“发鸡鱼”“返利”等活动有严密的通知体系，层层下达。对于组织成员带领新人的“参观活动”，安排住宿，看似无人控制，实则是一直在传销组织成员的掌控之下，无形中切断了与成员外部的联系，使得成员从开始接触到加入传销组织都处于一个相对封闭的环境当中。在不断被灌输鼓吹成功经验，成功人士的“段子”的过程中，传销成员对金钱的渴望被彻底激发，对于传销所带来的风险，则在潜意识中选择自动屏蔽。有许多参加传销组织的人员在起初被介绍加入时，都有疑虑，认为不能天上掉馅饼，自己加入的可能是传销组织，但是“低门槛，高利润”让这些人抱着试试看的心态走进了传销，再随着自己的金钱、时间、精力的投入，和不断地被洗脑，以及在组织中不断地自我膨胀，偶有返利的诱惑和翻本获利的赌博心态，让传销人员无法自拔，认识不到传销的危害后果和违法成本。办案实践中许多被告人都在庭审过程中辩解自己并不知道所参加的是传销组织，知道的话就绝对不会参加，但是他们明确地知道只有不断地拉人进来自己才有获利的可能。等到身陷囹圄才声泪俱下，方知违法后果的严重性，对自己和对其组织、领导的下线人员、对社会方方面面的负面影响。

（二）案件侦查取证难度大，不断面临新挑战

从传销犯罪在银川市产生伊始到2017年已经过六七年的时间，司法机关不断地加大打击力度，其间仅4人被判缓刑（均因患有不适宜羁押的疾病，且认罪态度诚恳）。但是随着打击力度的加大，传销组织成员的反侦查意识也不断加强，手段翻新。

一是组织、领导传销活动罪本身的入罪门槛高，取证范围广。银川市检察机关受理的78件147人的传销案件中，一次退回补充侦查54件，二次退回补充侦查35件，占受理的此类案件比例高。退回补充侦查的理由主要是下线人员无法达到30人的要求或者是组织、领导行为的相关证据缺

①管理二十条是指在查办案件中从传销成员手中查抄的传销成员内部的管理规定。

失。从数量上看，78 件 147 人的案件比起其余刑事案件的受理，占比并不是很大，但是就取证来讲，78 件案件的顺利结案，平均下来每个案件至少需要将近 30 人左右的笔录，每份笔录又需要两名侦查人员的参与，对于警力较少的经济犯罪侦查部门工作量过大，在接到举报后，往往需要抽调精锐警力，组成办案组才能抓住侦查时机。

二是战果难以扩大，追赃效果不明显，经济制裁乏力。在对传销案件的侦查过程中，由于警力、侦查手段、传销人员的反侦查等方面的掣肘，难以在证据达到该罪名所要求的 30 人下线的要求后，继续深挖，造成对认定该罪名的“情节严重”的认定（即组织、领导的参与传销活动人员累计达到 120 人以上的，直接或者间接收取参与传销活动人员缴纳的传销资金数额累计达 250 万元以上的），难以有充分的证据支持。与此同时，组织者、领导者被抓，但存储赃款的银行卡未被及时缴获、查封扣押，就会被组织者、领导者亲近之人短时间内转移；对获利购买的黄金标志、高级轿车、住房，亦难用证据证实其赃物属性，这样就导致案件侦破了，被告人也被刑事处罚了，但是传销所获得的财富却依然未被追回。

三是传销手段、方式具有迷惑性、隐蔽性，且不断翻新。传销的名目大多结合当前国家、地区经济政策进行，具有迷惑性。比如，贺兰县的传销组织就打着“西部大开发”的名义，并加之以“国家暗箱操作”“资本运作”“绿化工程”等佐料，并结合当地人少房多，街道绿化、大棚蔬菜项目建设等对外进行宣传，让人不由得把自己眼睛里看到的“真相”与自己的想象结合起来，从而加深投资的内心确认。而全国风靡的“善心汇”则以打着国家扶贫的旗号，以精准扶贫的名义，将收取入门费美化成购买“善种子”，把传销成员的级别包装成特困社区、贫困社区、小康社区、富人社区、德善社区五个等级，把打款行为称为“布施”，收款行为称为“受助”。完美的包装下，传销组织就这样将你一步一步引入局中。被迷惑的人员一般情况下只有在完全清醒，或者是收到经济损失严重的情况下才会选择报警，在传统的熟人型传销中，警方获取线索的难度也很大，没有举报人，很难在一个地区范围内注意到传销组织的秘密发展，也很难准确地实施抓捕。在打击以地区为纽带的传销组织过程中，单一的传销组织被打压后，几个地区的传销组织头目就联合起来进行跨体系的传销。收款、发奖励、授课、开会等统一安排，让新加入人员根本不清楚自己的钱交给了谁，开会又是谁组织的，大部分人只知道自己是谁介绍的，至于传销组织的组织者、领导者是谁，无法说清，也导致了取证难度的加大。至于新型的网络传销，又给侦查员带来了技术上和侦查方向上的挑战。

（三）刑事处罚为主的手段，难以有效阻止传销成员扩散的速度

本罪犯罪主体为组织、领导者，而现实中积极参与传销者，其社会危害性同样严重，主观恶性很大。但在司法实践中，对这些积极参与者移送刑事立案后，行政执法部门对于不构成犯罪，但构成行政处罚条件的人一般不予处罚，即使处罚也因权限限制，收效甚微，且因参与者一旦知晓自己会因传销被行政处罚时，将会怠于在刑事诉讼中作证，影响刑事案件侦查。刑事处罚手段只针对达到够罪标准的传销组织者、领导者，涉及的是少数成员，未被打击的体系“小头目”、参与者，或者是其他体系的传销活动者，作为大多数的传销人员，受到的影响范围有限。造成一波还未平息、一波又来侵袭的状况。受到刑事处罚的毕竟是少数成员，且属于传销组织的上层，对于底层下线成员的影响小，威慑力不够。再者，传销人员赖以生存的土壤依然存在。从银川市办理的传销案件来看，出租户对于外来租住人员都不要求提供相关的身份证明，只要来看房，看中了房子，谈好价钱，双方达成意愿即可，决定权完全在出租户手中，至于双方之间的租赁协议、租赁人员暂住证明、租住人员在出租房内从事何种活动则根本不问，这就容易造成传销者“落地生根”。对传销案件的刑事惩罚，经过立案、侦查、批准逮捕、审查起诉、审判等环节，一般需要比正常刑事案件长的诉讼时间，具有一定的滞后性，不能立竿见影。而且一些新类型的传销，因为与传统型的区别，无法让群众从一开始就看出它的本质，从而不断地有人落入圈套。

（四）传销犯罪引发其他犯罪和社会治安隐患

银川市就传销案件引发了抢劫、故意伤害、非法拘禁等刑事案件，其中赵某等 8 人抢劫案涉案两起，涉案价值 100 余万元，其中一个人被判处无期徒刑。这些案件的发生起因主要是下线人员发现上当受骗后，找上线，或者是组织者索要被骗传销款，遭到拒绝后，发生的犯罪行为。有些案件则是知道传销的组织者有钱，且自认为不敢报警，从而找准“目标”下手。传销成员一般是多人租住在出租房内，而且数量庞大，造成小区内人员复杂、管理混乱，也容易引发其他诸如成员之间小偷小摸、打架、情感纠葛等问题的发生。传销成员因为索要不到自己已经交纳的“投资款”，造成群体性上访或者是通过不正当手段给司法部门施压等情形发生，在此过程中处置不当也容易诱发犯罪的发生。传销的“唯金钱至上”的理念，影响人的世界观、价值观、人生观，一人参与传销，可能会把影响范围扩大到其周边的亲人、朋友、同事等范围，破坏正常的家庭、社会秩序。在查处传销成员住所、活动地的过程中也对周边群众的正常生活带来了影响。

三、打击传销犯罪的对策建议

（一）依托大数据，采用多种宣传措施进行犯罪预防

随着传销犯罪手段的变化，传销犯罪一般会在通话、使用交通工具中留下痕迹。网络传销犯罪中网络宣传和通过网络注册行为扩大组织范围的过程中，在网络上留下电子痕迹。这些数据的分析、查找，有助于提前发现犯罪矛头，进行有针对性的预防，比如，通过通话、交通等信息提前掌握犯罪动态，对发现的网络传销及时关闭网站，查找幕后操作者，堵塞传销的宣传渠道，一定程度上可以减少参加人员。在媒体上大力宣传的同时，要在传销人员活动的社区、街道积极开展“规劝”工作。在坚决打击“组织、领导传销”犯罪的同时，对一般涉嫌传销人员通过在飞机场、火车站、广场、闹市区域发布禁止传销活动的通告，发放禁止传销、规范直销手册张贴宣传画、致传销人员公开信等形式积极开展社会化的、全方位的宣传教育，感化已经参与者回头是岸，预防怀揣发财梦的外地人走进传销，鼓励、动员全民参与打击传销。充分利用官方微信、微博发布相关案件的进展，让传销人员切实感受到国家的打击力度，从而防止新成员继续加入。

（二）依托司法解释，结合实际，准确把握取证方向

对采用传统“熟人型”和以网络为拉人手段的“陌生人型”的传销犯罪行为在侦查方向的确认上既有相同点，也应有所区别。相同之处就是应

当把握好组织、领导传销活动罪的构成要件。该罪惩罚的主体是组织者、领导者，需要在办理案件中紧扣规定，对组织、领导行为进行取证，而对下线达到30人以上的认定，可根据实际情况对证人证言中提到的参加人进行交叉认定，也可以结合书证、物证、电子证据认定，在询问笔录过程中要注意上下线关系、赃款赃物来龙去脉的梳理，为层级和人数的认定打好基础。其中对于在以家庭为单位，或者以亲戚为纽带的关系中，出资人用他人身份证投资赚取利益，与此同时其家庭和亲友对此知情，也想从中获利，而投资者也是以家庭财产进行投资，或者以自有财产投资，但意图给亲友获利，这种情况下即便是借用身份证，也是一种实际投资行为。这些人既有同意投资者加入传销组织的许可行为，又有处分自己财产的意思表示，其参加传销后财产受损，也给社会经济秩序造成混乱，在这种情形下借用身份证就可以认定为下线。不同之处就在于传统的“熟人型”传销侧重于言词证据，而网络的“陌生人”传销则侧重于电子证据的调取。为提高此类案件侦查的效率和效果，在地区范围内可以由侦查员、检察官、法官对此类案件办理进行互相充分的交流（包括跨市县交流），学习和借鉴已有此类案件侦查经验的地区的做法，减少侦查中的盲点和在起诉、审判中的不同认识，从而提高案件质量和办案效率。

（三）刑事处罚与行政处罚相结合

党的十九大提出“要打造共建共治共享的社会治理格局”。在打击传销犯罪的过程中，单靠刑事惩治的手段尚不能达到控制，惩罚犯罪虽然是刑法的一项主要功能，但是惩罚是手段，目的是在打击犯罪的同时威慑犯罪，从而减少犯罪行为的发生，维护社会治安。我们要做的，一是统一思想，加强协调，形成合力，进一步加大打击传销犯罪的力度。建议公、检、法三部门在法律适用等方面要统一思想，提高认识，相互配合，对于传销团伙中的犯罪分子，在取证扎实的情况下，实现“快侦快捕快诉”，及时追究刑事责任，予以严厉打击。在刑事案件侦查过程中，侦查员对传销的参与人员也要适当进行批评教育。二是加强行政处罚力度。刑事处罚惩罚了传销组织的组织者、领导者，这些组织者、领导者的处罚也碍于证据取得的不充分，难免有漏网之鱼，其威慑力有限，处罚范围有限。因此，需要对不构成犯罪的参加人员加强行政处罚力度，将传销组织从上到下全盘根据危害程度依法处罚。这方面公安机关和工商行政部门应当加强沟通协调，互通信息。

（四）堵的同时，要注重疏

在打击传销刑事犯罪的同时，要及时梳理传销人员的来源地，由发现单位将一般参与者劝返回乡，并及时与当地公安部门联系做好对劝返人员的思想工作，防止该地区不明真相群众的继续加入，同时可以让这些人员现身说法，规劝其他人不被利益诱惑参加传销组织。另外，要注意安抚下线人员情绪，讲解相关法律规定，防止出现下线人员为索要传销款，采取过激行为，从而引发新的社会矛盾和新的犯罪。发挥基层组织、人民群众的作用。警力有限，民力无限，要进一步加强对流动人口的排查及对出租房的管理。公安部门、社区、村委会要加强对流动人口的排查，对发现多人混居，且无正当职业的外来流动人员，应加强思想教育，责令其限时返回原籍。社区、村委会要摸清区域内的房屋出租和外来人口状况并造册登记，发现异常情况应及时报告有关部门。

宁夏行政执法及行政诉讼情况调查报告

乔克奇　黄　峰

党的十八届四中全会对全面推进依法治国作出全面部署。深入推进依法行政、加快建设法治政府是全面推进依法治国的必然要求。自治区第十二次党代会提出，要“加快法治政府建设，深化行政执法体制改革，提高政府工作法治化水平”，“必须加快依法治区进程，让法治成为宁夏未来发展核心竞争力的重要标志”。行政执法是法治政府建设的重要组成部分，行政诉讼是建设法治政府的重要推动力量。近年来，宁夏行政诉讼案件持续呈上升态势，尤其是涉及房屋拆迁、居民住房、工伤认定、治安管理等问题的案件数量居高不下，反映了全区各级行政部门在决策、管理和执法等方面存在较大问题。本文拟对全区行政诉讼案件的主要特点、各级政府及其部门在依法行政中存在的问题及规范全区依法行政、提升行政审判功效的对策建议等做一探究，以期对今后宁夏行政执法及行政诉讼工作有所启发和帮助。

一、宁夏行政执法及行政诉讼工作取得的成效

截至 2017 年 6 月底，全区共有各类行政执法主体 1680 个，涉及行政

作者简介　乔克奇，自治区政协社会和法制委员会办公室主任；黄峰，自治区政协社会和法制委员会办公室主任科员。

执法职权10大类11298项，共有行政执法人员16800人。其中，自治区级行政执法主体283个，涉及行政执法职权1211项，有行政执法人员1942人，分别占16.8%、10.7%、11.6%；各市县行政执法主体1397个，涉及行政执法职权10087项，有行政执法人员4858人，分别占83.2%、89.3%、88.4%。2015—2016年，全区各级法院受理一审行政案件3970件，审结2479件，行政机关败诉596件，败诉率24.04%，排名全国前列。近年来，全区各级政府深入推进依法行政，狠抓执法体制机制建设，严格规范行政执法行为，法治政府建设不断取得新进展、新成效。

（一）强化顶层设计，行政执法体制和机制不断完善

2015年以来，自治区先后出台《法治政府建设指标体系》《行政程序规定》《重大行政决策规则》等规范性文件，为行政权力行使立规矩、画红线。着力推动建立政府部门权力和责任清单，公布自治区级政府部门保留行政职权1941项，市县政府部门行政职权60903项，保证行政权力规范运行。积极推进相对集中行政许可权改革，宁夏被列入全国开展相对集中行政许可权改革试点省区。探索推进城市管理综合执法体制改革试点，银川、吴忠、中卫等地综合执法改革取得初步成效。

（二）严格执法行为，行政执法活动逐步走向规范化

自治区制定了《宁夏规范行政裁量权办法》，最大限度减少了行政执法自由裁量空间。2016年开展了行政执法主体专项清理行动，向社会公布了840个行政罚没主体和12771名执法人员资格。在中卫市推行了行政执法公示、行政执法全过程记录、重大行政执法决定法制审核“三项制度”改革试点。积极推进行政执法信息化建设，以信息化推进执法规范化，公安、税务等部门已基本建成执法办案信息平台。着力改革行政执法人员培训方式，2016年在浙江省扶持下建成自治区行政执法人员网上培训考试系统，有效提升了执法人员素质能力。

（三）加强行政诉讼，司法审判的推动作用明显增强

2015年以来，自治区高级人民法院严格执行新《行政诉讼法》，全面贯彻落实行政诉讼立案登记制，2015年受案数较2014年上升205.9%，增幅位居全国各省份之首。积极推进行政审判机制改革，在银川、石嘴山、固原等地开展了行政案件相对集中管辖试点，提升了行政审判质效。推动建立行政机关负责人出庭应诉制度。2015 年 3 月，自治区政府印发《宁夏行政机关负责人行政诉讼出庭应诉工作规定》，各级行政机关依法出庭应诉行政案件的意识、能力和水平不断提高。

二、宁夏行政执法及行政诉讼工作存在的问题

虽然全区各级政府及其部门在推进依法行政方面做了大量工作，取得了阶段性成效，但与自治区关于加快法治政府建设的要求以及人民群众的期盼相比，仍然存在不少问题和困难，进一步推进依法行政的任务依然繁重。全区行政机关依法行政的水平亟待加强，与“让法治成为宁夏未来发展核心竞争力的重要标志”的目标差距较大，加快建设法治政府任务艰巨。

（一）行政执法体制改革有待进一步深化

一是“放管服”改革到基层最后一公里仍有脱节现象。如，有的地方只放责不放权，权力逐级缩减，责任逐级放大，造成了层级间权责失衡。有的部门管理重心下移时只移事、不放人，造成基层执法事多人少、疲于应付。调查问卷显示，88%以上的基层执法人员认为执法任务繁重是影响执法质量和效能的主要因素。二是已有改革政策落实还不够到位。自治区党委十一届四次会议关于全面推进依法治区实施意见确定的 179 项改革任务，一些部门落实还不到位或推进力度不大，影响了全面推进依法治区进程。

（二）行政执法规范化水平有待进一步提高

一是重复执法、多头执法现象依然存在。在交通、运管等领域还存在执法主体过多、执法种类设置过细、执法职权交叉等情况。二是不规范、不文明执法现象较为突出。2015 年以来，全区行政机关败诉案件中，行政机关主要存在着违反法定程序，不履行、不正确履行法定职责，认定事实不清，主要证据不足，以及适用法律错误等问题，其中违反法定程序执法案件占全部败诉案件的 63.2%。

（三）行政执法监督有待进一步加强

一是政府法制机构的监督作用难以发挥。目前，宁夏市、县两级政府法制机构全部合并在政府办公室，机构、人员力量大幅减弱，如，永宁、

西吉等县区只有 1 人专职法制工作，隆德、泾源等 7 个县（区）只有牌子没有专职人员，行政执法监督工作难以有效开展。二是执法监督的手段和方式还比较滞后。行政执法监督仍以事后监督为主，执法仍然存在着不能全面实现全程监督。三是完善的行政执法监督体系尚未形成。层级监督、民主监督等各类监督主体不同程度存在监督权限、方式、程序、范围不够明确等问题，没有形成严密有序、分工合理的执法监督体系。

（四）政府推进法治建设能力有待进一步提升

一是法治理念与推进依法行政要求不相适应。部分行政机关及执法人员在执法中存在重实体、轻程序意识，不能运用法治思维和法治方式解决问题，尤其在城市房屋拆迁、旧城改造中，行政机关往往过于讲求效率，忽视程序操作，引起大量行政诉讼。二是行政应诉与法治政府建设要求不相适应。部分行政机关负责人应诉意识不强、应诉能力较差，“一把手”出庭应诉情况不理想，多为分管领导或内设法制部门工作人员出庭，且“出庭不出声”或消极应诉，不利于行政争议的化解。调查问卷显示，“一把手”出庭应诉只有 10%左右。

（五）行政机关及行政相对人的法治意识有待进一步增强

一是部分地区群体性行政诉讼案件大幅增加。行政争议往往涉及公共利益，处理不慎极易引起连锁反应，或引发重大敏感复杂的群体性案件。如，银川市某县政府违法颁证行为引起 2015 年 122 人的林业管理群体性系列案件。二是行政机关与法院联系协调机制尚未健全。部分行政机关负责人不能正确对待行政诉讼，在法院审理案件中容易出现“告官不见官”“新官不理旧账”现象。三是绝大部分行政相对人维权意识极为强烈。作为“民告官”案件的行政相对人法律意识一般都比较淡薄，且对法院能否公正审理案件持怀疑态度，一旦败诉即上诉上访。暗访中发现，68%的行政相对人表示案件败诉将上诉上访。

（六）法院行政案件审判质量及队伍专业化水平有待进一步提高

一是司法能力仍需提高。因不同地区、不同层级法院裁判尺度不统一，或受行政机关不当干预，有时出现对同类案件裁判结果不一致或不公正的情况；部分法官单纯就案办案，不能全面审查被诉行政行为的合法性，裁决不能体现法律效果和社会效果的统一。同时，面对社会关系多样化和行政争议的复杂化，审判法官的能力难以满足人民群众司法新需求。二是审判队伍力量不足。2015 年立案登记制实施以来，行政案件呈倍数上升，随着法官员额制改革推进，行政审判法官数量却在减少，中卫市法院和部分基层法院甚至不能组成完整的行政审判合议庭。

三、对完善宁夏行政执法及行政诉讼的对策建议

（一）提高思想认识，切实增强法治政府建设的使命感

十八届四中全会提出了要深入推进依法行政，加快建设职能科学、权责法定、执法严明、公开公正、廉洁高效、守法诚信的法治政府的总要求。自治区第十二次党代会进一步提出要“加快法治政府建设，深化行政执法体制改革，提高政府工作法治化水平”。在新的形势下，法治政府建设时间紧、任务重、要求高，各级政府及其部门要切实提高认识，对 2014 年自治区党委十一届四次会议关于全面推进依法治区实施意见确定的 179 项改革任务进行再落实、再推动，注重研究依法行政工作遇到的新情况新问题，健全依法行政工作机制，优化依法行政工作措施，持续深入推进依法行政工作。

（二）直面改革难题，进一步提高行政执法效能和水平

一要进一步推进“互联网+放管服”改革。依托宁夏云计算、大数据产业发展基础，推进政务服务平台和执法信息平台建设，下放行政审批职权，推进执法重心下移，强化“双随机一公开”监管，营造良好的法治政府建设环境。二要进一步推进城市管理综合执法改革。加大推进城市规划、市政市容、国土、交通等重点领域综合执法改革力度。三要进一步健全法治政府建设考核体系，把行政机关败诉率、行政机关负责人出庭应诉率纳入考核指标，加大考核力度，以考核倒逼行政机关提高行政执法效能和水平。四要进一步健全行政执法责任制，实行行政执法办案过错追究终身负责制，建议制定宁夏行政机关案件败诉问责办法，凡属于滥用职权执法、未积极应诉等情形导致败诉的，应追究主管领导和直接责任人员的责任。

（三）规范执法行为，从源头进一步减少行政争议

一要深入推进行政执法公示、执法全过程记录、重大执法决定法制审

核“三项制度”试点工作。在中卫市“三项制度”改革试点基础上，及时探索总结可复制可推广的经验做法，切实做到严格规范公正文明执法。二要积极推动政府法律顾问、合法性审查、重大行政决策风险评估“三项机制”落实到位。各级政府部门要在土地征收、房屋拆迁等重大行政决策中，须听取法律顾问、公职律师的法律意见，须依法履行听证、专家论证和风险评估等程序；对重大行政决策进行合法性审查，非经合法性审查或审查不合法的，不得提交讨论、作出决定。三要尽快出台全区涉及土地征收、房屋拆迁、违章建筑拆除重点领域行政执法程序规范。自治区政府法制机构要联合自治区高级人民法院，对近年来全区行政败诉案件进行梳理分析，查找出各级政府行政执法存在的共性和规律性问题，有针对性地提出指导性强的操作规范，供全区执法部门借鉴参考。

（四）强化执法监督，让行政执法权力在阳光下运行

一要强化上下级政府间的层级监督。加大上级政府对下级政府的监督、指导与培训力度。二要强化执法机关内部监督。各级政府执法部门要加强内设法制机构建设或配强法制人员，通过执法信息平台对本部门的执法行为进行实时监控，实现执法与监督同步进行。三要强化政府法制机构的监督。建议自治区政府法制机构将市、县（区）政府法制机构及队伍建设标准予以量化，作为硬性指标纳入各级政府法治建设考核范畴，切实解决政府法制机构规格层级低、人员不到位、监督能力差的实际问题。四要强化行政诉讼司法监督。建议各级法院审理行政案件时实行“一案一建议”，积极发挥司法建议的监督功能。行政机关要建立健全司法建议反馈机制，及时研究并认真落实，防止类似违法行为再次发生。五要强化社会舆论和群众监督。通过深入推行“电视问政”、试行委托第三方机构评估等，全面评价行政执法效能和执法社会效果。理顺特邀监督员的选聘渠道和管理体制、监督途径和结果运用，充分发挥特邀监督员在依法行政中的作用。切实完善行政执法监督体系，真正形成监督合力。

（五）加强行政诉讼，进一步推动政府依法行政

一要加强行政审判队伍建设。各级法院要从深入推进依法行政、加快建设法治政府的高度上转变认识，配齐配强行政审判法官力量，切实改变过去"重民事刑事，轻行政审判"的局面。同时，要通过举办全区法官个案交流、专题研讨、业务培训等方式，提高业务能力，统一裁判标准，提升行政审判质效。二要加大裁判过程公开力度。积极创新庭审公开方式，以视频、音频、图文、微博等方式及时公开庭审过程，提升司法公信力。要用好用足判后答疑制度，及时消除行政相对人对裁判内容的困惑和疑虑，提高裁判结果的可接受度。三要完善行政机关与法院联席沟通机制。要建立常态化工作机制，共同研讨个案和法律适用问题，引导行政机关正确认识行政诉讼，积极配合法院裁判案件和化解争议。四要推进行政机关负责人出庭应诉工作。建议自治区政府推广银川市的做法，建立行政机关负责人出庭应诉考核评价制度，根据法院反馈的行政机关负责人出庭应诉情况，从仪容仪表、遵章守纪、庭审表现等方面进行全面评价，提高行政机关负责人出庭应诉的实质参与度。

（六）注重能力建设，进一步提升行政机关的整体素质

一要强化法治意识的培养，着力解决"随意执法"问题。要注重提高行政机关领导干部运用法治思维和法治思维解决问题能力的培训，正确处理行政效率与依法行政的关系。同时，建议建立领导干部任前法治培训和考试制度，把法律知识培训和考试作为提任领导干部的必经程序。二要加强业务素质的提升，着力解决"不会执法"问题。要积极探索建立科学有效的执法培训模式，更多地把执法情景模拟或现场执法教学方式融入执法培训中；严格把好行政执法人员入口关，规范和提高新招执法人员尤其是临聘人员录用标准。三要严格执法资格的管理，着力解决"无证执法"问题。建议由自治区政府法制机构统一颁发行政执法资格证件，实行行政执法人员资格审查备案公示和年度审验制度，切实提高执法证件的权威性和体现执法行为的严肃性。四要加强法治能力建设，着力提高依法行政水平。要树立法治信仰和法治思维，把遵守法律作为行政活动的底线要求，切实把政府工作全面纳入法治轨道，做到法定职责必须为、法无授权不可为。

宁夏司法鉴定工作调研报告

胡奕昀

在现代社会，社会对司法鉴定的需求日益增强，司法鉴定的质量与社会需求之间不平衡不充分问题日益显现，为准确了解宁夏司法鉴定改革推进情况，我们对宁夏司法鉴定机构及其业务开展情况进行了一次系统调研。

一、宁夏司法鉴定机构的基本数据

机构情况：截至2017年11月底，全区司法鉴定机构共有129家，其中，银川市95家，石嘴山市14家，吴忠市8家，固原市8家，中卫市4家；从事法医类、物证类、声像资料、环境损害类“四大类”鉴定业务机构38家（法医类29家、物证类6家、声像资料3家、环境损害类0家），从事“四大类”以外鉴定业务机构91家（知识产权鉴定1家、司法会计鉴定13家、工程造价类鉴定26家、产品质量鉴定3家、价格类鉴定11家、涉农类鉴定1家、其他类36家）。人员情况：全区司法鉴定人共1079人，从事“四大类”鉴定业务的343人，从事“四大类”以外鉴定业务的736人。

二、宁夏司法鉴定机构发展现状

（一）严格依法审批，规范资质管理

一是依法规范审核登记。2017年，全区共新增司法鉴定机构15家，新

作者简介 胡奕昀，自治区司法厅司法鉴定管理局主任科员。

增执业司法鉴定人 43 名；依法对 9 家不再符合登记设立条件的司法鉴定机构及 168 名执业司法鉴定人予以注销。二是依法编制公告名册。《国家司法鉴定人和司法鉴定机构名册（宁夏回族自治区分册）》2017 年版按期编印发行，分发全区各市（县、区）司法局、公检法机关、司法鉴定机构、律师事务所、法律援助中心、司法所。2017 年，自治区司法厅司法鉴定管理局从行政监管与行业自律角度出发，联合宁夏司法鉴定协会，对 2016 年度全区司法鉴定行业履行社会责任评价结果及全区《人体损伤致残程度分级》培训考核不合格人员名单也予以公告并编入名册，进一步加强了对各类司法鉴定机构行业的执业监督。三是依规开展备案登记。完成了公安机关、检察机关、国家安全机关所属司法鉴定机构的备案登记工作，在报纸上进行了公告，并编制《宁夏回族自治区司法鉴定人和司法鉴定机构名册检察机关卷、公安机关卷》。

（二）严格执业监管，规范执业行为

1. 贯彻落实司法部新修订的《司法鉴定程序通则》

在学习贯彻中，各地准确把握新修订《司法鉴定程序通则》的重点，切实解决司法鉴定执业活动中存在的突出问题，重点解决鉴定程序不规范、错鉴、文书不规范、司法鉴定人出庭作证等问题。

2. 引入第三方评价机制

自治区司法厅连续四年组织开展全区司法鉴定行业履行社会责任评价工作。对 2016 年司法鉴定行业履行社会责任评价情况进行通报，并向社会公告。开展了 2017 年司法鉴定行业履行社会责任评价工作，引入第三方评价机制，推动司法鉴定行业履行社会责任意识的提升。

3. 做好司法鉴定收费办法、标准制定相关工作

按照司法部要求，自治区司法厅与自治区物价局联合出台了《宁夏回族自治区司法鉴定收费管理办法》和《宁夏回族自治区司法鉴定收费项目和收费标准》，于 2017 年 5 月 19 日正式施行。

4. 建立与自治区高级人民法院关于司法鉴定管理与使用的衔接机制

2017 年 10 月 25 日，自治区司法厅联合自治区高级人民法院出台了《关于建立司法鉴定管理与使用衔接机制的意见》，就切实强化人民法院和

司法行政机关的协调配合、规范名册的编制使用等方面作出了明确规定。衔接机制的建立将有力促进全区各级人民法院、司法行政机关立足各自职能定位，加强沟通协调，共同推动司法鉴定工作健康有序发展，确保审判工作顺利进行。

（三）严格法定程序，规范投诉处理

全区司法鉴定投诉件量维持在全国低水平，每年基本在10件以下，通过调解、责令改正、对鉴定机构负责人进行约谈等方式，把一批矛盾纠纷消除在萌芽状态。近年来没有符合立案审查条件并给予行政处罚的司法鉴定投诉案件。

在看到成绩的同时，也要看到宁夏司法鉴定存在的问题，主要有：一是鉴定机构布局不合理，一些鉴定机构规模小、能力差、仪器设备配置水平低，有的鉴定人法律素质、职业道德或者技术能力达不到应有要求；二是一些鉴定机构鉴定程序不规范、鉴定结论不严谨，存在鉴定质量问题；三是投诉案件近两年来呈现增长势头；四是有的鉴定机构擅自停业歇业，很少开展司法鉴定业务，还有的司法鉴定机构完全没有开展业务。

三、解决宁夏司法鉴定问题的对策建议

（一）严格准入

根据全国人大《关于司法鉴定管理问题的决定》规定，司法行政机关审核登记管理范围为从事法医类、物证类、声像资料，以及根据诉讼需要由国务院司法行政部门同最高人民法院、最高人民检察院确定的其他应当实行登记管理的鉴定事项（环境损害司法鉴定）。对没有法律、法规依据的，一律不予准入登记。同时严格准入条件，从严把握现行《司法鉴定机构登记管理办法》《司法鉴定人登记管理办法》规定的各项条件。对鉴定机构准入登记，申请人必须自有必备的、符合使用要求的仪器设备，自有开展司法鉴定业务必需的依法通过计量认证或者实验室认可的检测实验室；鼓励、引导综合性大型、中型鉴定机构的准入登记，对申请从事单项鉴定业务的鉴定机构，要特别从严把握，加强准入审核。对鉴定人准入登记，申请人年龄超过60周岁的，要从严审核，核查体检记录，确保申请人身体

健康，能够胜任鉴定活动和出庭作证工作任务。要严格审核申请人的行业执业资格、相关专业学历、相关工作经历。

（二）严格监管

组织开展司法鉴定机构和司法鉴定人年度审验工作。全面推进司法鉴定机构认证认可工作，对经司法行政机关审核登记的“四大类”鉴定机构要求在2年内通过认证认可，在开展延续登记时，根据通过的认证认可情况重新审核其业务范围和鉴定事项，把认证认可结果与司法鉴定机构准入、退出和淘汰机制结合起来。加强司法鉴定事中事后监管。建立“双随机、一公开”监管机制，经常性、不定期到司法鉴定机构实地检查，了解掌握鉴定机构的人员、场地、仪器、设备和鉴定人执业情况，发现问题及时处理。继续开展履行社会责任评价工作，推动宁夏司法鉴定行业履行社会责任意识的提升，使司法鉴定社会公信力得到广泛认可。

（三）鼓励大中型鉴定机构发展，清理一批“僵尸机构”和鉴定人

鼓励高资质、高水平司法鉴定机构建设，支持依托大专院校、科研院所设立的于科研、鉴定于一体的鉴定机构的发展。对发现司法鉴定机构、司法鉴定人不再符合申请条件，长期无正当理由拒绝接受鉴定委托、不执业的司法鉴定机构、司法鉴定人，予以注销或暂缓名册公告。

（四）完善司法鉴定违规行为行政处罚措施

对关系鉴定、人情鉴定或者鉴定意见存在严重质量问题，严重损害司法鉴定公信力的行为，要坚决追究责任、严肃处理。发现鉴定机构、鉴定人存在严重违法违规行为的，依法撤销登记。加强司法鉴定社会信用体系建设，按规定将失信鉴定机构、鉴定人向社会披露、曝光。

（五）开展司法鉴定与行业协会脱钩工作

贯彻落实中央、自治区关于推进行业协会商会与行政机关脱钩的决策部署，积极稳妥推进司法鉴定协会脱钩改革工作。

（六）完善投诉处理机制

遵循依法、客观、公正、公开的原则，维护投诉人和被投诉人的合法权益，保障司法鉴定事业健康顺利发展。

附

2017年宁夏法治建设大事记①

徐东海

1月

1日，宁夏监狱举行监管安全“零点报告”仪式。截至2017年，宁夏监狱连续12年实现了“无押犯脱逃、无狱内重大案情、无安全生产责任死亡事故、无重大疫情”目标。

1日，《宁夏回族自治区养老服务促进条例》正式实施。

1日，宁夏公安正式启动境外非政府组织登记备案工作。

7日，共由四个板块组成的《2017宁夏法治蓝皮书》首次亮相。全书聚焦宁夏法治建设热点难点问题，重点对地方立法权实施、法治政府建设、司法改革等社会关注度高、与人民群众生产生活密切联系的领域进行研究。

14日，宁夏回族自治区人民代表大会发布第三号公告，《宁夏回族自治区人民代表大会关于修改〈宁夏回族自治区人民代表大会议事规则〉的决定》已由宁夏回族自治区第十一届人民代表大会第七次会议于2017年1月14日通过、公布并施行。

作者简介 徐东海，宁夏社会科学院社会学法学研究所助理研究员。

①《2017宁夏法治建设大事记》主要根据2017年《宁夏日报》、自治区人大常委会网站信息、自治区高级人民法院网站信息、自治区人民检察院网站信息整理。

19 日，中共中央日前印发了《关于新形势下加强政法队伍建设的意见》（以下简称《意见》），并发出通知，要求各级党委和政府加强对《意见》实施的组织领导，各地区各部门采取有效措施，把《意见》提出的各项任务落到实处。

19 日，宁夏监狱开放日暨服刑人员帮教大会在宁夏女子监狱举行。

23 日，自治区党委书记李建华日前主持召开自治区党委常委会议，传达学习中央政法工作会议精神，研究贯彻落实意见。会议强调，要主动适应新形势，全面深化司法体制改革，不断提高政法机关履职能力，全力维护社会大局和谐稳定，切实增强人民群众的安全感。

23 日，2017 年宁夏回族自治区政法综治信访慰问工作会议在银川召开。会议传达了自治区党委书记李建华在听取政法综治信访维稳工作汇报时的讲话，总结部署了政法综治信访维稳工作。自治区党委副书记、自治区政协副主席崔波强调：一以贯之久久为功推动综治信访维稳工作再上新台阶。

2 月

4 日，自治区人大法制委、常委会法工委召开会议，对编制 2017 年度立法计划建议项目进行专题论证。自治区人大有关专门委员会、常委会各工作委员会、政府法制办及相关厅局的负责同志参加了论证会。

17 日，自治区人大法制委、常委会法工委、政府法制办联合召开 2017 年年度立法计划责任落实座谈会。自治区人大有关专门委员会、常委会各工作委员会和有立法任务的厅局负责同志参加会议。

3 月

3 日，全区完善法律援助制度推进会发布消息，宁夏 2017 年起开展法律援助服务精准扶贫专项活动，将全区在册贫困人口纳入法律援助工作平台，提供高效便捷、优质专业的法律援助服务。

12 日，全国人大代表、自治区党委书记、人大常委会主任李建华在审议最高人民法院工作报告和最高人民检察院工作报告时说，要深入推进司法体制改革，全面推进依法治区，为加快“四个宁夏”建设保驾护航。

13 日，最高人民法院院长周强、最高人民检察院检察长曹建明分别向十二届全国人大五次会议做了工作报告，两份报告先后四次提到宁夏司法建设中的好经验、好做法。

24 日，宁夏律师协会“维护律师执业权利中心”和“投诉受理查处中心”正式挂牌，将进一步畅通律师维权和投诉渠道。

30 日，宁夏回族自治区第十一届人民代表大会常务委员会第三十次会议通过宁夏回族自治区人民代表大会常务委员会关于修改《宁夏回族自治区人民代表大会及其常务委员会立法程序规定》《宁夏回族自治区统计管理条例》《宁夏回族自治区岩画保护条例》，废止《宁夏回族自治区户外广告管理条例》《宁夏回族自治区个体工商户条例》，批准《石嘴山市市容和环境卫生管理条例》《吴忠市人民代表大会及其常务委员会立法程序规定》《固原市人民代表大会及其常务委员会立法程序规定》《中卫市人民代表大会及其常务委员会立法程序规定》的决定。

4 月

4 日，宁夏检察机关全面启用“人民检察院案件信息公开网”微信公众平台。

13 日，即日起至 12 月底，宁夏检察机关将开展虚假民事诉讼专项监督工作。

19 日，为进一步加强产权司法保护，自治区人民检察院控申部门从各市上报的案件中，甄选出 2 件涉及产权保护、有冤错可能的案件，作为重点案件进行挂牌督办。

25 日，自治区人大常委会法工委组织召开贯彻实施国家安全法专题研讨会，自治区安全厅负责人介绍了近期国际国内安全形势，自治区党委宣传部、保密局、法学会、社科院、司法警官职业学院的负责同志和学者做了交流发言。

5月

4日，经过前期策划、素材整理、剧本创作，贺兰县人民检察院微电影《拯救》正式开拍。

10日，《人民法治》依法治国地方实践基地在彭阳挂牌。

24日，全国公安系统模范立功集体表彰大会上，青铜峡市公安局被授予“全国优秀公安局”荣誉称号，是宁夏唯一获此殊荣的公安先进集体。

25日，自治区人大常委会举行宪法宣誓仪式。

25日，宁夏回族自治区第十一届人民代表大会常务委员会第三十一次会议修订《宁夏回族自治区空间规划条例》。

29日，自2017年4月20日开展为期一个月的“春雷行动”以来，宁夏共查处违法犯罪63起，注销涉毒人员机动车驾驶证75本；查处酒后驾驶80起、无证驾驶279起，行政拘留234人。

6月

2日，自治区人民检察院以“防治校园欺凌，护航未成年人健康成长”为主题，举行“检察开放日”活动。

2日，自治区人大常委会第93次主任会议向自治区政府交办了《对全区“三去一降一补”工作情况报告的审议意见》，建议用法治思维、市场机制、创新举措，将“三去一降一补”向前推进。

4日，宁夏就拟制定、修订的《宁夏回族自治区大气污染防治条例(草案)》《宁夏回族自治区旅游条例（修订草案)》《宁夏回族自治区禁毒条例（修订草案)》三部地方性法规草案和修订草案面向全区百姓公开征求意见。

14—16日，自治区人大常委会对宁夏贯彻落实《宁夏回族自治区民族教育条例》情况进行执法检查。

18日，银川市出台《关于推行法律顾问制度和公职律师公司律师制度实施办法》，规定2017年底前，市县区党政机关要普遍设立法律顾问、公职律师，以进一步提高依法执政、依法行政的能力和水平。

19—20日，全国公安机关执法规范化建设现场推进会在银川召开。

6月30日—7月1日，自治区人大常委会副主任左军率视察组，对宁夏检察机关侦查监督工作进行视察。

7月

1日，最高人民法院行政庭党支部深入基层党建联系点法院——大武口区人民法院共同庆祝党的96岁华诞，并带来最高人民法院党组副书记、副院长江必新对全国模范法官——大武口区人民法院陈美荣先进事迹的批示：公正司法，从心开始；和谐社会，从心开始；“五心”照耀，光风霁月；法心一体，既美且荣。

5日，自治区互联网信息办公室于近日依法对“宁医大微生活”等6个微信公众号作关闭处置。

19日，由自治区总工会、教育厅主办的宁夏“尊法守法·携手筑梦”服务农民工法治宣传行动启动仪式暨银川市总工会慰问花博园一线农民工活动在银川市花博园举行。

26日，2017年以来，宁夏法院定方案、明责任、列清单、发倡议、传压力，努力打造一支政治、业务、责任、纪律、作风过硬的司法队伍。2017年司法公开工作专题汇报以97.7%的满意率，创下自治区人大常委会专项审议的历史最高。

26日，宁夏回族自治区第十一届人民代表大会常务委员会第三十二次会议修订《宁夏回族自治区价格条例》，通过《宁夏回族自治区城镇地下管线管理条例》，通过宁夏回族自治区人民代表大会常务委员会关于批准《银川市停车场规划建设和车辆停放管理条例》、2016年自治区本级财政决算的决议以及修改《宁夏回族自治区审计监督条例》的决定。

27日，宁夏三级法院同步开展“贴近群众、走进法院”公众观摩日活动，邀请600余名全国、全区党代表、人大代表、政协委员和部分群众代表等走进法院，进行观摩、座谈、交流。

31日，2017年上半年，全区各级检察机关共查办各类职务犯罪案148件191人，件数和人数同比上升24.4%和21.7%，立案查处处级以上干部

17人（含厅级干部4人）。

8月

8日，石嘴山市司法局于近日在石嘴山市劳动人事争议仲裁院、劳动保障监察支队分别设立法律援助工作站。这是石嘴山市畅通劳动维权“绿色通道”的又一创新举措，在全区尚属首家。

11日，自治区党委书记、人大常委会主任石泰峰到自治区政法机关调研贯彻落实自治区第十二次党代会精神情况，督办司法体制改革工作，并召开座谈会。他强调，全区各级政法机关要更加紧密地团结在以习近平同志为核心的党中央周围，切实肩负起维护社会大局稳定、促进社会公平正义、保障人民安居乐业的重任，坚定不移推进法治宁夏建设，让法治成为宁夏未来发展核心竞争力的重要标志。

15日，第十五届全国检察长论坛在银川举行。来自全国检察机关的代表，围绕创新检察新闻宣传理念、方式和载体，探讨如何讲好生动感人的检察故事，充分宣传法治建设和法律监督工作的突出成就，为党的十九大胜利召开营造良好的舆论氛围。

18日，六集政论专题片《法治中国》在中央电视台综合频道首播，该片引起宁夏干部群众高度关注和好评。该片全景式展现了全面依法治国的历史，体现了人民群众因法治进步而不断增强的获得感和幸福感。

26—27日，自治区法官检察官遴选委员会对全区2017年拟入额法官检察官候选人进行面试。这是宁夏第二次开展全区性的法官检察官遴选工作，首次对拟入额法官检察官进行面试。

9月

28日，宁夏回族自治区第十一届人民代表大会常务委员会第三十三次会议通过《宁夏回族自治区农村公路条例》《宁夏回族自治区大气污染防治条例》，修订《宁夏回族自治区旅游条例》《宁夏回族自治区禁毒条例》，决定对《宁夏回族自治区法律援助条例》作出修改。

10月

12日，自治区人大常委会召开全区地方立法工作座谈会，传达落实第二十三次全国地方立法工作座谈会精神和张德江委员长的重要讲话，回顾总结本届人大以来宁夏地方立法工作取得的成绩和经验，为今后宁夏地方立法工作的开展提供借鉴和参考。

24日，最高人民检察院授予和保留了多个“全国检察机关文明接待室”“全国检察机关文明接待示范窗口”，银川市人民检察院、金凤区人民检察院、灵武市人民检察院继续被评为“全国检察机关文明接待室”，兴庆区人民检察院首次被评为“全国检察机关文明接待示范窗口”。

29日，银川市于1—9月共立电信诈骗案件1339起，比上年同期下降33.68%。

30日，自治区高级人民法院落实鉴定人出庭作证，助推庭审实质化改革。二级高级法官、自治区高级人民法院副院长李帆担任审判长，公开开庭审理上诉人曹某故意伤害一案并当庭宣判。庭审中，根据公诉机关自治区人民检察院申请，本案鉴定人和证人分别出庭作证。自治区人民检察院副检察长李桂兰出庭支持公诉。

11月

7日，自治区高级人民法院出台《关于全区法院加快推进创新驱动战略全面提升司法公信力的实施意见》，明确提出18条司法审判措施服务，保障自治区第十二次党代会提出的“创新驱动”战略的实施。

7日，首届“法润银川”法治宣传创意作品大赛最终评选结果出炉，微电影《孳债》、广播剧《斑马线上的文明》、系列漫画《普法宣传系列连环画（12册）》最终分别获得视频类、音频类、平面类一等奖，分获奖金5万元、2万元、1万元。

16日，宁夏检察机关首家远程提讯室投入使用。

22日，银川市加快公共法律服务实体平台建设步伐，在全区率先建成了覆盖城乡社区、满足各领域各层次需求的公共法律服务实体平台。截至

10 月底，该市共建成县（区）公共法律服务中心 6 个，乡镇（街道）公共法律服务工作站 53 个，村居、社区公共法律服务室 506 个，覆盖群众达 60 余万人。

30 日，银川市西夏区人民法院发布消息，宁夏首个环境资源保护法庭——西夏区“贺兰山环境资源保护法庭”正式获准设立。

30 日，宁夏回族自治区第十一届人民代表大会常务委员会第三十四次会议修订《宁夏回族自治区清真食品管理条例》《宁夏回族自治区食品生产加工小作坊小经营店和食品小摊点管理条例》《宁夏回族自治区畜禽屠宰管理条例》。

12 月

4 日，在第 4 个国家宪法日、第 17 个全国法制宣传日到来之际，宁夏举行自治区党委法律顾问聘任仪式，向 5 名法律顾问颁发了聘书。

5 日，自治区人民检察院编的《宁夏检库文库》（4 本）由黄河出版传媒集团宁夏人民出版社出版发行。

12 日，自治区高级人民法院传达学习习近平总书记关于进一步纠正“四风”、加强作风建设的重要批示精神，要求全区法院坚持司法为民、公正司法工作主线，认真查找司法作风中存在的“四风”问题，特别是官僚主义、形式主义等突出问题，坚决纠正慵懒无为、不愿干事、推诿扯皮、怕担责任的现象。